新文科视野下
全媒体播音与主持
教育研究

上海戏剧学院电影学院
播音与主持艺术系 编

上海文艺出版社
Shanghai Literature & Art Publishing House

主　　编　董　健

执行主编　费　泳

特约编辑　杨剑明　周爱军　顾振辉

目　录

1　序一／张仲年

5　序二／王　群

思政教育探索

3　"寓道于技"

　　——播音与主持艺术专业人才培养、思政教育探索／金重建

12　新文科背景下高校播音主持专业课程思政改革的探索与实践／
　　姜　杉　赵炳翔

25　融媒体视域下播音与主持艺术专业课程思政建设实证研究／王
　　一婷

32　浅谈演播类课程思政创新路径

　　——以云南艺术学院原创广播剧《我的老师张桂梅》为例／王
　　博宁

教学模式创新

41　深入学习贯彻党的十九届六中全会《决议》精神做好新时代播音
　　主持教学和科研工作／姚喜双

48　《新媒体主持艺术概论》梗概

　　　　——探索新媒体的主持艺术／毕一鸣

66　新文科建设背景下的主持传播人才培养／高贵武　王　彪

71　从"字正腔圆"到"言之有物"
　　　　——"大播音"理念下口语传播教学实践探索／高　珊　陈　娜

77　守吐字发声之正　探媒介融合之规　寻教学创新之路／刘云丹

81　全国大学生朗诵大赛对播音主持人才培养质量的提升及价值引领
　　　　——基于上海师范大学影视传媒学院参赛作品的分析／韩晓晔
　　高祥荣

86　综合类艺术院校播音与主持艺术专业教学的探索与实践
　　　　——以山东艺术学院为例／董　亮　李克振

91　践行培养，跨界融合：苏大播音人才培养创新／祝　捷

99　"行动+心流"融合式学习网络建构
　　　　——全媒体主持人口语类课程混合学习模式探索／卢佳音

113　智媒时代主播培养路径的变革与创新
　　　　——以融媒体主持创作类课程为例／金　叶

119　基于 OBE 理念的《新闻播音》课程混合式教学模式研究／吕
　　帅　周雯雯

131　新时期　新阶段　新任务
　　　　——播音与主持艺术学科建设的思考／巩晓亮

135　从主持大赛的赛制设置看播音主持人才培养的着力方向／李子
　　彤　朱俊河

150　"大播音"理念下"听说读写"关系在播音主持教学中的再思考与
　　再探索／高　珊

157　自媒体视域下的主持人多维度培养思考／张大鹏

学科理论研究

165　新媒体环境下主持传播者的胜任力考察

　　　——基于参与式文化的研究视角 / 高贵武

170　从"培育接受"到"创造连接"：数字时代的电视文化转向 / 董　健

188　论音乐节目主持的问题和出路 / 渠　成

214　从时代发展看主持人的核心竞争力 / 费　泳

224　守正创新，讲好中国故事
　　　——从董卿的《朗读者》谈开来 / 吴洪林

242　从当代大众审美形式需求谈中华经典诵读的艺术呈现方法 / 董　蓓

255　从动员到共情：数字媒体时代主持传播的情感结构 / 战　迪

264　虚拟演播室环境对主持人的新要求
　　　——以主持人静态演播类节目为例 / 董冰玉

272　后现代场域下网络直播主持的"巴纳德现象" / 包　磊

289　上海近代私营电台广告研究(1923—1953) / 许静波

300　成为内容生产者和传播多面手
　　　——融媒体时代主持人自我提升的方法 / 马　聪

312　媒介节目创新路径分析与媒介用户创新感知度建构
　　　——以主持人选拔节目《主播有新人》为例 / 李泽鹏　丁韬文

326　后记

序　一

张仲年

　　这本论坛文选是在上海戏剧学院电影学院主办的两届《全媒体播音主持人才培养学术研讨会（2021/2022）》发表的论文荟萃。四十来篇论文关注、研究在党的二十大精神指引下，在新文科视野下的播音与主持教育，具有鲜亮的时代气息和新鲜的理论思考。对于论文，王群教授在序言中做了科学中肯的评说。我想说说我从论坛中感受到的两个词。

　　第一个词是"联系"。

　　首先是学校间的联系。在线上线下参加两次论坛的学校共有55所。包含专业艺术院校、综合性大学以及职业学院多个教学层次。令人振奋。记得1994年上戏刚起步开办电视节目主持专业时，没有任何成熟的本科办学经验。我们只能独自摸着石头过河，自主创造。我们的办学理念与教学方案也曾受到过质疑与批评。到1997年，本科二年级末，我们的专业基础教学取得了明显的成功。心中有了底，我们不再闭关自守，开始对外联络，跟相关高校交朋友共同研讨。快三十年来我们的朋友圈越来越大，让我们的见识越来越广。我们的教学具有鲜明的上戏特色，走过快三十年历程，正在进入新的发展期。因此，通过论坛加强跟兄弟院校的联系是促进学科建设突破、创新的重要环节。

　　建立学校间密切的联系，将使我们更好地履行高校的社会责任。

　　那就是党的二十大宣示中国已进入第二个百年新征程，要实现建成社会主义现代化国家，实现中华民族伟大复兴的宏伟目标。党向我们提出明确的要求：坚守中华文化立场，讲好中国故事，传播好中国声

1

音,展现出可信、可爱、可敬的中国形象,为国家立心,为民族立魂。建设具有强大凝聚力和引领力的社会主义意识形态,增强中华文明的传播力和影响力。

我们的学生要具有高度凝聚力、引领力、传播力和影响力的二十大精神的宣传员、社会主义意识形态的建设者、社会主义核心价值的实践者、中华文化的传播者、中国形象的创造者和中国故事的讲述者。

完成这个长期而光荣的任务,需要我们加强联系、共同深入研究。需要我们创新教育理念,采用新的科学手段,形成新的教学模式。需要我们经常把各自的创新经验进行互传互动,扩大视野,探讨借鉴,融合提升。

据可靠资料,目前开办播音和主持专业的高校已经超过五百所。我们的朋友只占百分之十左右。论坛作为交流平台,还有硕大的发展空间,可以继续发挥扩大校际联系的积极作用。

其次,是加强教学跟社会的直接联系。各兄弟院校都创造了不同的方式,取得很好的教学效果。我们不仅要让学生到电视台或传媒机构去专业实习,还必须增加深入社会的实践。体验现实生活,了解百姓所思所想,养成关注现实、关注百姓的良好习惯。有效地锤炼艺术人格。

第二个词是"学术共同体"。

出席论坛的专家都具有自己的独立见解,都在进行"把自己的形式赋予自己的观念"的创造。观点方法多种多样,各辟蹊径。它们都汇入一个共同学科领域——播音与主持学。我强烈感觉到,当下,我们加强学科建设,必须进一步聚焦,聚焦到播音学与主持学的理论研究上来。以往曾主张"播音涵盖主持",创立了"中国播音学"。三、四十年的历程证明,主持学脱胎于播音学但跟播音学并肩而立。它们共同组成播音与主持学科。在数字技术令人炫目、层出不穷的新形势下,播音学需要深化需要创新。而主持学则需要建构需要完善。我思考主持学时曾提出:主持的本质是传播,是大众传播和人际传播相结合的一种表达。约翰·费克斯说得对，具有"个性的主持人"在"制度性公共机构"也即"大众媒介"中"充当中介"的角色，"他们对大众媒介的价值与公共身份予以个性化处理，给观众提供借以识别的熟悉面孔和个性特征"，以达到"向受众传输社会知识与文化价值"。传必求通。具有个性的主持人作为传播和受众两者之间的中介，就是要使两者"沟通"，达到传播效果的最大化。为此，主持人必须寻找到最优的方式方法与技术技巧。经过反复思考和验证，我们确定它用两个字来体现。那就是——"演播"。

"播"不是播音而是播讲。"演"是指一种有变化、有发挥、有过程的动态。同时，"演"也包含某种"社会表演"以及"多才多艺"的演艺在内。主持能力的高低决定于演播方法与技巧是否娴熟，主持水平的优劣也表现在演播艺术的掌握和运用是否高超。

上戏主持教学的主要内容都环绕这个核心理念——传播/表达/演播——来设置。从学理上讲，主持学是传播学与社会表演学的交叉融合、是新闻传播与演艺表现的有机融合、是大众传播和人际传播相结合的艺术表达。从技巧上讲，它是语言（主要为口语）表达技巧和某些戏剧电影表演方法的融合。为此，上戏立足于培养全媒体、演播型、思想正、技能强的新型主持人才。"演播型"是上戏最重要的特色。

显然，这仅仅是一种理论认识。现实存在更多种理论认识。论坛就是一个自由学术平台。它的特征就是包容多元，可以各抒己见。平台主张多学科交叉融合、多观念碰撞深化。既重视共同性，又提倡独立性。

在我看来，主持学应包含：主持历史学、主持学导论、主持人节目学、主持名家研究、主持人创作心理学、主持社会学、主持教育学等等。这些都可以由"学术共同体"来研究推进。这个"学术共同体"不是学会类的机构，而是一个课堂外的讨论发言平台。55所高校已经参与的有学者专家，有业界著名主持人，有出版产业界朋友，还有研究生，还有众多各级领导人。多好的人才结构啊！也许我们还可以考虑把具有代表性的中小学以及培训机构也邀请进来。

我相信这本论坛文选的出版会是一个崭新的开端。它总结的经验和提出的理论思考,会积极影响主持学的构建,推动播音学的创新,把播音与主持学科提升到崭新的高度。

(作者系上海戏剧学院原副院长,教授、博导、国家级突出贡献专家)

序　二

王　群

德国心理学家伯特·海灵格在《我允许》一文中写道:"我允许任何事情的发生;我允许任何发生的事情如此的开始、发展、结局。因为我知道,所有的事情都是因缘和合而来,一切的发生、发展、结局都是必然。"当传媒遇到了科技革命:广播遇到电视,电视遇到网络;播音遇到主持,主持遇到"主播",同理,"所有的事情都是因缘和合而来,一切的发生、发展、结局都是必然。"谁都无法回避,无法抗拒,都必须守正创新:总结规律、与时俱进,遵循适者生存的道理。

历史成史,未来已来。2015 年 5 月,国务院就正式颁发了《关于深化高等学校创新创业教育改革的实施意见》,强调高等院校应当进一步优化和完善创新创业教育体制,建立完整的创新创业教育课程体系。2017 年 7 月,国务院常务会议就在通过的有关文件提出"把创新创业推向更大范围、更高层次、更深程度"。2019 年教育部就启动了"六卓越一拔尖"计划,提出"多学科交叉融合,打造顺应时代发展新学科"的要求。

毋庸置疑,高校作为创新创业教育中的主要实施者,如何增强自身的内动力,对现有的人才培养模式和课程体系进行完善和优化已迫在眉睫。高校教育对标国家创新创业战略、优化改革新型人才的举措促进了播音主持专业走向了一个新时代。在这样的背景下,2021 年 12 月、2022 年 11 月上海戏剧学院冲破了新冠疫情的困扰,线上线下同步主办的两届全国高等院校《播音主持艺术专业人才培养的新路径、新模式高峰论坛》正逢其时,意义重大。而从发言和集结的论文来看,足以证明这两届的学术论坛取得了很大成功。

美国乔伊斯和威尔在《教学模式》一书中说:"模式是理论具体化、实践抽象化之间的'桥梁',具有稳定性和复制性。"纵观这两届论坛,其中有一部分教师关注的是自己教学模式的实践总结。从书中一篇篇论文我们清晰地看到了一座座四通八达的"桥梁":有的是从人才培养模式的框架结构来研究的,很注重关联性;有的是从人才培养模式的活动程序来研究的,很注重操作性;有的是从人才培养模式的呈现形式来研究的,很注重指导性;有的是从人才培养模式的步骤方法来研究的,很注重灵活性;有的是从人才培养模式的评价机制来研究的,很注重引领性;有的以比赛为案例,通过设定的评价指标分类及大数据分析,考察了主持人行业的职业胜任力,很注重实证性;有的是从专业概念的内涵和外延及定义的属种关系出发,厘清了专业的发展和演变轨迹,并指明了努力的方向,很注重历史性。以上的模式研究都具有很强的"稳定性"和"复制性",具有很高的学术和实用价值。

美国俄亥俄州立大学豪斯的激励期待理论认为:个人的态度取决于自身期望路径目标效应和价值的大小。这两届论坛更有一部分教师对人才的培养作了有关于此的具有前瞻性的理论研究:有人清醒地认识到资讯时代信息流繁多而庞杂,提出了要培养学生不仅有得到信息的能力,而且有消化信息、认同信息的能力,要求学生将来能做一个当之无愧的"意见领袖",自觉成为"信息管家",能发挥过滤器作用,从收集、发布、提供转向整理、精选、解析信息,并与其他媒体形成衔接与融合的传播模式,系统性、规模化地"打包",为信息化推波助澜,让学生成为专业化咨询的提供者,而不是二道贩子。有人认识到互联网进入生活后,颠覆性地重构了社会传播的结构与逻辑,再次改变了人与媒介间的平衡关系,网民有了更多的话语权,彼此的空间心理距离缩短了,沟通反馈更及时了。这一新平台在信息获取和传播的过程中,要求注重对学生"个性化"和"人性化"的培养,使学生将来能为网络化冲锋陷阵,做个性化的即时互动者,而不是独行侠。有人认识到在当今新媒体和自媒体视域下,传播样态已经大有改变。而面对新环境、新问题和新挑战,就应从传播主体、传播媒介、传播受众这三个作为核心变量要素进行主持人培养模式的多维度思考,即建立一个由艺术、技术和商业构成的综合教学体系,为让学生在这次媒介多元化改革的风浪中勇立潮头,使之能及早成为一个具有全方位创造力的多面手,而不再把播音员主持人定位为广播电视内容生产过程中的一个单面人。有人认识到麦克卢汉"地球村"理论是对人类未来乌托邦社会的美好构想,随着电子、网络的不断介入、渗透,"天涯若比邻"早已成为现实,中国广播电视已经通过卫星辐射走出了国门。这就要求学生开放视野、跟上时代、走向世界,担负起传承、传播中华民族优秀文化的使命,为全球化铺路架桥,做一个国际化文化鸿沟的中介人,而不仅仅是把关人。有人认识到中国广播电视网络产业化首先是一个企业化的过程,只有建立一套以市场为导向的节目产出、营销体系及其相应管理体制,才能把它纳入中国特色市场经济的大体系中。节目成了一种产品,而人才自然是产业做大做强的根本保证,是节目品牌价值评估时的重要指标。这就要求及早让学生意识到在经济化的背景下未来职业的生涯管理,不仅在后期的包装、使用过程中,而且在前期的培养目标上,有朝一日能为产业化增值提价,力争做明星化产业品牌代表人,而不仅仅是职业人。

精彩内容还有很多,以上综述难免挂一漏万,但显而易见,这本文集既是对播音主持教育历史规律的总结,是对"守正"的实践研究;又是与时俱进,对未来的展望与挑战,是对"创新+创业"的理论研究,在学术上都具有很高的含金量。

"雄关漫道真如铁,而今迈步从头越。"我以为:既然"事情"已经"发生",我们已成功地迈出了第一步,那就要充满自信而坚定地向前走,就要冲破习惯思维的束缚,就要摒弃固守的碎片化、独立性过强而系统性不足的弊端,进一步对播音主持专业创新创业教育课程加强整体认识,就要从理论到实践,从生态环境、传播平台、学科交融、科技赋能、教材加持、师资匹配等一整套"创新+创业的教育体系"作进一步深入探索,就要"把创新创业推向更大范围、更高层次、更深程度",以至"多学科交叉融合,打造顺应时代发展新学科"。

"长风破浪会有时,直挂云帆济沧海。"期待全媒体背景下的播音与主持人才培养有良好的"发展",有美好的"结局",能早日走入一片崭新的天地。

(作者系华东师范大学广播电视学系原主任,教授、博导)

思政教育探索

"寓道于技"

——播音与主持艺术专业人才培养、思政教育探索

金重建

"寓教于乐"将教育教学寄予在学生的快乐兴趣之中，"寓道于技"将教育教学寄予在学生的技能训练全过程。这两者之间看似追求的目的、视角不同，实质却都锁定在把学生培养成为德、智、体、美、劳全面发展的人这一终极目标上。播音与主持是新闻媒体领域的前沿、门面，播音与主持艺术专业是艺术学科中表现在有声语言、副语言创作方向的一个独立分支。这在界定学科门类时就有了边缘交叉性特征：新闻性是它的基本属性，艺术性是它的核心属性。它成就了自身有别于其他学科门类和专业特性的独有内涵和发展空间。思想政治教育的引领性与潜在性在这一专业的教育教学发展空间中如何发挥作用？对这一问题的思考将对媒体一线、对专业教育教学都有紧迫的现实意义。

一、贯穿学业始终的专业精髓教育

寓道于技的"道"在中国历史传统中，往往和儒释道三教中的道教文化相联系。《老子》有言："道可道，非常道；名可名，非常名。""道"的内涵更多的指向宏观意义上存在的法则和方式；而"常道""常名"则与之相对，宜从存在者如何存在、以何种方式存在这一微观意义上去理解。某种意义上，中国特色社会主义道路正是中国历史发展社会存在的反映，它和世界上其他各国的社会存在既有共性也有个性。如果说，让人们生活得更好是世界各国共同的追求，那么走什么道路，怎么去走，又是各国自己的选择。我国各族人民是经历了各种磨难之后才最终选择了中国特色社会主义道路。党提出第二个百年奋斗目标，正是

给这条道路指明了前进的方向,具体怎么走、怎么去落实每一步骤,需要社会、学校所有行业、所有学科去探索、去努力。

播音与主持艺术专业的核心能力是有声语言和副语言创作,其精髓是贯通语言内外两个世界。与这一能力相伴随,是专业的观察力、判断力、表现力。它和媒体节目的创意策划、采访编辑、剪辑制作能力密切相关,又有话筒镜头前以声像形态最终呈现的创作特殊性。声像形态如何体现节目主旨,如何适应不同传播平台,如何揣摩和贴合不同受众和网民心理? 这其中有许多具体的知识技能。正像道教文化后期发展中,"注重炼丹、医术、武术、养生等,并由此开发出很多关于自然和人体的具体知识"一样;但具体知识的掌握运用,却仍然离不开"非常道,非常名"的社会存在,它涵盖播音主持所贯通的语言外世界。

专业教育教学实践中重视核心能力的展现,又始终坚持这种核心能力的展现一刻也不能脱离对社会存在、社会实践的反映和融入。首先,要有先进专业理念的支撑。即:依托有声语言和副语言形态,使得播音主持有了区别于文本语言的用武之地,但囿于有声语言和副语言孤芳自赏,不会或不敢挣脱文本语言的束缚,不能以接受主体的听、视觉心理和感受出发,不能以自身积累的文化知识和社会经历去审视文本语言反映的事实,补充文本语言未能反映到的事实内含,结果就是文本语言的"文字声音版"或"印刷机器"。而缺乏有声语言、副语言创作主体的能动性,没有透视和反映社会真实存在的创作愿望,专业教育教学便失去存在的意义。其次,要认识先进的专业理念要有先进的思想政治为先导。在中国当下,马克思主义中国化,新时代中国特色社会主义理论思想正引领人们踔厉奋发在为实现第二个百年奋斗目标的新征程中。新征程的每一步,都将反映出人民在党的领导下如何存在、如何以更好方式存在的姿态。这一理念、思想的融合与推行,拓开的是学生们看世界的视野,也使得有声语言和副语言的形态变化更为丰富、更充满现实依据,更动人心弦。

纵观播音主持专业教育的始末两端:始业教育和毕业教育。由于部分学生入校只通过省统考而未经面试,报考动机和心理存在各种差异;面临毕业,如何认识和摆正专业学习和社会需求的关系,都成为思政教育的新课题。入学伊始,通过《专业导论》课程的学习,既强调作为大学生的综合能力,也强调专业的精髓和核心能力,这就为学生从思想上打下根基,为他们日后走向社会坚定了信心;而毕业设计动员,要求学生杜绝为设计而设计的现象,把毕业设计作为体现自身四年学习生活的综合能力,和为未来投身社会作最后冲刺来看待。这就激发了学生的毕业设计创作动力。

二、人才培养目标和教学课标的一体化

播音与主持艺术专业的培养目标,一般定格在学生德、智、体、美、劳全面发展,同时具备较强的专业能力。所谓高素质应用型人才,专业能力施展运用得心应手,不能不在学习阶段打下牢固基础。但其素质高低,并非只有掌握业务知识一项标准。让先进思想贯穿专业学习全过程,制定教学课程标准努力做到与人才培养目标一体化。这一认识和实践的结合是思政教育的重要一环:除了教学目标、课时分配、考核方式外,课程内容和传授方式又是其中的核心环节。

1. 选材适宜多样

播音主持的行业特点:一是声像转化,二是动态适应。播出平台和语体形态直接影响到播音主持的创作形态。因此,专业学习的基础训练选材一定要杂而精。要让学生多涉猎古今中外各类媒体、各种题材内容和体裁形式。内容不论好坏,就看你怎么对待。有声语言、副语言表现出来的立场、态度、语气、节奏必然受到一定的思想意识和世界观的支配。教师的引导责任在此显得尤为重要。

声像转化,意味着创作主体依托文本语言,又有自己的理解感受和创新,在有声语言、副语言表达上有自己的特色。这种特色呈现的同时,一定会有某种思维倾向。因此,教学过程正确地把握这种思维倾向,对学生的影响不可小觑。

如:"桃树、杏树、梨树,你不让我,我不让你,都开满了花赶趟儿。

红的像火,粉的像霞,白的像雪。花里带着甜味儿,闭了眼,树上仿佛已经满是桃儿、杏儿、梨儿!花下成千成百的蜜蜂嗡嗡地闹着,大小的蝴蝶飞来飞去。野花遍地是:杂样儿,有名字的,没名字的,散在草丛里像眼睛,像星星,还眨呀眨的。(朱自清《春》)"三种树木开花意味百花齐放的春天到来了,播音学"形象感受"理论要求创作主体必须将自己的感觉器官充分运动起来,看到、闻到、听到;同时,注意语词之间的各种关系和拟人化表达。桃树、杏树、梨树就是并列关系,红、粉、白色彩和带着甜味的通感交杂一起,使创作主体的感性表达增添了更多元素。但一句"你不让我,我不让你",语气表达可以像两人在吵架,也可以表现得非常和谐。这就需要运用辩证法正确诠释。尽管原文描述的是自然景观,有声语言的表达,却不应自然而无序,将这些描述纳入文本主旨和整体架构,既体现一种争奇斗艳的竞赛氛围,也展示花朵间的友好关系,语气就缓和得多,也更入耳入心。

英国哲学家、思想家罗素上世纪曾来中国峨眉山,在《轿夫的快乐》一文中讲他坐轿子上山的各种感受,特别看到轿夫抬轿辛苦劳累却看不出他们的痛苦,于是发表感慨,有了《罗素幸福论》:"用自以为是的眼光看待别人的幸福是错误的。坐轿子的人未必是幸福的,抬轿子的人未必不是幸福的。"教学这篇稿件的播读,罗素上山一段"当时正值夏天,四川的天气非常闷热。罗素和陪同他的几个人坐着那种两人抬的竹轿上峨眉山。山路非常陡峭险峻,几位轿夫累得大汗淋漓。作为一个思想家和文学家的罗素,此情此景,没有了心情观赏峨眉山的景观,而是思考起几位轿夫的心情来"。描述是否客观、真实,罗素看轿夫"累得大汗淋漓"一句,如何反映罗素作为贵族出身的哲学家对轿夫劳动的感受,特别是播读罗素内心感受和所见轿夫表情出现反差这一段,每个创作主体不同的思想境界都决定了他的创作思路和表达的语气分寸。如:"富人有富人的苦恼,穷人有穷人的快乐","境由心造","不同层次、不同境遇、不同境界、不同世界观有不同的快乐",等等。学生的不同理解是学生个性体验的真实反映,教师的正确引导则能让学生看到同一事实的多个侧面。

2. 重视整体把握

所有艺术类教育教学都会划分为若干阶段、若干元素进行雕琢、研磨。思政教育教学要想融入其中必须抓创作整体。无感性不艺术，感性首先会在各个局部呈现出来。上述桃树、杏树、梨树春天一到开花赶趟儿，作为播音主持创作主体仅仅只会真切描述树木开花的情景是不够的。正如文本主体不会为描述而描述，背后总有一种力量在支撑。"'一年之计在于春'刚起头，有的是工夫，有的是希望"就是文本主体的理性光芒。这种理性光芒的寻找和映射，其实在作品酝酿阶段就初露端倪。而一旦形成文本，就可能淹没在文字的堆积中。某种意义上，文字成了遮蔽内容意义的"墙"。

播音与主持艺术专业的教育教学，很多时候让人产生刻板印象，原因就在被这堵墙挡着。早晨开嗓练功，发"咿咿呀呀"，练习"绕口令"，既练吐字，又练发声，本是为咬字正确、清晰，声音圆润、持久打基础。将学生拉上舞台，朗诵诗歌、出演小品，或吹、拉、弹、奏，发挥各自的艺术特长。这些看上去较为外在的表现技能，缺也掩藏着内在实质。教师的责任和义务就在于引导学生去深挖，去体验，才会有实效。深挖体验的过程需要有思想意识引领和一定世界观的指导。这便是播音与主持艺术专业重视整体的缘由。吐字发声练习是如此，语言表达练习也是如此。

发音练习。有学生舌面音发不好，咧着嘴发成舌尖音，从整体出发，改变原有发音习惯，多发中东韵，可以纠正错误的发音。有学生前鼻音发音舌位靠前，从整体出发，调整舌面位置，发音准确度增强，声音圆润度也好了许多。

语言表达。有学生总爱一句句处理，句中无标点，中间就不敢停。词义表达不清，意思显露不明。殊不知有声语言表达是在文本语言基础上，根据人们听觉心理和习惯才有了有别于文本形态的形态。选送第24届齐越朗诵艺术节有一个节目，演绎艾青诗作《他死在第二次》：

"我们都曾把自己的血流洒在我们所守卫的地方啊……但今天,我们是躺着又躺着。人们说这是我们的光荣,我们却不要这样啊!我们躺着,心中怀念着战场比怀念自己生长的村庄更亲切。我们依然欢喜在烽火中奔驰前进呀!而我们,今天,我们竟像一只被捆绑了的野兽呻吟在铁床上——我们痛苦着,期待着要到何时呢?"战争是残酷的,但这时需要悲切吗?从整体出发,将躺在异床却心向战场,宁为国土的完整而不惜献出个人的生命作为士兵表白的规定情境。主题集中、目的明确,演绎者的态度感情由于重点主次发生改变,重音确定抓住了要害(战场、烽火和铁床、痛苦形成的对比),突出宁愿为国捐躯也不愿呻吟于铁床的战斗意志。普通士兵的强大内心陡然呈现。

三、思政教育应对策略动态强于静态

播音与主持艺术专业教育教学的"寓道于技",意在强调存在对存在者如何存在的潜在影响,同时强调思想意识对语言表达的支配作用。通过有声语言和副语言创作,实现对社会存在和社会实践的反映和推动,是播音主持的根本任务。而作为地方院校,在处理专业定位时必须同时考虑地方定位。思政教育在其中更能发挥全方位的统领作用,而相应采取的策略动态强于静态。

1. 直面现实

播音主持学子就读大学四年,最终都希望自己在综合能力和专业能力上得到最佳提升。然而,地方院校本身的特色和播音与主持艺术专业的设置,都有一个结合点。这个结合点越紧密,专业方向越明确,培养目标也越集中,越能出成果。但现实情况并不能都如人愿。生源水平和师资力量是这个节点上的重要元素。

宁波财经学院在影视学院下开办播音与主持艺术专业,强调影视为背景,财经为特色。入学教育就通过大量实例让学生感到大财经已经涉及社会方方面面,播音主持需要反映社会生产和生活,也包括财经内容在内。而在大四设置《财经新闻播报》,进一步突出财经类内容在整个媒体传播中的重要地位和作用,这实际上是在转变学生对播音主持的刻板印象。一般学生和社会对播音的印象可谓只是播报新闻、主持节目和影视配音。而若在课程讲解中,纳入新时代社会变迁的语境,树立大财经理念,播音主持能够涵盖的社会内容越多,对转变学生专业认知、重新确立专业理念越有益。

从现实情况看,刚脱离高中教育步入大学,很多学生对自己的未来前途和专业认知是处于迷茫状态的。2022级播音本专科的一份课堂问卷表明,学生们每天拿起手机最愿意看的除了比较喜欢看《新闻联播》关心国家大事外,更多的是喜欢看抖音,看美女,看帅哥,看小红书。对入校学生这一较为真实的情况,直面现实首先要肯定它符合这一年龄段学生生理、心理的特点,也是艺术生感性特质的流露。其次要意识到,播音与主持艺术专业的教师有责任和义务引导学生在感性基础上,融入理性和智慧。告诉学生入学伊始就应在学习过程中认识自身的优势,补足短板,制定个人的中短期目标,并争取一项项努力去完成,才能在日后走向社会有足够的能量面对各种变化。这种激励作用看似只是形式,但有检查、有反思,就会有促进。

2. 不回避矛盾

播音与主持艺术专业学生从大一到大四,强调"寓道于技",也意味着将思想政治教育贯穿于学生的专业学习、文化学习,乃至其他工作、日常生活和各类社团活动中。这些都将关系到学生日后走向社会如何生存和立足。尤其在毕业设计阶段,给学生提供的是全面总结回顾、进行思想碰撞和专业创新的最后冲刺机会。

大四的毕业设计在指导教师的选择上,各校都有不同要求。师生双向选择看上去没什么问题。教育部规定中级以上教师一人最多只能带10名学生,这从指导实践来看也没什么问题。但师资实力各校不同,也就可能给双向选择带来一定的矛盾。这时的"寓道于技",就思政教育而言,世界观、人生观、价值观的引领更为直接。矛盾的解决办法也更为多样。一,鼓励青年教师积极参与,担任第二指导教师;二、向学生宣传"三人行必有吾师"的道理,看到每位老师都各有长处和短处,取长补短是毕设最终成功的关键;三、强调民主集中制。资源的有限不能做到人人满足,就得根据实际情况统一处置,既要灵活,也不能失去公允;四、要求树立双向选择必须相互尊重对方权力的观念,克服片面维权,只为一己利益,不考虑他人利益的倾向;五、要求在教师中推行和发扬互相帮扶的优良风气,克服贬低别人、拆别人台的狭隘心理和恶劣习俗等。

事实证明,"寓道于技"隐含的思想引领,从专业到做人,非一蹴而就,却时时都在显"灵"。它体现了中国传统文化和新时代中国特色社会主义思想的一脉相承和实践创新,播音与主持艺术专业的教育教学,包括思政教育,将不断在新百年、新征程中踏出有个性的脚印。

(作者系浙江传媒学院教授、播音指导,现受聘担任宁波财经学院播音主持系主任、播音与主持艺术专业负责人)

参考文献：

［1］老子,道经,第一章,古诗文网 https://so. gushiwen. cn/guwen/book_28. aspx；

［2］艾青,他死在第二次,作品人物网 https://www. vrrw. net/hstj/31047. html；

［3］［意］托马斯·阿奎那,论人,段德智译[M],北京,商务印书馆,2020；

［4］杨国荣,哲学:思向何方[M],上海,华东师范大学出版社,2021；

［5］张颂,播音创作基础[M],北京,中国传媒大学出版社,2011。

新文科背景下高校播音主持专业
课程思政改革的探索与实践

姜　杉　赵炳翔

　　1952 年 12 月 2 日，在北京召开的第一次全国广播工作会议提出"播音员不是传声筒"，是"有丰富政治情感和艺术修养的宣传鼓动家"；1955 年，担任北京广播学院副院长的左荧明确指出："人民的广播是在党和政府的直接领导下，每天每时对广大人民进行时事政治教育和文化教育的重要工具。"1963 年，齐越在上海播音组座谈会上的讲话提出："用党的政策、观点，深入细致地具体地分析这类稿件，掌握其精神实质。"播音主持专业的思政性从专业创办之初就已经有了十分明确的指向性，在新时代高校播音主持后备军的培养上，需要更加系统、立体、全面地建立课程思政的学科观、专业观、课程观。专业教师，特别是党员教师要做好课程思政教学改革的"先锋者"和"领路人"。

　　一、课程思政对新时代播音主持专业人才培养的重要性

　　近年来，学界开始越来越重视课程思政教学体系的研究与构建，具体到播音与主持艺术专业，现有研究主要聚焦以下几个方面：一是对课程思政视域下播音专业传播学课改、全媒体背景下播音与主持专业教师思政建设、齐越播音创作与教书育人成就进行了观点梳理。提出传媒类专业培养的学生，在未来要成为社会的瞭望者、守望者，当好"把关人"。二是细致阐述全国各大高校、艺术类高职院校、传媒院校对思政进课堂育人模式的实践与探索，彼此进行经验分享；三是从播音主持专业联系比较紧密的广播电视编导、影视艺术概论、新闻传播等专业的课程思政中，探析专业人才培养策略和专业课程设置的方式方法，反哺

于播音主持专业;四是对专业课教育与思政进课堂的改革加以探讨。

播音主持学科与新闻学、传播学、社会学、心理学等学科都有着很大的交叉性,其中与新闻学的关联最为紧密。新闻学界在马克思主义新闻观思想的指导下继续在中国共产党和新中国新闻事业历史、理论与实践的研究上深化探索,涉及马克思主义在华传播、中国共产党新闻思想与新闻舆论工作、中国特色新闻学、马克思主义新闻观教育等多个领域,既有宏观梳理,也有微观聚焦,以新视角、新理论、新方法,展现出马克思主义新闻观研究的丰富多样性。[①] 马克思说:"重视物质的力量,同时也重视意识的能动作用,人类的特性恰恰就是自由的有意识的活动。"恩格斯首次明确提出"精神动力"的概念,阐明"人的社会实践所需的一切动力都要经过人的头脑,并且被头脑所反映和意识到,才能推动人进行社会实践活动,这种动力就是精神动力。"课程思政就是一股精神动力,让播音主持在校生从大学时代就树立起正确的马克思主义新闻观,明确自身职业价值使命——传递党的声音,说出人民心声;传承民族文化,树立文化自信;讲好中国故事,弘扬时代精神。

第一,传递党的声音,说出人民心声。习近平总书记在学校思想政治理论课教师座谈会上的讲话指出:"办好思想政治理论课,最根本的是要全面贯彻党的教育方针,解决好培养什么人,怎样培养人,为谁培养人这个根本问题。"播音主持专业的课程思政对标上述三问,首先要明确播音员主持人为谁说话? 说什么话? 怎么说话? 要将党的声音传到千家万户,将党的理论思想抽丝剥茧用老百姓能听懂的语言说清讲透,上情下达,做好党和人民的桥梁。我们党始终把人民放在心中最重要的位置,主持人要讲出百姓的困惑苦恼,帮助群众多办实事,分担困难;讲述百姓的安居乐业,歌颂我们新时代的美好生活,分享喜悦,下情上达做好人民和党的纽带。

---

① 李兴博,邓绍根. 从经典再出发:2020 年中国的马克思主义新闻观研究综述[J]. 国际新闻界,2021,43(01):104-119

第二,传承民族文化,树立文化自信。中华文化博大精深,上下五千年东方文明古国绽放着自己璀璨的光芒。党的十八大以来,在党中央的坚强领导下,社会主义核心价值观和中华优秀文化广泛弘扬,文化自信得到彰显,国家文化软实力和中华文化影响力大幅提升。《国家宝藏》《典籍里的中国》《中国国宝大会》《经典咏流传》等一大批传播中华文化的电视节目应运而生,这是一种非常好的文化现象。我们要鼓励播音主持专业学生多观摩学习,从中激发自己对中华文化的创作热情,用最生动的方式解读传统文化,用最接地气的手段展现民族瑰宝,用最新颖的创意吸引电视观众的眼球。主持人作为媒介中的重要传播者,自己首先要具备深厚的文化底蕴和对中华文化的热爱。只有让广大电视观众深入全面的了解中华文化,才能越发喜欢上中华文化,进而达到更基础、更广泛、更深厚的文化自信。

第三,讲好中国故事,弘扬时代精神。今天的新闻就是明天的历史,播音员主持人要用心用情用功讲好讴歌党、讴歌祖国、讴歌人民、讴歌英雄的中国故事,讲好具有创新精神、工匠精神、奉献精神、时代精神的故事。主持人不仅要对内讲好中国故事,还要对外讲好中国故事。美国著名作家、导演、剧作家罗伯特·麦基在他的代表作《故事》一书中曾写道:"五千年中华文化赋予了他们独一无二的感受能力,悠久而深远的传统则丰富着中国人关于人生况味的视觉印象,使其审美意识和平衡触感无与伦比。中国人对人生价值和意义的理解,为人类文化大家庭中所能找到的各种纷繁复杂的观点,增添了令人神往的解读。"可见中国故事对世界的影响力。因此,要从大学时代就树立起未来准主持人的正确故事观,即正确的历史观、民族观、国家观、文化观,这样的故事才能讲出品位、讲出格调、讲出责任、讲出精神,达到陶冶情操、启迪心智、树立榜样、引领风尚的作用。

播音主持专业的发展要立足全球化、信息化环境,将理念与实践有机结合,新时代的播音主持教育应以"新文科"改革为契机,做到守正创新。既要坚持立德树人、践行课程思政,推进马克思主义新闻观进课堂、进教材、进头脑,引导学生树立家国情怀、担负社会责任,也要围绕媒体融合大局,开展在线教育、创新教材建设、构筑新型平台,让学生扎根中国大地、增长智慧才干,服务国家和社会发展。

二、"随风潜入夜"量体裁衣式教学方法

在新文科建设和课程思政改革的双重大背景下,已经不能单纯的将播音主持专业定义为艺术类专业。播音主持专业对学生的综合素质要求极高,可谓要上知神舟飞天,下晓蛟龙潜海,博古通今,文理兼容。因此,就要求教学计划制定者积极整合新的命题、技术、手段,总结出量体裁衣的教学方法。特别是在专业主干课的教学大纲设计中既不可忘本又要敢于突破,让课改之风潜入夜,迎接朝阳黎明。

1. 深入了解播音主持专业发展史,打造翻转式课堂

对于播音主持专业大一新生,各大高校都会开设《主持艺术概论》基础理论课程。这门课通过对节目主持人的概述、产生与发展,节目主持人的类型、基本素质、个性魅力,主持人所需要掌握的节目构思、采访艺术、编写能力,主持人的有声语言、无声语言、主持状态,以及主持行业未来发展与思考等问题的研究讲解,让新生全面了解自己所学、所选专业。

作为实践性较强的播音主持专业,学生容易对概论类课程产生枯燥乏味的第一印象,重实践轻理论,重口头轻笔头,重面子轻里子,甚至会走进概论课程与自己专业学习关联性不大的误区。2020年12月30日,庆祝人民广播事业创建80周年座谈会在京举行。中宣部副部长、中央广播电视总台台长兼总编辑慎海雄出席座谈会并讲话。他强调,人民广播事业是党的新闻舆论工作的重要组成部分。专业教师必须通过生动不失深度的教学方法让学生认识到自己今天所学的专业和未来所从事的职业所肩负的责任和使命。

传统的概论课堂互动性少,参与度低。我们可以尝试进行"翻转课堂"的模式,将教师讲学生听变为"学生讲+教师评+全班论"的三合一模式。以《节目主持人的产生与发展》一章节为例:课前,每个小组

从"西方节目主持人的形成""中国节目主持人的产生与发展""中国与西方节目主持人的比较"三个子项目中选出自己感兴趣的方向,结合参考文献和互联网信息资源设计课件教案。课上,结合 PPT 等多媒体手段进行一刻钟的观点演说,同学们就演说发表提问、讨论,教师对整体进行点评、补充、升华。课后,针对课堂上所显现的问题布置笔头或观摩类型的作业进行复盘。通过这样的教学方法让学生了解我国新闻宣传的相关政策与法律法规,知晓并遵守播音员主持人的从业标准和职业道德,研究专业的发展历程脉络,学习老一辈播音员主持人的敬业精神。

2. 深度剖析现象级典型节目案例,打造沉浸式课堂

近年来随着国家对文化自信的大力倡导,文化类现象级典型节目层出不穷。高校播音主持专业的《节目比较评析》课程要紧跟时代步伐,按照电视节目类型的八分法和当下推陈出新的节目类型为学生重新构建教学内容,对同类型节目进行横向比较评析的同时,再结合中央广播电视总台及国内各大卫视电视台的优秀经典节目进行纵向比较评析,全面、深刻、具体的展开对电视节目的观摩、甄别、思考,打造沉浸式课堂。

通过观摩《中国诗词大会》《中国成语大会》《汉字听写大会》,学习中华语言文化的博大精深;通过观摩《故事里的中国》、《典籍里的中国》,体悟如何用艺术化的形式讲好中国故事;通过对河南卫视传统节日"奇妙夜"、"奇妙游"系列节目的观摩,总结用现代人的审美表现古老传说的攻略;通过观摩《时代楷模》、《感动中国》等专题特别节目,感受家国情怀、奋斗精神的正能量表达。除此之外,还要引领学生关注新媒体的新案例,像《新闻联播》的衍生品《主播说联播》、《联播小课堂》,央视新闻主播康辉、刚强随领导人出访的 VLOG 系列短视频等。短视频同样能够记录大事件,表达大观点,呈现大格局。教学过程中,教师要引领学生边看边想,边想边说,边说边议,边议边明。

3. 深刻解析民生热点、时政话题,打造讨论式课堂

《口语传播》、《即兴评述》、《口才言语组织》这些课程是高校播音主持专业教学的重中之重。随着新华社 AI 智能主播的出现,给播音主

持专业的人才培养模式带来了巨大挑战,只有播报本领没有思考能力的主持人终将被机器人所取代,但具有快速临场应变能力、语言组织能力、现场报道能力、即席评论能力的主持人将焕发出蓬勃的生命力。

课堂教学中选择什么样的话题,组织什么样的讨论,加以什么方向的引导都对教师提出了极高的政治素质、理论素质、专业素质要求。第一,教师必须有极强的职业敏感度,应选取当下正在发生的且适合于课堂举例的民生热点、时政话题作为教学案例;第二,教师要具有超强的控场驾驭能力,组织学生展开有效的话题论辩;第三,教师应具备扎实的马克思主义理论基础,并在点评引导中向学生传递正确的马克思主义新闻观。新闻传媒工作必须坚守与践行马克思主义新闻观,为新闻活动实践提供参照,同时也对行业工作者的职业行为进行规划,引导新闻工作者坚守职业操守,所以,在新文科背景下,播音主持专业传媒人才的培养必须要加强马克思主义新闻观教育,并以此为指导展开政治教育、思想教育以及职业道德教育的新模式。[①] 通过讨论式课堂,让学生在流畅表达的基础上说出思想、说出见解、说出意蕴、说出风趣,进而真正达到作为一名主持人即演播主人的主导、主控、主宰的作用。

4. 深化塑造正气形象、主持风格,打造体验式课堂

主持人面对着话筒要说话,主持人站在镜头前要运动。生命在于运动,主持人空间的运动让演播富有生命的活力。然而近几年"饭圈"等网络文化的兴起,让很多年轻人迷失了原本的审美方向,背道而驰地走向了审丑的境地,一些代表公众形象的主持人也难逃其中,一时间迷失了方向。《演播空间处理》等播音主持专业的出镜实训类课程就是通过在演播室实践的综合实训,教会学生如何坦然的面对镜头,在镜头前把最完美的主持人形象展示给观众,并对自己的主持语言起到锦上添花的作用,最终形成具有自身性格特点的主持风格。

---

① 刘贝贝,刘顺.新文科背景下播音主持专业传媒人才培养模式分析[J].记者观察,2021(15):154-155

主持人的形象应该是健康阳光、正气端庄的,即便是娱乐节目主持人也应做到活泼不失稳重,幽默不落低俗。课堂上教师通过不同装束的镜头前体验,让学生明辨美丑,明确主持人的服装风格可以追求时尚但不能过度时髦,可以佩戴首饰但不能花枝招展,要清晰区分主持人和艺人之间的差别。同时,要合情合理使用势态语,做好镜头前的表情管理。要充分吸取某地方台新闻男主播因提字器失灵在直播中表情管理失控,某官方新媒体记者在直播第八批在韩志愿军烈士遗骸回国安葬过程中的可爱卖萌等演播状态失控的经验教训。中央广播电视总台和一些地方台都设有专门的播音员主持人出镜委员会,对播音员主持人的镜前形象进行监督把关,大学期间的出镜课程则更应该通过体验式课堂帮助学生把好未来形象第一关。

三、"润物细无声"四力锤炼式教学体验

不断增强脚力、眼力、脑力、笔力是习近平总书记对宣传思想干部的重要指示。播音员主持人是宣传思想工作的重要组成力量,在协同育人的视野下,我们必须从学科整体规划和布局进行顶层设计,形成课程支撑专业、专业支撑学科、各学科之间立体、交叉、全面的协同育人框架,从而达到"凡有所学、皆有所养"的目标。这个过程不可生搬硬套,强制填鸭,要以"润物细无声"的方式将"四力"培养融入教学体验,培育新时代播音主持新人。

1. 走入社会大课堂 扎实脚力

融媒体时代的播音主持课堂,单纯在教室内进行课堂教学已经无法满足人才培养的需要,要鼓励教师和学生带着问题和思考走出课堂,走向社会。从关注身边人、身边事开始,再逐步走向社会去了解不同地域、不同阶层、不同职业人们的学习、工作、生活。

首先,充分利用实践课、实验课,由专业教师有组织有目标地带领学生参与社会实践。低年级学生可以结合所在学校实际情况提出当下关注度较高的校园话题,进行"校园随机采访",在采访体验中了解各专业学生对同一问题所产生的不同认识,最终尝试提出解决方案和建议。高年级的学生可以结合就读高校所在城市特点,找到发生在本辖区关注度较高的民生热点,通过"街头路人采访"尝试追寻问题根源,并将路人采访资料加以分析整合,通过 12345 市民热线等渠道,帮助市民反映诉求。其次,利用好寒暑假及节假日,引导学生在外出旅行和返乡的同时进行话题采风。可以"带着思考去旅行""带着问题回家乡",把旅行目的地当作 VLOG 的创作地,以主持人的视角记录国家发展变化,把最熟悉的故乡作为节目的素材地,向观众介绍家乡风土人情,真真切切地把节目主持在祖国大地上。这些实践创作在课堂上进行师生观摩点评的同时,更鼓励学生将作品发布在抖音、B 站、微信小视频等新媒体平台,让真正的观众对学生作品进行检阅。再次,结合见习实习,鼓励学生到西部和三、四线城市地面频道,在基层工作中积累经验、练就本领、磨炼意志。基层工作经验对于播音员和主持人是一笔宝贵的财富,当下开设播音主持专业的院校多集中于特大及一、二线城市,因次学生很难真正体会到"小地方"、"小人物"的"小故事"。纵观2019 年总台主持人大赛的获奖选手,从地方台一步步成长起来的主持人和一线出镜记者明显更具有业务优势,这种优势就来源于扎根于基层的脚力。从学生时代开始踏实走好每一步,让自己的脚力走得更远、更深、更广、更扎实。

2. 提高学习主动性 夯实笔力

播音员主持人常常被老百姓说成是吃开口饭的职业,动动嘴就能做一期节目。实则不然,只动嘴不动笔的主持人是缺少灵魂,没有生命力的。我们所说的节目主持人参与采、编、播,这里的"编",通常指的是主持人前期直接参与的编写工作。节目主持人应该具有全方位的编辑意识,了解有关编辑工作的基本业务知识,对于提高自身的业务素养,主动配合编导工作,顺利完成主持工作是很有必要的。[①] 因此,在

---

① 俞虹:《节目主持人通论》(修订版),中国广播电视出版社,2004 年 1 月第一版,第 197页。

大学培养阶段,就要加强对学生笔力的训练。

在布置学生进行采访提纲、节目文案写作前,先要让学生认识到笔力对于一名主持人的重要性和必要性。中国电视史上第一位节目主持人沈力老师,早年主持《为您服务》时最多每个月收到 5000 多封观众来信,她利用午休时间逐一拜读,目的就是从中找到节目选题。有一次编辑给到的主持稿写的是"我们今天来到邓小平的家乡,大家的心情和我是一样的。"沈力老师把"大家"和"我"的位置调换了一下,变成"我和大家的心情是一样的"。还有一次编辑给到的文字是"我们要采访一位当红的明星,她很忙碌,后来我们千方百计地找到她,她答应了。"沈力老师把"千方百计找到她"改成"我们和她相约"。这些看似小小的改动已经不仅仅是文字编辑的功力,而是一种态度,一种关系的认识,和观众、嘉宾的一种平视。

教师通过在课堂讲述这些主持前辈参与编写、夯实笔力的真实故事,用身边实例感染打动学生,激发学生动笔的主动性。同时要侧重引导学生养成动笔习惯,注重优秀文案与文字的收集整理,制作素材简报;广泛阅读开展读书会,坚持撰写读书笔记;开设班级公众号,鼓励学生投稿原创文字作品,体验自媒体运作管理,日积月累,笔耕不辍。

3. 培养独立思考性 开动脑力

当今世界变化万千,人工智能、大数据等代替人类大脑完成了许多工作。但新闻事件是新鲜出炉的,新闻报道是要有温度的,新闻评论是要有观点立场的,这些都是需要用人脑来完成的。特别是在智能手机普遍应用,媒体全面融合的环境下,话题传播速度越来越快,随之谣言也散播的越来越快。在网络热门事件发酵后的第一时间,信息鱼龙混杂,真假难辨。作为新闻真相传播者的主持人,面对舆情事件如何妥善的发表自己的言论,必须全方位开动脑力,不人云亦云、不迎合受众、不感情用事,做到正确判断、正确解读、正确传播、正确引导。

主持人独立的思考能力必须以正确的世界观、人生观、价值观为基石。在大学阶段,就要开始培养新闻工作者的传播力、引导力、影响力、公信力,坚持以人民为中心的创作导向,坚持营造风清气正的网络空间,坚持讲好中国故事、传播好中国声音。要做好做强马克思主义宣传教育工作,特别是要在学懂弄通做实新时代中国特色社会主义思想上下功夫。① 与此同时,也要教会学生运用好大数据、智库这些人工智能手段,掌握新知识、熟悉新领域、开拓新视野、增强新本领,打通传播链条辅助自己的大脑进行思考。

一触即发的脑力不是一蹴而就的,教师可运用"无领导小组",模拟"新闻发布会",模仿"市民热线解答"等互动教学方式,培养锻炼学生的应变力;带领学生走入庭审现场、听证会、辩论赛等,在思想博弈中提升自己的判断力;组织学生对社会真实舆情事件展开头脑风暴,在讨论中提升自己的表达力。这些教学方式都是在帮助学生开动脑力,组成合力,提升思考力。

4. 加强职业敏感度 擦亮眼力

眼睛是心灵的窗口,如何炼就一双善于发现的"火眼金睛"需要加强主持人的职业敏感度。以央视《新闻1+1》节目为例,作为主持人的白岩松,只要是当日自己上节目都会亲自参与节目选题。从2020年初武汉新冠疫情爆发时的每日连续进行专题报道,到疫情常态化后哪里出现疫情就及时把目光对准哪里。九月开学季,针对大学校园关注"如何让更多残障学子上大学",针对中小学校园看"双减"后的"开学第一天,有何新气象"。有对焦时政新闻的"志愿军烈士遗骸,从回国到回家",有关注经济发展的"打造国际消费中心城市:上海怎么做",有关注依法治国的"受贿行贿一起查,制度如何建立",有关注突发事件的"聚仙饭店坍塌事故,调查出了什么问题",有关注民生的"可生三孩,如何全面保障",东京奥运会期间,还推出了特别版《奥运1+1》等等。每日选题之新、实效之快、覆盖之广无不体现出"眼力"的威力。

---

① 习近平:《习近平谈治国理政》(第三卷),外文出版社,2020年6月第一版,第311-312页。

在训练学生擦亮眼力的教学中,要牢记九个"目"。在节目选题上,要关注有目共睹的社会公共事件,举世瞩目的世界焦点,触目惊心的网络热搜;在采访评论中,要拥有过目不忘的记忆力,耳目一新的理解力,一目了然的叙述力;在制作播出中,要切记不能为了迎合受众而让新闻事实面目全非,为了追求上"头条"不做深入调查目光短浅,甚至为了一己私利脱离实际掩人耳目。同时,要让学生养成看到新闻随手拍,听到话题随手记的习惯。能够拥有细微之处见真章,小切口做出大文章的意识和本领。

结 语

在播音主持专业课程思政改革的进程中,对上述方式方法进行教学实践的同时,我们还需要注意以下几点:第一,不能单纯的给课程思政进专业课堂"贴标签"、"一刀切",要循序渐进、顺理成章。第二,不能要求所有的专业课教师整齐划一"齐步走"。可先选出有代表性的专业课进行改革试点,先从党员教师做引领示范。第三,要保持专业课原有的属性。合理分配课程内容比重,避免出现专业课程的泛思政化。第四,要更加精心仔细地开展课程设计。反复考量课程思政内容的准确性、权威性、合理性。第五,要注重学生的感受度和接受度。要充分考虑零零后大学生的性格特质、兴趣偏好,用年轻人的方式与青年人交流,自然而然地带入教学案例,自愿自发地融入课堂讨论,自主自觉地完成课后作业。

正如习近平总书记所说:"我们要根据时代变化和实践发展,不断深化认识,不断总结经验,不断进行理论创新,坚持理论指导和实践探索辩证统一,实现理论创新和实践创新良性互动。"①教师是教育发展

---

① 习近平:《辩证唯物主义是中国共产党的世界观和方法论》,《求是》2019 年第 1 期,第 8 页。

的第一资源,播音主持专业高校教师应担负起新时代的使命与重托,在课程思政改革的道路上不断探索、敢于创新、积极实践,为培养优秀的社会主义建设者和接班人不懈努力!

(作者姜杉系上海师范大学影视传媒学院副教授、副主任,赵炳翔系上海师范大学影视传媒学院教授)

参考文献:

[1] 习近平:《习近平谈治国理政》(第三卷),外文出版社,2020 年 6 月第一版.

[2] 习近平:《论党的宣传思想工作》,中央文献出版社,2020 年 11 月第一版.

[3] 《国际新闻界》传播学年度课题组. 2020 年中国的传播学研究[J]. 国际新闻界,2021,43(01):27-48.

[4] 李兴博,邓绍根. 从经典再出发:2020 年中国的马克思主义新闻观研究综述[J]. 国际新闻界,2021,43(01):104-119.

[5] 刘贝贝,刘顺. 新文科背景下播音主持专业传媒人才培养模式分析[J]. 记者观察,2021(15):154-155.

[6] 辛敏.“课程思政”视域下播音专业传播学课改研究[J]. 新闻研究导刊,2020,11(11):19-20.

融媒体视域下播音与主持艺术
专业课程思政建设实证研究①

王一婷

一、国内外课程思政建设及研究趋势

自 2014 年,部分高校在全国范围内率先探索"思政课程"与"课程思政"的有机融合以来,国内学界对高校思想政治理论课改革的实践逐渐延伸到了对"课程思政"的实践探索,并取得了一定的成果。例如龙献忠、马春波认为:"课程思政改革是一项系统工程……必须处理好思政课程与其他课程、知识传授与价值引领"等方面的关系②;叶志明认为:"课程思政标签是新的,但其内涵要求却是为人师者的根本——育人。"③

而国外学者则对课程德育以及隐性教育的理论和实践进行探索,阐述了全员育人以及全过程育人的重要性。Mathiasen Robert 认为:"大学里所有的教师和员工都应该把自己的价值观带到课堂和校园里,这些行为都可以有意识或者无意识地引导学生并转化为他们的思维方式,这是学生道德发展的重要来源。"④Julia Bandini 认为,"那些不自觉的或者教育者自觉但是没有被学生意识到的教育更容易对学生

① 本文系 2020 年度国家社科基金高校思政课研究专项项目"中国共产党百年精神谱系融入艺术学类专业思政教育研究",课题批准文号【20VSZ128】;浙江省首批课程思政示范课程《播音主持创作基础》建设的部分成果。

② 龙献忠,马春波.课程思政的生成逻辑与实践遵循[J].《思想政治工作研究》,2019.01
③ 许晓风,蓝苗.思政是一项新任务吗?[N].《中国教育报》2020 年第 5 版
④ Mathiasen Robert. Moral education of college students: Faculty and staff perspectives[J]. College Student Journal,2008

产生效果。"①

综上,这些研究大多集中在对"课程思政"与"思政课程"的理论阐释等宏观层面,但对专业能力培养与思想政治教育相结合的微观研究还不多见。

二、融媒体视域下播音与主持艺术专业课程思政研究背景分析

融媒时代的传媒表达总体呈现出形式较多元、融合较深入、感官刺激较强烈的特点,具体则表现在表达形式的丰富、融合方式的创新、表达风格的娱乐化。传媒表达形式的变革与丰富,拉近了用户与新闻现场的距离,不同的媒介平台都开始在传播的过程中更加注重亲切平等、分享融合的表达形式。

(一)融媒体时代的播音主持业界现状

大量网络平台当红主播的涌现对融媒时代的播音主持业态带来显著冲击。一方面,他们标签鲜明、亲近大众,甚至具备一定的公众影响力;另一方面,在表达样态上却时常暴露出语言规范化缺失,甚至职业底线失位等弊端。这不仅降低了用户视听享受质量,也破坏了传播生态。

笔者认为,不管何种媒体时期,坚持"党性"都是公共媒体的播音员主持人必须具备的核心功能,但权威媒体主持人却在当下面临前所未有"被围观"的挑战。为应对这一挑战,不仅需要平台对主播群体造成的棘手问题进行统一规范、大力约束和严格审核,更需要高校相关专业尤其是播音主持专业培养出适应时代的优秀人才。通过马克思主义文艺观在课程中的融入,将播音主持学生的思想道德素质与专业能力结合,引导学生人格塑造与社会责任意识形成,最终炼化为意识深层的媒介素养。

(二)融媒体环境下的传媒变革、主持人素养的研究

① Julia Bandini. Student and Faculty Reflections of the Hidden Curriculum[J]. American Journal of Hospice Palliative MedicineVol,2017

此方面研究近年来日渐增多。综合孙璐、杨钰莹、欧阳申等多位学者的研究成果可得:媒介融合使信息传播处于一种多元流动的传播状态之下,从过去大众媒体一点到多点的传播,丰富为现在的一点到多点、多点到多点、多点到一点的传播样态,更具开放性。① 而主持人逐渐从直播中的操作者变成同时运营多种媒介的管理者,不仅要满足在话筒前的直播,还要将自身的影响力辐射到多种平台,例如在微信公众号上发布今天的节目内容,在微博上关注、转发和回复各种帖子,在评论区或者互动群里与听众实时互动等②。

三、课程思政的育人元素切入点和实施路径

(一)明确播音与主持艺术专业课程思政建设的目标

"培养什么人"始终是播音主持艺术教育的核心问题。我们要培养的是维护国家利益、弘扬民族精神、捍卫文化安全、体现时代风貌、充满人文关怀的播音员和主持人。随着媒介生态环境的日新月异与传媒表达形式的吐故纳新,播音员主持人如何正确认识有声语言表达规律在融媒体传播中的作用与地位;高校教师如何量体裁衣,强化思政导向引领已成为融媒体大背景下不可绕开的命题。我们的专业实践学科建设发展不仅需要守土有责,更需要前瞻引领,突出特色。

针对课程的整体构建与实施,回答了播音与主持艺术专业思政育人理念中主要解决的教学问题"三问":

1. 一问"为了谁?"——为党发声、为民代言

第一课堂是教师进行专业教学和思政教育的主阵地。针对一些大学生存在的政治信仰迷茫、理想信念模糊、价值取向扭曲、诚信意识淡薄、社会责任感缺乏、艰苦奋斗精神淡化、团结协作观念较差、心理素质欠佳等问题,在专业教学中有针对性地加以引导,对学生进行以社会主义核心价值观培育为基本导向的思想政治与品德教育。

---

① 孙璐.媒介融合背景下主持人的角色重构与传播策略[J].《中国广播电视学刊》,2015.04

② 欧阳申.广播节目主持人角色转型和发展分析[J].《记者摇篮》,2019年10期

2. 二问"依靠谁?"——深入人民、脚踩土地

鼓励学生从学校小课堂走向社会大课堂,在社会观察、社会调查中发现问题、分析问题;在教学中引导学生关注国家大政方针,培养富有社会责任感、"俯下身、沉下心、察实情、说实话、动真情、接地气、有担当"的传媒人才。教师要告诉学生:媒体人就应该是脑子里想着国计民生,脚底下踩着坚实土地的顶天立地的人。

3. 三问"我是谁?"——澄清谬误、明辨是非

我们要培养出既具有新闻工作者的社会责任感和扎实的职业素养,又具有语言艺术工作者的敏锐、悟性和扎实的"语言功力",还具有明确的文化传承者的身份认同、自觉坚守语言传播文化品位和文化使命的传媒学生。

(二) 打造专业课程思政教学新平台、新模式

课程思政建设积极应对媒体环境变革、生源学情变化、社会文化需求等现实问题,结合行业与岗位特点,从"点:个体成长;线:课程主线;面:平台搭建"三个维度入手进行教学创新,以课程专业教学为体,以思政育人为翼,师生共情营造《播音主持创作基础》的"三度(深度、力度、温度)"课堂。

1. 教学内容实现隐性和显性相融合

在专业基础练声活页材料上,选择时事新闻政策类稿件与优秀经典名篇,引导学生在新闻稿件中剖析追求职业品格;在文艺作品中挖掘中华优秀传统文化,聘请行业一线导师进行音视频的示范;在媒体平台上共享,对学生进行潜移默化、润物无声的思政教育。

2. 教学模式实行线上和线下相混合

线上视频课程精讲理论明确新闻工作者的根本属性,线下实训强调艺术创作者的重要属性,一线实践传播主流价值观,形成正确的舆论导向,把思政教育贯穿教学全过程。

3. 教学方法采取传统和创新相联合

情境教学法、案例教学法、扶放有度教学法、PBL 项目教学法、4F

引导讨论教学法①等,结合中国特色社会主义的伟大实践、结合国内外时事、结合时代精神、民族精神进行教学。

4. 教学平台完成校内和校外相结合

团队协同教学,师生共创课堂工作室,完成任务导向驱动下的主题作品创作:从纪念改革开放四十周年到庆祝建国 70 周年再到喜迎建党100 周年;从感恩师长到歌颂青春、珍爱生命;从南湖红船革命纪念馆到京杭大运河博物馆,展开的都是鲜活生动的课程思政教学。

5. 教学团队注重专业和一线相聚合

聘请一线导师、行业楷模进行专题讲座,对话前辈、榜样引领;邀请思政课教师进行理论指导。搭建横向课题平台,产出思政主题鲜明的融媒体作品。

(三)课程思政建设的相关成果

例如,2018 年 4 月 16 日,主题为"祖国命运背景下的现代诗朗诵",结合现代诗创作的时代背景、情感调动、朗诵技巧等进行了长达一个半小时的《朗诵诗 or 诗朗诵?——祖国命运背景下的现代诗朗诵》公开课,课程在人民日报、新浪新闻、今日头条、浙江新闻移动客户端、凤凰新闻、网易新闻、央视新闻移动网、北京时间、东方头条等多家平台进行同步直播,当日点击量达 70 多万,深受好评。

再如,2019 年 6 月,笔者作为课程思政代表参与由浙江省委宣传部、浙江省委网信办、浙江省教育厅联合策划推出,浙江共产党员杂志社、钱江晚报、浙江在线新闻网站承办的"思政星课堂",凭《朗诵中的情景再现》获得"浙江省我最喜爱的高校优秀思政课老师"称号,成为获奖 10 位教师中唯一一位非思政课老师。课程视频在学习强国浙江平台播出,并于 2020、2021 年两次受邀在省级媒体平台进行"有风景的思政课"主题授课分享。

---

① 4F 动态引导反思法来源于英国学者罗贵荣(Roger Greenaway)提出「动态回顾循环」Active Reviewing Cycle 的引导技巧,归纳出四个「F」的提问重点:Facts(事实)、Feeling(感受)、Finding(发现)、Future(未来)

又如,2020年-2021年,课程团队与浙江广电集团构建横向课题平台,完成有声作品专辑《节日里的中国》《唐诗里的故事》《诗路里的丝路》等,将课程思政实践扎根在一线融媒体平台,全网曝光量上千万。

四、播音主持艺术专业课程思政建设特点

总的来说,我们建设总结了一组有特色的播音主持艺术课程思政教学案例,形成了一套多元融合的教学模式。

（一）思政理念,贯穿始终

播音专业的基础课程以其独特的合目的、合规律的理论体系,彰显了中国国家通用语言特色和中华民族文化精神。在基础课程的各门课、各个环节中,有机融入思政教育,将社会主义核心价值观教育导入教书育人的全过程。如前文介绍的思政练声读本,学生在练习专业基础技能的同时也潜移默化地接受了思政教育。

（二）思政元素,喜闻乐见

在课程教学中,教师有意识、有设计地将思政元素融入课程内容当中。教师精心选材并将课程材料与生活实际紧密结合,以学生喜闻乐见的新词汇、新形式来组织教学工作,通过风趣的讲解和细致的示范活跃课堂气氛,激发学生的创造能力并实现"知识传授"和"价值引领"有机统一。通过创新课程元素使学生乐于接受课程基础内容,主动学习思政知识。另外,注重"融媒体"元素的渗入,引导学生在课上课下思考媒体行业未来发展方向的问题。如关于"AI主播"的出现,就曾在小组里进行热烈讨论。

（三）思政平台,多元结合

"慕课"已经成为当前教学的趋势,线上课程《朗读艺术入门》投放媒体平台,顺应当下朗读艺术推广普及的热潮,弘扬中华传统文化,在系统学习这门课之后,能掌握比较完整系统的朗读艺术的创作路径、理论和方法,摆脱盲目模仿、亦步亦趋的桎梏。通过课程大量的精选优秀音视频资料,学习作品的鉴赏和运用,扩展知识结构,提高学生审美能力和艺术感受力,从而提高语言综合表达能力,建立正确的朗读艺术创作观。

结　语

播音主持课程思政示范课程的建设,拓宽了思想政治教育的研究视角,具有学科前沿性。其一,在理论上丰富了思想政治教育研究理论,为中国播音学、传播学、社会学、播音心理学等学科的交叉研究提供研究基础;其二,在应用上探寻、发现、分析现今播音主持专业课程中思政改革的关键所在、困境与对策;其三,以其独特的合目的、合规律的理论体系,彰显了中国国家通用语言特色和中华民族文化精神,实现了语言主体的话语权的高效、高质、高雅、高深,从而达到大众传播和人际交流的"信息共享、认知共识、愉悦共鸣"。

我们将继续对融媒体语境下的课程思政、文化传承和语言艺术之间的关系及社会影响力进行实践探索,拓宽思想政治教育的研究视角,关注新时期蓬勃发展的语言文化现象,比如网络语言、影视语言、二次元亚文化语言等,汲取有益成分丰富语言传播的生命力。从而更有效地借助融媒体平台开发出一套简单易操作的"课程思政"融媒体推广范式,提高课程思政影响力,以此来提升"课程思政"的有效度和认同度。

(作者系浙江传媒学院播音主持艺术学院副院长、教授)

浅谈演播类课程思政创新路径

——以云南艺术学院原创广播剧《我的老师张桂梅》为例

王博宁

一、广播剧现状及本论题研究源起

2021 年 12 月 14 日,习近平总书记在中国文学艺术界联合会第十一次全国代表大会、中国作家协会第十次全国代表大会中,深入总结建党百年特别是党的十八大以来文艺战线取得的丰硕成果,并从"民族复兴伟业"、"人民立场"、"守正创新"、"讲好中国故事"、"弘扬正道"等五个方面,对广大文艺工作者提出五点希望,勉励文艺工作者要增强文化自觉、坚定文化自信,展示中国文艺新气象,铸就中华文化新辉煌,为实现第二个百年奋斗目标、实现中华民族伟大复兴的中国梦提供强大的价值引导力、文化凝聚力、精神推动力。

自新中国成立以来,中国的广播剧发展经历了四个阶段:诞生期、发展期、下滑期和目前正在经历的探索期。曾经的广播剧风靡了几代人,但随着影视市场的发展,广播剧事业一度落寞。然而,随着新媒体时代的到来,广播剧事业近年来又开始焕发了生机,涌现出大批优秀作品,同时也重新收获了大量受众的喜爱和欢迎。

近年来,关于广播剧的研究也不曾断过。例如:李姝在《声去合鸣奏响时代号角 以声传情刻画时代精神——人民广播 80 年的中国广播剧发展》(〈中国广播〉2020 - 12 - 20)但敏;成芝星《国内广播剧发展趋势及创新报告》(〈中国广播〉2021 - 12 - 20)当中都有谈到国内广播剧的发展,特点及创新。也有如:王薇《广播剧创作中的'声·音'作用——以本台自制广播剧〈约定〉为例》(〈西部广播电视〉2019 - 08 -

25)和刘鹏《用声音构建的现实世界——论广播剧〈神秘的信号〉中讲故事的艺术手法》(〈信阳农业学院学报〉2019-09-15)等此类对广播剧的声音特色以及艺术手法方向的研究。但是还暂时没有太多系列广播剧集与演播类课程思政相关的研究。

二、原创广播剧《我的老师张桂梅》的创作原因,创作历程及最终成果

1. 广播剧《我的老师张桂梅》创作原因

"七一勋章"获得者、中共二十大代表、丽江华坪女子高级中学校长张桂梅同志,是新时代共产党员的优秀代表,是新时期教育工作者教书育人的杰出榜样。2020年6月29日,张桂梅老师被云南省委宣传部授予"云岭楷模"称号;7月,全国妇联授予张桂梅全国三八红旗手标兵称号;12月3日,被中共中央授予"全国优秀共产党员"称号;12月10日,被中宣部授予时代楷模称号。2021年2月17日,被评为"感动中国2020年度人物";2月25日,荣获"全国脱贫攻坚楷模"荣誉称号;6月29日,被党中央授予"七一勋章"并在"七一勋章"颁授仪式上发言;2021年11月,获全国道德模范荣誉称号。张桂梅同志是新时代共产党员的优秀代表,是新时期教育工作者教书育人的杰出榜样,她把自己的全部身心献给了党、献给了教育事业、献给了贫困山区人民,用实际行动诠释了共产党人不忘初心、牢记使命、永远奋斗的坚定信仰和崇高境界。

2. 广播剧《我的老师张桂梅》创作历程

同样作为老师的我们被张桂梅老师的事迹深深地感动着,并立志要向张桂梅老师学习。为此,云南艺术学院戏剧学院播音系、表演系、戏文系一行四位老师于2020年7月,就在全国妇联刚刚授予张桂梅老师全国三八红旗手标兵称号之后,立即前往丽江市华坪县女子高中进行了创作采风,实地走访和寻找广播剧《我的老师张桂梅》的珍贵的一手素材。

2020年10月由云南艺术学院出品的广播剧《张桂梅》(后更名为

《我的老师张桂梅》）获批云南省文艺精品项目。其中剧本编剧由云南艺术学院戏剧学院戏文系老师完成；演播部分80%以上由戏剧学院表演及播音专业的老师和学生完成；剪辑制作由云南艺术学院影视学院完成；主题曲的作词、作曲、编曲、制作及演唱，均由云南艺术学院音乐学院的老师完成。

3. 广播剧《我的老师张桂梅》最终成果

该剧于2021年录制完成。2022年6月30日在丽江市广播电视台首播，并先后在云南广播电视台、中共中央宣传部"学习强国"APP、国家广电总局"中国视听"APP、云南广播电视台"七彩云端"APP、中共云南省委宣传部"纪录小康工程"云南数据库、云南网、全国高校思想政治工作网等播出和收录。播出影响广泛，取得超出预期的社会效益。

三、广播剧《我的老师张桂梅》给演播类课程思政创新的启示及具体实施方案

1. 广播剧《我的老师张桂梅》给演播类课程思政创新的启示

广播剧《我的老师张桂梅》的成功给长期从事一线教学的我们以较大启示。本文以广播剧《我的老师张桂梅》的成功实践为契机，通过拓展演播类课程的设置，研究创新思政教育路径。尝试在创作实践中激发学生的内在动力，让学生自行挖掘更多身边的英雄事迹，让身边更多的普通群众、平凡英雄成为文艺作品中的主角，展现平凡英雄及人民群众的精神风貌。让青年学生在火热的实践中体会新时代十年的伟大变革，激励青年学生坚定不移听党话、跟党走，怀抱梦想又脚踏实地，敢想敢为又善作善成，立志做有理想、敢担当、能吃苦、肯奋斗的新时代好青年。

2. 演播类课程思政创新的启示及具体实施方案

在云南，有很多可以写进历史丰碑的英雄人物，他们有的舍小家为大家，有的倾尽全力帮助他人，有的用自己的生命保护了祖国的和人民的生命财产安全。这里所说的"英雄人物"素材，可以从建党初期，解

放前的各个阶段开始到现今,结合云南省文明办每年的"云岭楷模"和"云南好人"评选活动等,表彰对云南的经济社会发展做出过贡献,或为当地人民尽心尽力,或在自己的领域呕心沥血等等值得我们大众学习的典范人物的事迹。如扫雷英雄杜富国、老书记杨善洲、农民院士朱有勇,为山区爱跳舞的儿童谋求出路的彩云计划发起人张萍关於夫妇,以及人民的好书记王秋婷等为故事原型,将他们的故事改编制作成名为"云岭先锋颂"系列短篇广播剧故事集。

从 2020 级开始,云南艺术学院播音系启用了新的教改方案,在大二上学期增设了《话筒前演播技巧训练》这门课程。在这门课程当中,特设广播剧的演播技巧的专项训练。实际上,分配到这部分的课时最多就是 6 次课,每周 1 次,每次 4 节,共 6 周,24 节课。课程具体要求,可以以 4 到 5 人小组为单位,每个小组录制一个 20 分钟左右的完整短篇"云岭先锋颂"系列短篇广播剧(剧本+广播剧成品)。

四、演播类课程思政创新的困难及可行性

1. 演播类课程思政创新的困难

由大学二年级的学生在《话筒前演播技巧训练》这门课短短六周24 个课时当中录制一个相对完整的 20 分钟左右的短篇广播剧是有实际困难的。首先,大二学生生活体验有限,很多情节架构存在一定漏洞,理想主义居多,不贴近生活;其次,制作此剧需要有一些情节的改编,而播音主持专业学生编剧能力有限,编剧过程当中可能存在空话大话偏多,接地气的生动表达偏少;正面叙事偏多,情节冲突较少;结构比较松散,节奏不够紧凑等问题。再次,刚刚经历了吐字归音语音基础训练的同学,演播剧中人物的语言对话,语气语调及情绪表达,都需要教师不断调整修改;最后,制作过程中的音效和音乐也需要精挑细选再三打磨才能达到具体写实,精细再现,烘托氛围的效果。

2. 演播类课程思政创新的可行性

云南艺术学院原创广播剧《我的老师张桂梅》的成功实践为本文的研究提供了成功范例。云南艺术学院具有专业的广播剧教学经验和创作团队;云南具有丰富的人物创作题材,在广播剧专项训练阶段,能够让同学们在创作过程中,用丰富的素材塑造人物,贴近人物原型,用故事主题还原事件真相,表达出真情实感。最终制作出来的"云岭先锋颂"系列短篇广播剧集还可用于大学生思政课程和各类沉浸式党课学习中。对坚持用优秀的作品鼓舞人,坚定当代大学生的理想信念,补足精神之"钙",增强政治定力,树立正确"三观",用党的初心使命感召青年,是完全可行的。此系列广播剧常年有效,随着每年"英雄人物"的诞生,可持久创作。

《话筒前演播技巧训练》广播剧演播专项训练,既能够达到专业训练的目的,即同学们编剧、演播、录制、剪辑和制作一个完整广播剧的能力;同时也能在深挖主题,编写剧本的环节当中,深刻细致地了解主人公的事迹;在广播剧的录制过程当中,深入体验角色,把控角色性格,塑造角色形象,让广播剧的制作全过程成为一个激发正能量和敬畏心、培筑正确价值观的过程。对"演播类课程"课程教学进行优化设计,科学融入"课程思政"元素,将"课程思政"元素融入"演播类课程"课程教育指标,纳入教学评价体系,也是努力践行云南艺术学院"党建+思政+艺术"的创作理念。

将制作出来的广播剧,在各类软件平台,如微信朋友圈、公众号、喜马拉雅、蜻蜓等平台展播;还可以将成果融入到思政课程和沉浸式党课当中,结合课程的内容,成为内容当中的实际案例。使听者能够沉浸式体验思政课程当中的实际内容,将英雄故事用声音的方式使听者感同身受,激荡情怀,再现情景,如临现场,激发听者对英雄的敬意,以及向英雄学习的激情。

总之,坚持以人民为中心的创作导向,基于《话筒前演播技巧训练》这门课程的广播剧演播专项训练,转换教学模式,理清创作思路,以润物细无声的方式在专业课程中融入思政教学内容,以当代大学生的视角做出高质量的"云岭先锋颂"系列短篇广播剧集,能够通过挖掘当地有影响力、正能量的人物故事,在广播剧制作实践过程中,强化

《话筒前演播技巧训练》这门课程的思政意识。在用作品弘扬主旋律、传播正能量的同时，又能让青年学生在制作及改编过程中，不仅做到"身入"，更能做到"心入"、"情入"，潜移默化地激励、感动当代大学生。让他们扎根火热的现实生活，始终把人民作为文艺的表现主体和服务对象，在人民的现实生活中体悟生活本质、吃透生活底蕴，书写人民生生不息的奋斗史诗。在完成好专业课程的同时，为自己、为他人带去生活正能量，树立人生好榜样。

"讲好中国故事"，能够"弘扬正道"增强文化自觉、坚定文化自信，让学生的青春在全面建设社会主义现代化国家的火热实践中绽放绚丽之花。

（作者系云南艺术学院戏剧学院播音系副教授）

参考文献:

[1] 贤娟,帅泽慧."课程思政"融入广播电视学专业的教学实践探讨——以贵州师范学院为例[J].贵州师范学院学报.2022(01)

[2] 廖冲.新闻学课程思政育人的探索与实践研究[J].广西民族师范学院学报.2021(06)

[3] 王景云.论"思政课程"与"课程思政"的逻辑互构[J].马克思主义与现实.2019(06)

[4] 习近平.习近平谈治国理政 第四卷[M].外文出版社.2022

[5] 王焕良,马凤岗主编.课程思政——设计与实践[M].清华大学出版社.2022-08

[6] 黄卫华.从理念到实践:新时代高校课程思政路径探究[M].北京工业大学出版社2021-06

[7] 徐伟东,刘国君.广播剧本体论:一种历史的观点[M].中国社会科学出版社2022-07

[8] 王国臣.广播剧创作教程[M].北京大学出版社2016-08

[9] 王海燕.演播实务教程[M].中国传媒大学出版社2017-12

[10] 上海戏剧学院党委宣传部.思政艺术与艺术思政[C].上海三联书店2018-12

教学模式创新

深入学习贯彻党的十九届六中全会《决议》精神 做好新时代播音主持教学和科研工作

姚喜双

在全国上下深入学习党的十九届六中全会精神之际，上海戏剧学院召开"新百年·新征程——播音与主持艺术人才培养模式探索学术研讨会"。基于我长期从事播音主持教学研究和人才培养工作，去年以来，又承担了国家社科基金重大课题《百年中国播音史》，所以，研讨会组委会希望我就学习贯彻党的十九届六中全会《决议》精神，推进播音主持教学和研究工作做一个主题发言。

党的十九届六中全会通过的《中共中央关于党的百年奋斗重大成就和历史经验的决议》具有重大里程碑意义，对于我们播音主持教学改革和发展，对于我们研究中国播音史也同样具有重要的指导意义。《决议》的两个确立，即"确立习近平同志党中央的核心、全党的核心地位，确立习近平新时代中国特色社会主义思想的指导地位"；《决议》关于历史时期的划分；《决议》关于我们党百年历史的成就和经验的概括，尤其是在经验当中提出的十个坚持；《决议》提出的十个明确等，都对我们的播音主持教育和百年中国播音史的研究，具有重要的引领和指导作用。

《决议》确立习近平同志党中央的核心、全党的核心地位，确立习近平新时代中国特色社会主义思想的指导地位，"两个确立"是我们在播音主持教育教学、在百年中国播音史研究当中应该不折不扣的体现和贯彻的，我们的教学和研究就应该以习近平新时代中国特色社会主义思想为指导。《决议》指出，"习近平新时代中国特色社会主义思想是当代中国马克思主义、二十一世纪马克思主义，是中华文化和中国精神的时代精华，实现了马克思主义中国化新的飞跃"。由此我们可以看到，我们坚持以习近平新时代中国特色社会主义思想为指导，就是坚持马克思主义的指导，因为习近平新时代中国特色社会主义思想就是当代中国的马克思主义。坚持以习近平新时代中国特色社会主义思想为指导也要在播音主持专业人才培养中，在教学和研究当中体现出吸收中华文化和中国精神的时代精华，因为中华文化和中国精神的时代精华，也是习近平新时代中国特色社会主义思想的重要组成部分。在播音主持教学和研究领域里，学习贯彻习近平新时代中国特色社会主义思想，具体来讲还要学习贯彻习近平总书记关于教育工作的重要论述，关于语言文字工作的重要论述，关于新闻舆论工作的重要论述，关于哲学社会科学领域的重要论述等。

学习贯彻习近平总书记关于教育工作的重要论述就是要在播音主持教育当中深入贯彻习近平总书记关于教育工作的"九个坚持"，最重要的就是要坚持立德树人的根本任务，把"培养什么人"作为我们的核心任务（我的导师齐越老师给我上的第一节课，说的第一句话就是"我培养的是人"）。在播音主持研究领域里，学习贯彻习近平新时代中国特色社会主义思想，就要学习贯彻习近平总书记关于语言文字工作的重要论述。习近平总书记非常重视语言文字的重要作用，他指出，语言是人类心灵沟通的桥梁，语言是载体、是桥梁，是纽带，是钥匙，同时又指出，语言文字是文化和文明的象征和标志，是文化和文明的基因和根脉。他十分重视推广国家通用语言文字，党的十九届六中全会《决议》也指出："全面推行国家通用语言文字教育教学"。同时，也提出语言文字关系到国家的统一、民族的团结、经济的发展、社会的进步、历史的传承和文化的认同。这使我们进一步认识到，播音主持作为语言工作者所肩负的使命和责任。这就要求我们要指导学生打好普通话的基础，打牢语言表达的基本功。在播音主持教学和研究领域里，学习贯彻习近平新时代中国特色社会主义思想，就要学习贯彻习近平总书记关于新闻舆论工作的重要论述。习近平总书记关于"新闻舆论工作的职责和使命、新闻工作的舆论导向作用、新闻舆论工作坚持党性原则、新闻舆论工作必须创新、提高国际话语权、加强新闻舆论人才队伍建设以及对新闻舆论工作者的要求"等论述，都对播音主持人才培养和研究工作具有重要的指导意义（齐越老师曾说"播音员主持人首先是党的新闻工作者"，所以我们播音主持工作就是要学习贯彻习近平总书记关于新闻舆论工作的重要论述，把握好自己首先是党的新闻工作者的这一身份、这一定位）。在播音主持教学和研究领域里，学习贯彻习近平新时代中国特色社会主义思想，就要学习贯彻习近平总书记关于哲学社会科学工作的重要论述。

习近平总书记指出，要着力构建中国特色哲学社会科学，在指导思想、学科体系、学术体系、话语体系等方面充分体现中国特色、中国风格、中国气派。构建中国特色哲学社会科学，一是要体现继承性、民族性；二是要体现原创性、时代性；三是要体现系统性、专业性。坚定中国特色社会主义道路自信、理论自信、制度自信，说到底是要坚定文化自信。文化自信是更基本、更深沉、更持久的力量。由此，我们可以看到，百年中国播音史就是一部中国特色社会主义播音主持体系不断构建、发展和创新的历史，近六十年的播音主持专业教学也是一部中国特色社会主义播音主持教育不断构建、发展和成熟的历史。

《决议》指出，"一百年来，党领导人民浴血奋战、百折不挠，创造了新民主主义革命的伟大成就；自力更生、发愤图强，创造了社会主义革命和建设的伟大成就；解放思想、锐意进取，创造了改革开放和社会主义现代化建设的伟大成就；自信自强、守正创新，创造了新时代中国特色社会主义的伟大成就。"由此可以看到，我们党的百年历史分为四个时期，即新民民主主义革命时期、社会主义革命和建设时期、改革开放和社会主义现代化建设新时期、中国特色社会主义新时代。我们的百年中国播音史的研究和断代、我们播音主持教学发展的历史分期，也要以这样的分期作为划分的重要依据。新民主主义时期，我们的播音人才选拔培养，主要是师傅带徒弟、一对一的言传身教的教学；社会主义革命和建设时期，我们有了自己的播音主持专业高等教育，主要是专科层次，其领域主要是广播播音；改革开放和社会主义现代化建设新时期，我们有了本科层次和硕士、博士研究生层次的教育，不光有了播音，也加强了主持的教学，不光是广播播音，也开启了电视播音教学；进入中国特色社会主义新时代，我们有了播音主持博士后人才的培养，在广播电视播音主持的教学基础上，也开启了网络新媒体播音主持教学，开设了手语主持研究生人才培养硕士点等。由此可见，我们播音主持教育经历了这四个时期，人才培养的层次一步步提高，专业方向领域一步步拓宽。

《决议》从十三个方面总结了我们党百年的成就和历史性变革。我们党在这十三个方面取得的历史成就，也是我们播音主持工作和研究的重点。在百年中国播音史的研究中，我们重点关注的领域，应该要反映这十三个方面的建设成就，我们选取作为研究内容的播音主持作品，应该是这十三个方面建设成就的体现。具体包括在坚持党的全面领导上的成就、在全面从严治党上的成就、在经济建设上的成就、在全面深化改革开放上的成就、在政治建设上的成就、在全面依法治国上的成就、在文化建设上的成就、在社会建设上的成就、在生态文明建设上的成就、在国防和军队建设上的成就、在维护国家安全上的成就、在坚持"一国两制"和推进祖国统一上的成就、在外交工作上的成就等。我们在百年中国播音史的研究中要体现这些成就，这也体现了《决议》对我们研究的指导作用。

《决议》总结了十条历史经验。十条历史经验即十个坚持，十个坚持之首就是坚持党的领导。我们一再强调播音员主持人首先是党的新闻工作者，党的宣传员，对党忠诚是播音员重要的政治品质。正如齐越老师说的，"世界上有各种各样的播音员，我是中国人民的播音员，是中国共产党的播音员，战争年代，我传的是毛主席、朱总司令一封封捷报；和平建设时期，我传达的是毛主席的好战士雷锋、县委书记的榜样焦裕禄、中国工人阶级的先锋战士铁人王进喜、人民的好医生李跃华的英雄模范事迹。我传达的是党和人民战胜艰难险阻走向胜利的声音，传达的是中国共产党堂堂正正的真理之声，我以此引为自豪，如果有来世，我还要做中国人民的播音员，做中国共产党的传声筒。"正确的播音创作道路表述中的第一句话，就是要求我们"站在党性和党的政策立场上"，这些都要求我们要坚持党的领导，这既是对播音员的政治要求，也是播音创作取得成功的根本保障。坚持人民至上。在播音创作当中，我们要牢固树立，全心全意为人民服务的宗旨，时刻把听众、观众及受众的急难愁盼放在心上，想听众之所向，急听众之所急。正如齐越老师说的"听众是我的良师益友，这是我们取得播音成功的关键"。坚持理论创新。播音主持的理论始终是建立在播音实践的基础上，实践的发展是无止境的、是丰富的，所以理论必须不断创新，以更好地反映和指导实践的发展。我们播音理论从无到有，从播音技巧和经验的总结到播音史论的建设，从广播电视播音主持到网络播音主持再到人工智能播音主持，实践和理论都在不断的发展创新。只有坚持理论创新，播音主持事业才有生机和活力。坚持独立自主。在播音的历史发展过程中，我们也曾学习过国外的播音经验，包括苏联的播音经验，包括世界上其他国家的播音、传播方面的经验，也包括向其他艺术来学习，但是最根本的就是要坚持中国特色社会主义播音主持这条道路，其他的先进经验只能为我所用，借鉴、消化和吸收，要创造性转化和创新性发展，不能照搬照抄。我们研究播音历史应该站在这个角度上，必须坚持走中国特色社会主义播音道路。坚持胸怀天下。在播音主持工作中就要心在小小播音间，放眼社会、放眼世界，胸怀天下，要有大局意识、国际意识，要为铸牢中华民族共同体和构建人类命运共同体，向世界传递中国好声音，做出贡献。坚持开拓创新。创新是一个国家一个民族发展的不竭动力，也是我们播音主持事业发展的不竭动力。在新的时代，播音主持事业只有不断创新，才能够不断地发展。时代的发展需要我们创新，中国特色社会主义进入新时代，我国社会主要矛盾已经转化为人民日益增长的美好生活需要和不平衡不充分的发展之间的矛盾。这一矛盾同样反映在播音事业的发展上,这就需要我们通过创新来解决这一问题。具体反映在播音主持工作中,我们对播音经验和技巧的研究比较多,对播音理论的探索还相对薄弱,尤其是对播音史的系统性研究还比较薄弱。在以往的研究成果中,对广播的研究充分一些,对电视研究多一些,但是对融媒体、网络播音主持以及人工智能播音主持的研究还不够充分,尤其是当前"元宇宙"概念下的播音主持还不够。这种不平衡不充分,就需要加大研究力度,需要创新;此外,我们对普通话播音主持的研究多一些,但是对民族语言、外语和方言播音主持的研究还需要加强;我们对普通听众、观众的研究多一些,但是对特殊人群、手语播音主持等研究还比较少。这些都是不平衡不充分的矛盾在播音主持工作与研究中的具体表现,这些矛盾摆在我们面前,需要我们通过研究的创新来解决。另一方面,人民群众对美好生活的需求体现在我们对播音美学的研究还不够充分,我们对经典文献的研究也需要加强和创新。从科技角度来说,我们已经进入融媒体发展的时代,要加强技术对播音主持发展基础作用的研究。不同技术的应运而生,我们要把握技术,一方面是研究这些技术对播音主持的催生和推动作用,另一方面也要加强这些技术对播音主持的副作用研究。例如网络主持,我们既要了解重视它,又要注重打造清朗网络空间,"元宇宙"中播音主持活动的规范、标准和法治化建设需要跟上等等,这些问题都迫切需要我们对播音主持的研究进行创新。最根本的创新就是要把习近平新时代中国特色社会主义思想运用到播音主持教育和研究中,要贯彻新发展理念,即创新、协调、绿色、开放、共享的发展理念。首先要贯彻创新发展的理念,全面开创新时代播音主持事业发展研究的新格局、新局面,把握研究动力、方法、领域、内容、对象等的创新。要贯彻协调发展的理念,解决上述研究中存在的不平衡不充分的问题。要贯彻绿色发展的理念,即在播音领域中要打造清朗的网络空间,坚持规范的播音创作;要贯彻开放发展的理念,即播音主持的研究要大胆借鉴各方面优秀成果,对于中华优秀文化,包括一切世界上的先进播音等,这样才使得我们有开放发展的空间,各种媒体与技术相互融合、交流。促进播音主持更有生机与活力。要贯彻共享发展的理念,播音主持发展根本目的是为了让人民能够共享改革开放的成果,让所有人共享新时代党带领人民创造的美好生活,要加强针对特殊人群的手语主持研究,使残障人士都能够共享改革开放的信息成果等。这些都是新时代主流媒体应该关照的部分。

所以,新时代播音主持教育和研究就是要守正创新。守正,就是要坚守,要继承和发扬我们党优秀传统和历史经验,以习近平新时代中国特色社会主义思想为指导,开拓创新,在两个百年(建党一百年和建国一百年)、两个空间(现实空间和以网络、人工智能及网络数字化等信息技术构成的虚拟空间)、两个大局(国内工作大局和国际工作大局)的新形势下,深入贯彻党的十九届六中全会《决议》精神,做好新百年新征程上的播音主持教育和研究工作。

(作者系中国传媒大学教授、博士生导师、国家督学、国家语委咨询委员、国家语委审音委员会委员兼秘书长、教育部关工委常务副主任)

《新媒体主持艺术概论》梗概

——探索新媒体的主持艺术

毕一鸣

"媒介即讯息"是加拿大学者麦克卢汉对传播媒介在人类社会发展中的地位和作用的一种高度概括。其含义是,媒介本身才是真正有意义的讯息。即,人类只有在拥有了某种媒介之后才有可能从事与之相适应的传播和其他社会活动。媒介最重要的作用是"影响了我们理解和思考的习惯"。因此,对于社会来说,真正有意义、有价值的"讯息"不仅仅是各个时代的媒体所传播的内容,而是这个时代所使用的传播工具的性质,它所开创的可能性以及由此带来的社会变革。传统广播电视所传播的内容呈现给人们的是一种线性思维方式,非此即彼的简单判断方法。虽然主持人节目,产生于传统广播电视时代,但是当人们运用新媒介技术进行传播时,就为这类节目所需要的讯息双向交流和信息共享方式,提供了技术条件,这就是我们今天要来研究的新媒体技术条件下的主持艺术。

一、理解新媒体

人类社会传播曾经历了四个发展阶段:口语传播、文字传播、电子传播和网络传播。传播的基本价值在于沟通思想、增进理解、形成共识。不同媒介有不同的传播渠道,沟通的方式也是不同的,当然产生的传播效果也大不一样。口语传播一般是"面对面的、一对一"的传播现象,文字传播则是"背对背,一对众"的传播方式,电子传播就是"一对众,我说你听"的方式,网络传播又回到了"一对一,面对面"的状态,但它大多是在陌生人间所发生的交互传播现象。

施拉姆认为"传播是社会得以形成的工具",它也是社会交流的过程,社会交流和沟通是促进社会文明发展的必然要求。随着社会的不断发展,人们交流的范围也逐步扩大和深入。现代社会信息激增,社会交流的需求既迫切又无奈,因为受感官局限,视觉、听觉、嗅觉、触觉等都不够用了,唯有依赖"人体的延伸"才能增强感知世界的能力。而现代电子媒介所具有的"延伸功能"就弥补了人们感知能力的不足。麦克卢汉认为:这些延伸都在不同的层面上对人类社会产生了影响,大到民族主义复兴,小到康康舞在不同文化里受到不同待遇。这些延伸在不同的国家里占据的主导地位不同,从而导致了不同文化的产生。英国和美国偏重视觉的延伸;东方和欧洲大陆偏重听觉、触觉等其他感官的延伸。而这种不同也导致了接受新媒介时的反应不同。"在偏重听觉和触觉的欧洲,电视强化了视觉,驱使听觉和触觉走向美国式重外观,重装潢的风格。在高度倚重视觉文化的美国,电视打开了听觉和触觉的大门,使感觉通向有声语言、膳食和造型艺术的非视觉世界"。新媒体则会朝这个方向日益延伸和拓展,也许会以多媒体融合的形态,实现并进入"海内存知己,天涯若比邻"的理想境界。随之交流方式也会大大改变,那种传统的"洗耳恭听"或"耳濡目染"的被动收受方式逐渐被摈弃,取而代之的"面对面,一对一"的交互式网络传播。

传统的"线性传播"将越来越多地被"交互共享"的方式所取代。传统广播电视节目的形态正在并将发生重大的变革和改造,你听我说的播音方式不再是唯一的节目形式,更多以交流式的主持人节目而出现。毫无疑义,它是适应新媒体传播的需要而发生的深刻变化。节目主持人的角色意识也因之而发生转变。他不再仅仅是媒介机构的转述者、代言人,他的主要职能是操持新媒介进入广泛社会交流的传播者。能不能有效驾驭新媒介的传播规律,就决定了讯息的传播过程是否完整,传播效果是否有效。在这个过程中,现代新媒体和传统广播电视所承载的讯息显然是大不相同的。

正如加拿大传播学者罗伯特·洛根在《理解新媒介》一书中指出的："总体上，我们所谓的'新媒介'是这样一些数字媒介：它们是互动媒介，含双向传播，设计计算，与没有计算的电话、广播、电视等旧媒介相对。"他又引述波尔特和格鲁森用补救的概念给新媒介下定义："我们将一种媒介在另一种媒介里的再现称为补救，我们认为，补救是新数字媒介的界定性特征。"有人描绘的"新媒介"能将许多要素集于一身，把文本、音频、数字视频、互动多媒体、虚拟现实、互联网、电子邮件、聊天功能、手机、掌上电脑和黑莓手机之类的掌上电脑、计算机应用以及任何个人电脑能获取的信息等结合起来。"'新媒介'冲击现代生活的各个方面，产生文化、社会、政治和经济变革。在文化生活中，'新媒介'初级教育和艺术各个领域，包括文学、视觉艺术、电影、音乐、戏剧、歌剧和芭蕾。在社会领域，它改变了如何互动、与谁互动和为何互动的方式。它重构了治人者和治于人者之间的关系以及治人者如何被选拔的方式。"他继而指出："融合是'新媒介'的一个重要特征，但这并不意味着总有一天，今天的所有媒介会合而为一，会成为一个汇总了一切媒介的媒介。博茨考斯基研究'新媒介'和报纸后发现，'初始条件和局部偶然性的结合导致不同的轨迹'，融合而成的媒介是不一样的。换言之，我们不能预计，未来世界是一种媒介独霸的世界，而是满足不同需求、各有侧重的许多设备。"（同上，P51）

在各类讯息交互融合的过程中，可能就会形成了一种新的节目类型——现代意义上的主持人节目。与此同理，节目主持人的主要职能就是操作和把控节目要素的组合与传播。无论是早期形成的主持人节目形式，还是未来发展的这类节目，互动式传播都是这类节目的基本形态和传播方式。这与我们早期对这类节目的理解大相径庭。譬如，有人认为在距今一千多年以前的中国宋代，杂剧节目开演前有一个角色，出来向观众致辞，并作介绍，"宋代演艺活动中的这个角色，有一个十分有趣的名字——'竹竿子'。那是因为他们在主持节目时手里拿着一支'竹竿拂子'。竹竿子多由教坊内的'参军色'担任。可能是因为他们擅演'参军戏'（类似今天的相声），口齿伶俐，堪以承担这一举足轻重的任务。一个节目将上场，先由'竹竿子'上前致语，表演结束，'竹竿子'还要再上台，念诗一首，然后以'歌舞既阑，相将好去'之类的话语送别观众。……戏剧演艺发端于祭坛，节目主持人的前身实为祭祀主持人。"宋代尚不知广播电视为何物，没有主持人节目，哪儿来的"主持人"？在这里作者大概是把主持人看成了类似今天"舞台司仪"的角色，这就是极大的误解。

还有人说这种节目形式源自于国外，首先从辞源意义上去进行考证。殊不知国外并没有"主持人"的固定词汇，结果是众说纷纭，争论不休。譬如：在美国，新闻节目主持人称"anchorman"（anchorwoman）；现场播出活动的主持人称为"commentator"；谈话节目主持人称为"talk-master"；热线电话节目主持人称为"hot-liner"；流行音乐节目主持人称为"disc jokey"；智力竞赛节目主持人称为"question master"；气象节目主持人称为"weathergirl，weatherman"等等；在英国以"Presenter"来表示，意为"展示者"；在俄国用"Комментатор"表示，意为"注释者、评述者"；在日本，认为"播报员"（Caster）与"播音员"（Announcer）有区别，"虽然同样都是新闻的播报者。但播音员的主要任务是准确、清晰地朗读播出稿，而播报员在理解新闻的内容之后，不光是单纯地朗读原稿，还要将其大意转换成自己的语言进行传播，因此就需要具备特殊的能力。"

这些牵强附会的理解不仅没有揭示问题的实质，也误导了人们的认识。据说在基本概念还没搞明白的情况下，我们的理论研究已有不下几十种定义。无怪乎有些学者惊呼主持人被"忽悠"了，并提出这样的诘问："主持能成为一门专业吗？"我们认为，世间万事万物都在依循某种客观规律在运行，生生不息的真理就蕴藏在规律之中。当我们还不了解规律的时候，不能说规律就不存在。在探寻这个客观规律的过程中，应该秉持求真务实的态度和遵循科学有效的方法。我们既反对浅尝辄止的显学,也不赞成莫测高深的玄学、隐学。"主持"能不能成为专业和学识,不仅取决于社会需要,也决定于我们的科学态度。科学哲学家托马斯.库恩(T．Kuhn)认为:"一门学科应有自己的范式(paradigm),即包括定律、理论、规则、方法和一批范例的内在结构的整体。"如果没有明确的范式,就不能称之为科学,也不能形成学科。所谓"范式"也就是建立学科体系的一整套客观规律。这类范式的建立,首先需要一系列科学的概念来支撑,主持人节目和节目主持人就是其中两个重要的基本概念。它们并非是"二律悖反"的命题,而是学科建设中两个重要的研究领域——适应社会需要的传播形式和符合节目需要的传播者。

二、新媒体语境

语境就是语言环境,它主要指语言活动赖以进行的时间、场合、地点等因素,也包括表达、领会的前言后语和上下文等。陈望道先生说:"修辞以适应题旨情境为第一要义,不应是仅仅修辞的修饰、更不应是离开情意的修饰。"他在《修辞学发凡》中提出的"六何"说,即"何故、何事、何人、何地、何时、何如就是构成语境的因素"。"何故"指说的目的;"何事"指说的事项;"何人"认清是谁对谁说;"何地"在什么场合说;"何时"指在什么时间说;"何如"指怎样说。

现实生活中的语境对语言的理解和表达影响最大。同样一句话,在这个场合由这个人说出,与在另外一个场合由同一个人说出,表达的意思可能不同;同样一个意思,在这个场合对这个对象说,与同样在这个场合对另外一个对象说,使用的语言也可能不同。一般来说,在口语交际中,有了狭义的语境,再加上谈话时的一些辅助性的非语言手段,如表情、手势、态度、语调等,要达到相互理解并不难。但是把语言写到书面上就不同了,孤立的一句话,如"你怎么回来得这么晚呀"就很难理解,是谁对谁说的? 到哪去了? 是责备、爱护,还是撒娇? 这时就要依靠狭义的现实语境来理解。

事实上,在我们的媒体传播实践中,具体的节目形式就是一种语境。"何故、何事"指的是文化语境(上下文),"何人、何地、何时、何如"则是场合语境。传统广播电视节目的语境形态是显而易见的,文化语境相对稳定,而场合语境则会根据媒体的技术条件和传播功能,会有很大的不同。譬如,传统广播电视呈现的主要是"我说你听"或"我播你看"的单向传播,无法接收直接反馈。而新媒体则提供了充分反馈的条件,从而逐步形成了交互式的节目形态。我们认为:"主持人节目,是指广播电视节目的一种主要传播方式,由与栏目定位契合的、参与节目制作、以第一人称面对受众的专业传播工作者驾驭节目的进程。具有个性化、人格化、人际性、互动性的传播特色。"这里所表述的只是,节目的表面特征,并没有阐述它的传播特点。譬如早期的主持人节目往往都是以"听众信箱"或"热线电话"的形式出现的,电视中更多是访谈、连线、直播等形式出现的。由于传播是双向的、无序的,甚至是偶发的,所以就需要节目中设置一个"把关人"或者"驾驭者",这个人就是"主持人"。如果把这些传播行为都看成是语言或"副语言"现象,就很难解释播音与主持的区别,造成概念上的混乱。我们经常会看到这样一些情况:明明是传统的新闻播报节目,怎么播报者都挂上了"主持人"的招牌?再譬如,其实是文艺晚会,因为由某位主持人来充当司仪,这台晚会就成了主持人节目,如此等等。传统学科总是试图从既成的理论体系和刻板印象中来寻找答案。但是面对日益丰富的广播电视节目形态,已经很难解释节目中新出现的传播现象。于是"主持人现象"刚刚出现的1993年,就有人就提出了"走出(播音)魔圈"的主张,但是走出"魔圈"后又走向哪里?似乎仍然没有挣脱"语言"的羁绊。这项争论旷日持久,并没有给出明确的答案。当我们尝试从新的学科——传播学的角度来重新审视这些现象时,就得到了比较符合客观实际的、系统科学的解释。

传播学是研究人类一切传播行为和传播过程发生、发展的规律以及传播与人和社会的关系的学问,是研究社会信息系统及其运行规律的科学。简言之,传播学是研究人类如何在特定的语境中进行社会信息交流的学科。由于传播是人类世界的一种基本社会活动,所以凡是研究人与人之间的关系的科学,都与传播学相关。主持人节目就是在新媒体语境中出现的新的传播现象,自然也是传播学的研究对象。

传播效果 传播类型	亲和力	公信力	扩散力

（一）新媒体语境中的主持人节目

传统广播电视节目与主持人节目究竟有什么根本的区别呢？我认为最重要的区别就是主持人节目增加了交流的讯息,实际上主持人需要驾驭的主要就是这些交流讯息。"传播"（Communication）这个词的词根是"Communis",本意就是"共同"的意思。因此许多学者都把"传播"定义为,通过信息传递,建立彼此的"共同性"。就参与传播过程的传受双方,如果彼此之间存在"共同"领域,如过往的经验、价值观、信念等等越多,相互理解的程度也就越高。关于"Communication"众多的定义中,至少包含了十五种概念要素。事实上,传播的本意就是"交流和共享"。交流的方式是多种多样的,并不仅仅就是语言交流,也不局限于"面对面"的交流。现代新媒体比传统广播电视能够提供更多的社会交流条件,譬如:"热线电话"、"多视窗连线"、"网络点播"、"异地同步""现场互动"等等。诚然,主持人的语言行为是一种重要的交流手段,但并不是唯一的手段。所以仅仅研究主持人的语言行为,已经受到了很大的局限。譬如:广播中的情景音响和情感音乐,都会传达某种含意和蕴藉。电视中的许多信息内容就不仅仅是语言现象,而更多表现为非语言讯息,并追求"传通、共享"的目的;主持人不仅传播讯息,还要接受反馈,建立双向交流关系;不仅善于言说,还要用心倾听,调控节目流程、"设置议程"等等,这些都和传播学规律密切相关。

新媒体节目中存在各种传播类型,它们在不同程度上相互结合、彼此作用。但是主持人节目的传播形式又是十分独特的,它可以把各类传播的优点整合到一起,有效地产生出最佳的"1+1>2"传播效果,请看下图:

传播效果图示

传播效果 ＼ 传播类型	亲和力	公信力	扩散力
人际传播	强	中	弱
团体传播	中	强	中
大众传播	弱	中	强

主持人节目往往就是根据上述"优势互补"的原则,来发挥节目影响的。在传统广播电视节目中基本可以分为以下几种类型:

1. 大众传播与人际交流相融合的节目语境

人际传播(personal communication)是个人与个人之间的交流活动,它是社会生活中最直观、最常见、最丰富的传播现象。彼此交谈、书信往来、电话联系、电子邮件等等,都属于人际传播的范畴。人际传播的内容十分丰富,既包括交流关于环境变化的实用信息,也有相互交换的一些看法和意见,还满足人的社会性心理需求,沟通人与人之间的感情等。虽然形式多样,但大致可以分为两种,一种是借助某种有形的物质媒介(如信件、电话、电报等)的传播;另一种是面对面的传播。可以说,这两种人际交流讯息在广播电视主持人节目中都得到了不同程度地反映。由于大众传媒所承担的社会责任,它所传播的讯息都必须是经过把关和过滤的,所以事实上媒介传播的只是人际交流的某些讯息,并非就是简单再现人际交流的过程。

2. 大众传播与群体互动相融合的节目语境

日本社会学家岩原勉认为,所谓群体,指的是"具有特定的共同目标和共同归属感、存在着互动关系的复数个人的集合体"。这个定义中,"群体"不仅包括家庭、朋友、街坊邻居、娱乐伙伴等初级群体,也涵盖了具有共同属性的间接社会集合体,如性别、年龄、阶层、界别等等。所以群体有两个本质特征:一是目标取向有共同性;二是具有以"我们"意识为代表的主题共同性。这两个特征意味着任何一个群体都具有互动机制和使共同性得到保障的机制,群体与成员、成员与成员间的传播互动机制就叫做"群体传播",这种"群体传播"的某些讯息也已经出现在主持人节目中。譬如主持人节目中除了"一对一"的交流情景以外,也出现了许多"一对群、群对众"的互动场面。主持人调度场面,编串节目,组织竞猜……这是一种经过策划的"群体传播"活动,同时它又借助广播电视,向演播室(厅)以外的社会大众延伸,进行同步互动传播。这类传播活动,我们可以按照群体互动方式的不同,分为三类;一类是话题性群体互动;另一类为专题性群体互动;第三类是娱乐、竞技活动群体互动。

3. 大众传播、群体互动与人际交流相融合的节目语境

近几年,电子媒体中出现了许多新的传播形式,广播电视也在千方百计地运用自己的特点发展了一些新颖的节目形式。譬如:获得全国第五届"金话筒"奖的广东人民广播电台主持人节目《评说"神舟"首航成功》,运用网络、电话等手段把分散在各地的嘉宾、听众、网友都联系了起来,调用了目前所能调用的各种技术手段,进一步扩展了节目天地,让分散、远离的人们通过多种渠道"汇聚"一起,互相促动,彼此交流。传播形式越丰富越多样化,就越需要增强主持人的控制与协调能力。不具备这样的能力,就无法驾驭纷繁复杂的传播活动,有可能会出现失控情况。譬如:人际交流中如果出现不当的话语、偏激的言辞,主持人不知所措;群体互动失去分寸,导致哄场、冷场等;如果面向大众,却语焉不详、举止失措,缺乏大家风范等等。在这样的传播条件下,需要主持人能充分调动现场气氛、统摄人心,使得高山流水、妙趣天成。同时他又能够广泛运用各类讯息,引人入胜、发人深思。

上述的传播形态基本上都还是在传统广播电视技术条件下,所能创造出的主持人节目形式。当运用新媒体以后,这种节目形式可能还

会产生很大的变化。一是传播的组合形式会更加多样化,二是对主持人的技能要求也会更高。

"新媒体"源于美国 CBS 公司技术研究所所长 P·戈尔德马克(P·Goldmark)1967 年在一份商品开发报告中提出来的概念(New Media)。美国传播政策总统特别委员会主席 E·罗斯托(E·Rostow)在给总统提交的报告中反复引用了这个概念,因此在传播学界得以流行。所谓新媒体时代是相对于传统媒体社会而言的。新媒体时代的传播体现了以下五大发展趋势,即以融合为中心的多媒体系统化、以视频为引领的多媒体网络化、以互动为特征的多媒体传受一体化、以定制为特点的多媒体聚合化、以移动为标志的多媒体无线化。"由于技术的飞快进步,社会正向信息社会加速转变。继续谈论诸如印刷、收音机、电视、电影、电话和计算机等各种媒介,好像它们是完全不同的实体已不再具有任何意义。计算机和电信网络方面的进步已使得它们与传统大众媒介融合了。"我们身处传统媒体社会来预测未来新媒体时代,自然会有许多不确定性。但是显而易见的是,媒体融合的趋势已经初露端倪。我国的广播电视数字化改造工程正在积极推进,电信网、计算机网和有线电视网的"三网融合"经国务院批准,全面实现这种"融合"也已经指日可待。传统广播电视媒介将进入第三个历史发展阶段:首先,广播电视对广大受众实施单向传播的"大众化"服务阶段,以统一生产、大量消费为特征;其次,以有线电视、卫星电视的受众日益细分化为特征的"分众化"服务阶段,为消费各异、多种需求的受众群体提供分享服务;最后,网络化多媒体按照用户个人选择提供订制服务的阶段。现代社会受众的层、群结构日益划分为更加细微的人群,表现出"个体化"的结构特征。大众化、分众化和个体化传播三个阶段从传播主体、传播手段、显示方式、收费办法、受众品位、服务形态、节目编播以及节目制作等方面都发生着变化。

媒介传播产生出了这样两个显著的特征:首先,新媒体强调的是影音文字信息的整合,并获得视、听、触、嗅、动等多方位的体验与享受。

比如我们阅读网上的一篇文章,我们可以从这篇文章联到其他相关的文章;有的字、术语不明白,我们可以将其点中,字典词库会告诉我们它的意思,甚至演示一段动画或音乐给我们看和听。其次,互动性是新媒体独特的魅力所在。英国《经济学家》在一个专题报道所言,大众媒体时代正逐渐让位于个人和参与性媒体时代,这将改变媒体行业和整个社会。有专家预测,未来的几年内电脑和电视可能已经整合,新技术转变了传受方式,传播主体是多元的,也就是说传播过程随时会出现"反客为主"的情况。

媒体融合的趋势已经在世界范围内逐步形成,难以逆转。广播电视正在经历着前所未有的变革与发展。在这样的发展过程中,广播电视节目最重要的变化,就是会更多地采用具有参与性、交互式特点的互动类节目形式。追溯广播电视节目形成和发展的历史,不难发现:广播电视每一次重大的节目改革都需要依赖现代传播技术的发展,在不同技术条件的支撑下才形成了精彩纷呈的各类节目形式。在电波覆盖、传统媒体的技术条件下,只能提供受传类、观赏型的节目形式。即便强调了某些节目的交流性,也只是间接的、虚拟的。譬如"信箱节目",得到的无非都是迟滞的反馈,并非直接的交流。广播电视的天然使命就是面向大众传播信息,广而告之。当"热线电话"介入广播电视的时候,才开始有了真正的交流。但这种交流仍然是不够充分的,不仅需要使用保障安全的"延迟器",还需要有选择地接入电话。而电视的所谓参与性节目,无非也就是极少数被邀请的嘉宾,到演播现场参与活动而已。麦克卢汉提出的"人体延伸理论",曾揭示出广播电视延长了人的"耳目"功能,却还无法说明人的"喉舌"功能将会怎样延长。只有到了新媒体时代,才找到了这个问题的答案。数字化技术开辟了更多的互动渠道,媒体融合就提供了这种交流的可能。可以这样认为,新媒体主持人节目的显著特征就是它的交流性和互动性。没有交流和互动关系的节目,就不需要传播者来主导和把持。譬如:传统节目中播报类的节目,只需要转述;演播类的节目,侧重在表演;教育类的节目,主要是劝导,等等。当交流和互动现象出现的时候,就必须有"人"在传播技术上掌控和协调,或者说在任何交流场合中都存在"主客关系",否则这种互动就会变得无序,交流就会陷入混乱。特别是被纳入节目规范的场合就更是如此。这样我们就很容易理解什么是"主持人节目",节目主持人需要做些什么了。

传播学理论的产生源于人们对现代社会交流重要性的认识。20世纪60-70年代传播学界出现了研究对话理论的著作。1967年美国学者马森(Matson)和蒙塔古(Montagu)共同撰写了《人类的对话》,首次系统地论述了"对话"与传播的关系。二十世纪最重要的思想家之一、英国学者戴维·伯姆(David Bohm)在《对话》中指出:"在对话中,每个人都不试图把他所知道的观点或信息强加于人。相反,可以说是两个人共同去认识,并形成新的共识。""与对话相对立的词是'讨论、辩论'(discussion)。它与'percussion'(撞击、冲击)和'concussion)(撞击、震荡)具有相同的词根。它的真正含义是打破、分裂(break things up)。它的重点在于分析。……对话则不同。在对话过程中,没有人试图去赢。对话本身有着另外一种不同的精髓,它追求的结果是一赢俱赢。在对话中你不会试图去赢取对方,也不会强求让别人接受你的观点。相反,我们通过对话,来发现任何人身上可能出现的任何错误,从而使每个人都从中受益。这样一种状态称做双赢,……在对话中我们不是互相对抗,而是共同合作。在对话中,人人都是胜者。"现代传播观念所崇尚的就是这种对话交流式的传播过程。它完全摈弃了"冷战时期"那种单向传播的"枪弹论"、"靶子论"等陈旧的传播观念,正孕育出更多反映传播中互动交流方式的节目形态。

三、主持人在新媒体语境中的传播

有人曾对"谁来传播"提出了异议,其实只要对传统媒体和新兴媒体中不同的传播方式进行比照分析,就不难得出明确的结论。传统媒体基本是依据稿件来照本宣科,传播主体是媒介组织"代言人",以"我说你听"的方式进行的。而新媒体的传播是具有鲜明个性化特征的传播者,以"交互方式"进行传播,真正的"主持人节目"都具备有这样的特点,它既要宣读,还要交流;既要把控,还要应变。因此就需要一个具有高度灵活的传播主体来"主导和操持",以保障这项传播活动正常有序地进行。

那么这位"高度灵活"的传播者应该具备那些特质呢?人们借用了英文中"Anchorman"的词汇意义来加以描述,它的原意为"接力赛中的最后一棒",如今已经成为了"新闻节目主持人"的同义语。追溯它的起源却饶有兴味,据说 2005 年 2 月率先倡议使用"Anchor"的哥伦比亚广播公司的唐·休伊特在接受记者采访时说:"大约在四十年前,我们聚会芝加哥,报道一个政治会议,当时有四个记者,我对他们说:你们中负责的那个人可叫做主播。大家知道田径赛上有一个接力赛,跑最后一棒总是能力最强的人。"……被公认为世界上第一位电视新闻节目主持人、美国哥伦比亚广播公司(CBS)的沃尔特·克朗凯特曾回忆最早使用这个语词概念的情况时说:"我选择的这项事业是从 1952 年召开政党集会时开始对我产生影响的——一直到最后两个重大会议结束的那天晚上,才算全面彻底地影响了我。那是在黎明前的几个小时,湖面上清凉的微风还没有飘送到密歇根大道上,芝加哥 7 月的闷热就开始了。西格·麦克尔森和我走在空荡荡的大街上。西格是哥伦比亚广播公司电视新闻的第一任总裁,这一媒介的发展和今天我们所看到的电视新闻都是他一手栽培的结果。实际上,他还可能是第一个使用'新闻节目主持人'('anchorman')这个词的。不是他就是我们的会议节目制作人保罗·列维坦。两人各有一群支持者。我记得第一次听保罗解释这个词时,他说这指在接力赛中跑关键的最后一棒的那个人,后来西格说这指泊船时固定位置用的稳定的锚。不管怎么讲,这个词的意思从此改变了,而我是它的第一个载体。瑞典在采纳这个词时动作慢了一点。那儿的新闻节目主持人许多年来一直叫'克朗凯特斯'

（'cronkiters'）。"从使用这个语词概念的最初动机上分析,在当时美国三大广播公司激烈的新闻竞争中,CBS公司急需要一位"在复杂的新闻节目中处于中心位置的权威人物"。或者用当时制片人的话说,就是:"要想更有力地报道这次大会(美国34届总统大选),应该让最有力的记者在最后把所有的报道串联在一起,高度概括起来"。从这样的意义上来理解,这位媒介人物的作用恰似"接力赛跑"中的"第四棒选手"。

大家知道,接力赛跑是集体项目的田径运动,它的战术主要体现在四位选手的能力分配上,以取得竞赛的最佳配合和最好成绩。一般说来,绝对速度好,意志顽强,冲刺好的队员跑最后一棒。这是最关键的一棒,在这里,"第四棒"丝毫也没有"主持,指挥,掌管"前三棒的意义,只是体现了一个竞赛群体的战术配合。在竞争激烈的西方新闻界,把记者抢发新闻的报道方式比喻成一场比赛是十分贴切的。而把节目主持人的作用看做是"接力赛中的最后一棒"则是意味深长的。他生动地描述了信息传播的"接力性质"和信息传播在"最后一棒"的决定性效果。他的这种思路正好符合美国传播学家保罗·拉扎斯菲尔德(P. PcLazarzgeld)在这个时期提出的"两级传播理论"的基本观点。

在这个基础上,后来的学者又发现信息的传播不一定是"两级"的,而是"N级"的,即"多级"的,信息的传播要经过几个层次,才到达那个受影响的人。从而在50年代初建立了"多级传播"的学说。那么把谁放在"最后一棒"的位置上才最合适呢? 在这个时期,传播学者们证实,在现实社会生活中,某项领域,每一个社会群体内,都会有一些被人信赖、受人尊崇的"值得请教的人物"。他们在这些领域中见多识广,足以成为人们请教的对象。传播学中把这些人称为"意见领袖"(Opinion Leadesr)。"大到政治、经济、新闻、法律、军事,小到购物、时尚、娱乐、烹调、家政、美容……",每个领域都有"意见领袖"。譬如:有人预测随着信息化时代的到来,过量的信息反而使人们茫然不知所措,在这个"信息海洋"里非常需要有人来"导航",这种社会需求催生了新的三大职业:信息导读员、信息解读员和信息综合员。信息导读员仅为用户指示信息源;信息解读员应当具有多方面的背景知识,能对有害的虚假信息迅速识别和刊正,及时告诫用户不要上当受骗;信息综合员就是要按照特定用户需要形成"综述"、"述评"、"评论"之类的加工品。这三类新的职业工作者,就都具有了"意见领袖"的特质。

这些"意见领袖"与大众传播媒介的联系比较密切,从中获得的信息最多、最全面。这些信息,经过了他们的分析、梳理和筛选,可以成为一种谈资和故事,不时会在某个社会群体内进行人际之间的相互切磋与交流。而人们对这种从人际交流渠道得来的讯息一般都十分重视,较为信服。传播学者认为,如果把这种人际传播方式与大众传播相结合,就可以极大地提高传播效果,因此提出了"多级传播"的模式。也就是说,在大家接触大众传播信息的同时,也请"意见领袖"们诠释这些讯息涵义,诠释的方式应该是那种"一对一、面对面"人际交流式的。

当然,在现实社会生活中,讯息传播过程更加复杂,包含着更多的阶段。传播学者还认为,要提高传播效果,必须遵循一个重要的传播学原则,就是要充分发挥大众传播与人际传播、群体传播的各自优势,取长补短、默契配合,利用大众传播达到普遍渗透、广泛知晓,运用群体传播来各抒己见、凝聚共识,利用人际传播实现循循善诱、深入人心。不难看出,大凡成功的广播电视主持人所表现出的种种特征都是符合传播学的这项基本原则的。

分析主持人节目的传播过程,我们可以看到,节目主持人所发挥的作用恰似这样的现代传播者。一方面他需要搜集大量的相关信息来维持自己的"权威地位",同时他需要创造出人际交流的情境或者群体互动的氛围,以取得统摄人心的效果。由于他被放在了社会交流的过程中,所以他不可能再"照本宣科"式地转述稿件内容,也不是像记者、编辑那样,只是采制信息,而不解释信息。1981 年 5 月 14 日克朗凯特访华期间曾应邀座谈,在介绍他的工作经历和经验时就说:"自从我开始从事这项工作以来,(指从 1952 年以来,他主持报道美国两大政党的历届代表大会)我就开始研究美国的政治历史。这已经成了我的习惯。我每年都要重新编写几百页的有关资料。因为这是帮助我记忆的最好的方法。我把它称作案头书。这是一本活页厚书,有些页数的纸张,由于年长月久,已经变黄了。我极少翻阅它。除非偶尔查阅过去的一些日期,这种情况也很罕见。关键是在编纂这部'作业'时,有关的资料就在头脑里扎下了根,届时无须查阅,所需要的资料就会涌现在脑海里。"他的顶头上司、CBS新闻部的总裁西格·麦克尔森说过:"他几乎可以在任何情况下工作。因为他对工作有着极大的热情。他有热情进行认真的准备工作,好像学生认真做作业那样。当他报道一件事时,没有任何人可以与他相比。他就变成了这方面的行家。"克朗凯特报道国美国历次宇航事件的新闻,没有人否认他是报道这方面新闻的绝对权威。综上所述,我们认为节目主持人作为"意见领袖"既不是自诩的,也不是授予的。它指的是值得信赖的、众望所归的传播者。所谓"主持传播","其实是一种实现了大众传播主体的人格化,并在传播过程中体现人际性特点的大众传播方式,其中的人格化、人际性及大众传播是构成主持传播的关键,亦是主持传播的特点和优势所在。"(《中国主持传播研究》2018年第一辑 p7)但这种人格魅力并不是天生的,而主要还是后天习得的。

上个世纪中叶,随着网络传播和电子计算机的出现,把信息对整个社会的影响逐步提高到一种绝对重要的地位。信息量,信息传播的速度,信息处理的速度以及应用信息的程度等都以几何级数的方式在增长。这预示着人类进入了信息时代,信息技术极大地促进了文化、知识、信息的传播,为人们充分表达意愿提供了技术条件,激发了民众的民主意识、民主观念和民主诉求。

信息社会实际上也是广泛运用新媒体传播的时代。多种媒体手段有机融合,根据传播要求相互转换,并具有图、文、声、像并茂的立体表现的特点。如何利用多种媒体的表现方式以最有效地传达信息,成为摆在主持人面前十分重要的研究课题。服务于这样一种社会形态的主持人节目,无疑将会把传播信息作为自己的主要工作内容。而衡量主持艺术水平的标准,也必将取决于这种信息传播能力的高低。

新媒体信息传播日益呈现出五大发展趋势,即以融合为中心的多媒体系统化、以视频为引领的多媒体网络化、以互动为特征的多媒体传受一体化、以定制为特点的多媒体聚合化、以移动为标志的多媒体无线化。在主持人节目中也将越来越多地表现出这样一些传播特点,按照这样的特点进行传播,必然要求主持人要掌握娴熟的信息化技术。不再是传统节目中仅仅面对镜头和话筒那么简单了。他的主要工具是网络和电脑(不仅仅是本国语),而正确地使用这两种工具,就是运用信息化技术的主要内容。美国学者道格拉斯·布林克利所著的《讲述真相:沃尔特·克朗凯特》中也谈到,1952年两党代表大会报道中"9月25日,哥伦比亚广播公司新闻网对外发布新闻,正式为克朗凯特命名为'主持——人'。……公司决定为克朗凯特配备一台电脑当作大选之夜的助手。……米克尔森曾说:'采用UNIVAC(电脑)的新效应就在于同事吸引到观众和平面媒体的目光。'"

确切地说,电脑应称为信息处理机,它不仅能记录数字和运算数字,还可以进行逻辑推理、判断和选择,这就意味着它能处理数字以外的信息。回顾人类历史,信息处理方法的每一次重大革命,都使人类社会的文明向前推进一步。发明纸和活字印刷术,是信息存贮和表达方法的一大进步;电话、电视、电报的问世,是信息传输、转换方式上的重大革新;打字机、电传机、新型印刷机,使信息处理走上机械化台阶。然而这一切与电子计算机对信息处理所引起的彻底的改革相比,就显得微不足道。如果说,纸、印刷术、电话、电视、打字机等设备是人类四肢或感知器官(口、耳、眼等)的延伸,在一定程度上解放了或取代了人的肢体、器官,那么电脑将最终取代人类的大脑。可以说,计算机就是人类智力的放大器。在信息处理系统中,它不但可发挥肢体和感觉器官作用,而且还能帮助人们控制、指挥整个信息系统的运作,只有依赖它,人类才能实现信息处理的"最佳化"。我们通常都对主持人寄予较高的社会期望,主要的原因就在于他能够熟练运用这种技术,满足人们博闻多识的要求。主持人的知识水平与他运用计算机的能力是分不开的。因为随着社会的发展和进步,各类知识不断增殖,又高度分化。要求主持人成为无所不知的"百科全书"是不现实的,关键就在于他能够借助计算机这个"电子大脑",迅速汲取他所需要的知识,并加以归类、分析和处理。

宽带高速信息网的铺设给我们也展现出了全球化传播的图景,"地球村"的景象已经越来越清晰,跨国、跨区域的传播与交流已经成为现实的可能。人类交流和传播的主要手段仍然是语言,毫无疑问,语言能力是主持人最重要的能力。不仅仅表现为善于说辞、妙语连珠,更需要语随境迁、随机应变。无论是信息搜索,还是语言交流都需要主持人提高处理语言信息的能力,以及跨文化传播的能力。这不但有助于主持人与受众更充分地交流信息和感情,而且还有助于人们更好地表达自己的思想,使我们摆脱困境。语言不仅仅是沟通语意的"桥梁",也是建立民族感情、共同价值观和人类理想的必要手段。

(作者系南京师范大学新闻与传播学院教授、博士生导师)

新文科建设背景下的主持传播人才培养

高贵武　王　彪

2020 年 11 月 3 日,教育部发布的《新文科建设宣言》明确了新文科建设的背景、路径、原则与目标,这是在科学技术发展对社会运行、个体生存产生了变革性影响,文科对社会服务与需求满足功能减弱的背景下提出的一项学科自身的革陈出新的工程。作为一门年轻的学科,播音主持学科建成以来为传媒发展与国家文化建设等培养了大批优秀人才,但在近年来科学技术演进与社会交互格局变迁的环境中,播音主持学科的局限性与无力感逐渐凸现。而新文科建设的启动无疑为播音主持学科提供了重要的反思空间与再造机遇,因而,把握新文科建设的要意,在反思的基础上重构播音主持学科也就显得迫切且意义重大。

一、新文科建设的要义

新文科建设的核心理念归结起来可以概括成三个特性,即融合性、重构性与"国性"。融合性是指新文科需要文科内部学科之间与"文理之间的交融",①借助数据采集与分析、感知与合成、信息与传播等新技术更新文科分析方法与研究范式,实现在跨学科基础上的文科知识升级,并以此来打破以往因为认知有限而细分学科造成的专业与学科壁垒,恢复人文社会学科相对完整与立体的面貌。重构性则指新文科建设要摆脱路径依赖和范式固化,在顶层设计与整体架构上大胆破圈,立足新时代国家与社会需要,在方向确立、知识界定、标准确认、人才评

---

① 黄启兵,田晓明."新文科"的来源、特性及建设路径[J].苏州大学学报(教育科学版),2020(2):78

价、体系建构等多维度进行重构。"中国性"是指作为彰显民族气韵、社会意识与人文精神的文科需要在深度解读并接轨国际相关学科知识的基础上凸显出中国特有的世界观、方法论,体现中国话语特色、价值主张与阐释价值。

二、单一学科范式与播音主持学科的发展困境

播音主持学界普遍认为 1994 年《中国播音学》的出版标志着播音学科诞生,在之后近三十年学科发展中,在岗位导向与职业化倾向的惯性力推动下,播音主持专业一方面为广播电视事业和党的新闻事业培养了大量应用型职业人才,另一方面也因此阻碍了知识生产的进深化和学科疆界的拓展,暴露出范式单一与应对变革无力等问题。

学科范式单一的表现并非限于播音体系的独大、主持学科的羸弱,而是专注于职业个体语言技能的学术视角,这无疑丢掉了播音主持更广阔多维的理论空间,使播音主持这一现象包含的传播规律、社会影响、关系建构、文化形态等诸多议题在一定程度上有意无意地被忽视了。进入 21 世纪,一些学者开始从不同维度对播音主持展开研究,如有学者对"主持传播"相关议题的学术范式建构便是学术范式创新与开拓的重要尝试,以"主持传播论坛"为平台的学术共同体的搭建与《中国主持传播研究》辑刊系列的出版,"人工智能"、"公共传播"与"视觉修辞"等新视角的开拓等,为学科范式的创新打开了新空间。

三、新文科建设背景下的主持传播人才培养

学科是一种"独立的知识体系",并包含了由此衍生的"学科规训制度"、"组织文化"与"群落学术生活样态"[1]。"知识体系"始终是学科建设的根基与核心。因而在新文科建设背景下的播音主持学科建构进路首先要在知识体系的再构上找准逻辑起点,针对现实需求与具体问题,在融合的理念下重新确立知识生产疆界、重构知识体系和革新人才培养方式。

---

① 胥秋.大学学科文化的冲突与融合[M].湖北:华中科技大学出版社,2016:32-33

播音主持专业的学科起点与新闻专业"技艺性"高度相似,而新闻专业后来逐渐走上了兼蓄"广泛的大学文科"与"技能训练"的"通识教育模式"。①喻国明认为进入"智能化社会阶段",人类的连接呈现出"新的方式、新的尺度和新的标准",新媒体使"传统科层制社会解构",社会呈现"微粒化"、"千行百业媒介化",因而"认知与传播学学科的重构"需要"根本意义上的'范式的革命'"。② 播音主持学科未来的重构之路同样是在整体范式、核心逻辑与知识疆域等层面的革命。

　　播音主持学科一直以来都以广播电视媒介为知识生产与学科建构的疆界,但进入网络化媒体时代,媒介已远远超越新闻场域,成为"各个领域的产品能否被人使用和如何使用的基础变量"③的"本构模型"之"无模型"的历史实现。播音主持作为一种界面性、关系性的传媒元素面临多平台、多空间与多场景的契应化重塑,其"本质特征、目标价值、职能任务和活动原则"都有所变化,④打通与破圈、融合与创新成为未来播音主持传播的重要主题。在此背景下,播音主持学科及主持传播的人才培养需要在整体建构上跳出广播电视场域与单纯大众传播场域,将研究议题、知识图谱、人才边界与实践空间等与多层次、多领域的社会时空结合,开掘知识体系新的增长点。

　　美国传播学者克雷格(Robert T. Craig)认为,由于传播学的修辞学、符号学、现象学等七大传统研究范式中"每一个传统都源于并在修辞上诉诸于某些关于传播的普通信念,同时挑战其他信念",因而,要本着"将传播学的本构模型作为元模型,将传播学理论作为元话语实践"的两大原则,将传播学作为一个"辩证的对话场(dialogical-dialectical field)"。⑤

① 黄旦.新闻传播学科化历程:媒介史角度[J].新闻与传播研究,2018(10):64
② 喻国明.传播学的未来学科建设:核心逻辑与范式再造[J].新闻与写作,2021(9):5-8
③ 白寅,帅才.基于融媒体发展的新文科专业内涵及其人才培养规格[J].中国编辑,2020(2-3):102-103
④ 吴能表,朱亚萍.新时代大学教学改革研究[M].重庆:西南师范大学出版社,2020:66
⑤ Robert T. Craig. Communication Theory as a Field[J]. Communication Theory,1999(9-2):119-161

借鉴传播学在理论上的探索,在新文科建设的路径下,播音主持专业也要立足于多学科融合的出发点,将播音主持作为一种"原话语实践",将原有的有声语言拓展为有声语言、符号修辞、行为仪式、交互场景与社会心理等多种范式的对话场,以开放的形态建构起面向多领域的大播音主持学科。

传统播音主持学科少有对人与科技关系的涉及,也或多或少存在技术恐惧和技术歧视的倾向,而新文科建设明确提出了文理科之间的学科互通。虽然信息技术在人类传播发展进程中总会有"顾此失彼",甚至显得背离价值理性而不能被驾驭,但技术发展势不可挡已是不容否认的事实,科技的最终走向也仍是在人的尺度之内,人的法则最终决定了新技术"以个人的深层次需求与人类的共同命运为终极导向"①。对于主持传播的人才培养来说,技术一方面寻求对人类主播行为的阐释与模拟,为我们反思现有实践提供了"试金石",另一方面也能推动构成人机互动、耦合传播的有机体。从长远看,技术推动下的个体信息行为形态与社会交往方式的变迁,则极有可能带来播音主持学科的整体性重构。因而在进路中,播音主持学科需要与充分引入技术思维与融合技术形态,建立与技术相互理解与支撑的学科架构,并在此基础上探索人才培养的更多可能。

学科的核心是知识生产与知识体系的建构,这是学科建构的基础也是终极目的,由此延伸出的学科制度、师资队伍、学术活动、教育教学等成为高校学科建设的主要内容,并最终体现为"人才培养、科学研究、社会服务、文化传承与创新、国际交流合作"五项重要功能。② 新文科建设为播音主持学科的知识生产与人才培养的范式重构提供了反思的空间与进路启示,播音主持学科建立在新的逻辑起点上的知识生产

① 喻国明,马慧.互联网时代的新权力范式:"关系赋权"——"连接一切"场景下的社会关系的重组与权力格局的变迁[J].国际新闻界,2016(10):11
② 中华人民共和国中央人民政府:中共中央 国务院印发《关于加强和改进新形势下高校思想政治工作的意见》http://www.gov.cn/xinwen/2017-02/27/content_5182502.htm

与学科范式重构,基于新时代国家与社会需求的专业建设与人才培育,既是对三十年来学科发展对制约学科发展的局限与不足进行改进、优化,也是对新科技条件下学科再造和人才培养模式升级的突围。面向未来,知识图谱的重建、知识生产疆界的拓展、人才培养体系的更新等,将是播音主持学科面临的紧迫而重要的任务。

（作者高贵武系中国人民大学新闻学院教授、博士生导师,王彪系西藏民族大学新闻传媒学院副教授、中国人民大学新闻学院博士生）

从"字正腔圆"到"言之有物"

——"大播音"理念下口语传播教学实践探索

高　珊　陈　娜

一、教学理念:从"大语文"到"大播音"

"大播音"的教学理念,受到"大语文"教学理念的启发。"大语文教育"主张以课堂教学为轴心,以人获得更好的身心发展为基点,跳出课本的束缚,更加注重跟真实的社会、现实的生活相结合,并把教语文同教做人相结合,把读、写、听、说四方面的训练相结合,使学生接受全面的、整体的、强有力的培养和训练。因此,大语文教育在于帮助学生形成良好的思维方式、培养美好健康的情感与心理认知、完善和提升学生的自身人格与人文修养。

语文教育目的是阅读、理解及表达,不仅包括文字表达,还包括有声语言表达,不仅包括书面表达,也包括口头表达。从一定意义上说,播音专业学习也是语文学习的延伸,是对母语学习的深化。语文水平直接影响播音水平,从这个意义上讲,播音专业的教师也应该具备充分的语文教师的职业素养。

二、存在问题:播音专业教学面对的共性困境

当前,播音主持艺术的教学现状已出现"重技巧、轻规律","重表达、轻内涵","重实战、轻能力","重套路、轻创新"的普遍问题。所以,在很多播音生和播音教师眼里,觉得吐字发声、文播政播才是专业学习的主要任务。也就是把"字正腔圆"的专业表达作为专业学习的主要追求。

因此,播音专业学生往往会出现下列问题,也给专业教学工作带来

了一定的挑战。

1. 有稿看相对自信，无稿紧张慌乱。

2. 心无旁骛，方能言之有物。得失心重，杂念多，不能全身心投入思考。

3. 断片、言语缺失时，容易"出戏"，不能急中生智，刺激灵感迸发。

4. 主题不集中，说着说着就走偏。

5. 大话空话多，形容词漂亮词多，名词少，总想拔高说意义，而忽略了意义是建立在内容之上。

6. 不会将有声语言技巧运用于口语表达，缺乏感染力，播音表达技巧与口语表达脱节。吐字发声技巧、内外部表达技巧都用不上，纯生活化、随意化、原生态表达。

7. 图片视频文字等提供的信息，不会观察，不会提取信息，思路窄。

三、核心原则："大播音"的价值追求

在"大播音"理念的观照下，以大语态、大阅读、大范围、大目标、大格局为核心原则的教学实践成为了播音主持艺术教育教学的更高追求。

其中，大语态是指不再只重视有声语言的艺术化表达，还重视口语化表达。以交际为目的的口语表达，强调语言的实用功能。大范围是指只要跟有声语言相关的，都属于"大播音"教学的范畴，不再只局限于朗诵配音，演讲、发言、面试，还有日常口语交际都在"大播音"的范畴。大阅读是指打破学科的边界，表达内容从语言拓展到文学、文化、历史、哲学、艺术、自然、社会等。大目标是指能让学生终身受益，使学生学会观察和思考，善于沟通和交流，懂得审美情趣，提高学生在未来职场的竞争力。大格局是指以有声语言为中心，从认知、能力、情感、态度和价值几个方面，全面系统的培养学生的综合素质。

在"大播音"理念的价值引领下，对大语态、大阅读、大范围、大目标、大格局核心原则的践行无疑是未来播音主持艺术人才培养的重要突围点。

三、指导思想："大播音"理念下的口语传播能力训练

"大播音"教育是相对于传统的播音教学而言的,也是在口语传播的视域下提出的创新型、突破型的播音教学理念。而口语传播能力,则是指"人"的语言生产、制作、传播、反馈与修正的能力。简单来说,口语传播就是理解、沟通和交流,其形式上是多样化的语言表达;内容上是具体可感,接地气的表达;理念上是关乎人心人情人性的表达;方式上是过程性,情境性、互动性的表达。总之,口语传播既是生活的表达,更是灵魂的表达。

张颂老师说:"语言是一种功力。"语言功力包括 观察力、理解力、思辨力、感受力、表现力、调控力、鉴赏力。所以口语传播能力训练重要的是要敢于跳出语言的表层形态,更多地强化语言的思维功能和交际功能,在语言的全方位使用中,引导学生观察社会、发现问题、思考辨析、尝试解决,树立社会责任、理想情怀、审美品位。

四、实践创新:天津师范大学播音系的具体做法

播音专业的口语传播能力的训练,不应该只是体现在《即兴口语表达》课程中,还应该贯穿于整个播音教学中。在我校播音系专业小课《播音创作基础》和《播音文体与语体》上,授课教师打破了以往小课上教师单纯、单向地讲稿子怎么朗诵、新闻怎么播的艺术表达训练的传统方式,而是将小课分为两大部分,第一部分是跟稿件有关的口语表达,第二部分才是稿件本身的艺术表达。具体来说:

1. 将艺术表达背后的备稿过程用口语的形式外化出来,也就是让每个学生把对稿件的理解、感受、思考说出来,讲起来,进行个性化的口语表达,把原本看不到的心里备稿过程用口语形式让大家明晰可见。先把自己怎么理解和感受的说出来,再把这种理解和感受回归到艺术语言创作中,这样的表达才是有感而发的。这样不仅激发了学生思考的主动性,也加强了思考的深入性。

2. 根据稿件进行的口语表达不是随意的说,而是从稿件中提取学

生所感兴趣的点进行口语表达,要求主题集中,逻辑清晰,有思考,有态度,避免大话空话。

3. 采用限时的方法,比如限时一分半。通过计时,能够给予学生一种仪式感和实战性。

4. 要求是口语化的表达,既不能有朗诵腔和固定的腔调,也不能说大话、空话、无依据的话。

5. 创设各种情境,结合各种形式,让学生的表达变得更加具体可感。实打实、接地气的情景化带入,用实物、实景激发学生说自己动心、动情的话。

身临其境的带入。仅举一例,授课教师作为盲童朗读的形象代言人,代言词是:用声音丈量世界,用朗读点亮光明。课上,教师给大家准备了《假如给我三天光明》。朗读之前,先让大家体验了短暂的黑暗,给大家准备笔、纸和眼罩,每人戴上眼罩,在黑暗中,拿起笔在纸上写下当时的感受或者最想跟大家分享的几个关键词,然后摘下眼罩,向大家展示一下写字的内容和此刻的感受。有的人感觉黑暗的恐惧,有的人觉得那一刻听到了平常忽略掉的美妙的声音——笔和纸触碰、听觉异常灵敏,感受到盲童是在用心朗读。然后再读这篇文章,感受就不一样了。

模拟生活场景。关于就业形势的新闻稿,让大家模拟应聘场景,向应聘单位推荐自己,随机回答每个招聘单位人员的提问,每个人换角色轮流招聘应聘,锻炼语言的应用能力和应变能力。还有特殊场景下的口语表达,如作为 2020 新生代表发言。

图片解读的方式。比如记者节,选择稿件《我骄傲我是记者》,并且找了一幅图片:一名记者扛着摄像机深入火海进行拍摄的身影。让学生根据图片信息进行限时口语表达。

《朗读者》节目的尝试。让学生以节目为蓝本,自由组合、自由创意、自由编排,来发现身边的感动。学生们积极性非常高,有采访有朗读,有主持人有嘉宾,艺术语言和口语完美结合。

6. 课程改革对教师也是极大的挑战。当学生进行完口语表达之后,教师要立即进行有针对性的点评,而且还需要有更加敏锐的视角和深刻的思想。这样的课堂就有了师生互动:"教口语,用口语教"。

7. 大胆进行考核改革。播音理论大课的考试形式原来是传统的试卷考试,后来改为结课论文,原先是将理论知识写出来,我校播音系进行一定程度的改革,将理论知识用口语表达出来,具体采取"师生问答"的形式,来考核理论知识的掌握程度。理论知识只有充分理解了、领悟了,才能清楚、准确地回答教师的提问,"说出来才是你的知识,讲出来才是你的思考",这样避免了以往考试前突击背诵、考完就忘,以及东抄西抄、不动脑拼凑结课论文的弊端,真正体现播音专业课程的学科特点。

总之,我系的主要做法包含以下几点:1. 注重学生自主表达。敢说能说会说,到想说、快乐说;2. 因事而发、因景而发或因情而发;3. 自己思考,带着别人思考,启发别人主动思考。

结　语

没有知识的积累,口语传播就是空中楼阁;没有观察思考,口语传播就是大话空话;没有生命的感悟,口语传播就是口灿莲花。口语表达没有华丽的辞藻,却同样拥有打动人心的力量,其核心灵魂就是"言之有物"。无论哪种口语表达,都应该以交际、互动为传播目的。只有身入心入,才能走到生活的深处。只有广视野、大情怀、小切点、深挖掘,才能做到眼神里流露真诚,内容里充满善良和正义,语言形式中体现美感。

去言说我们用心看到的、听到的、感受到的,才能实现与人和事物进行亲密连通;去言说我们思考过的、加工过的、整合过的,才能实现与人和事物进行思想联通;去言说我们想说的、情感有触动的、有意义和传播价值的,才能实现与世界的互动沟通。

从"字正腔圆"到"言之有物",以"大播音"理念引领口语传播实践教学新路径,以口语传播实践教学助推播音主持艺术育人新格局与新境界。

(作者高珊系天津师范大学新闻传播学院播音系副教授,陈娜系南开大学新闻与传播学院教授)

守吐字发声之正 探媒介融合之规 寻教学创新之路

刘云丹

非常感谢上海戏剧学院为大家提供了一个相互交流的机会,使我也能再次向大家学习。2021年底在上戏主持学术交流会上,我就从来宾们的发言中获益匪浅。今年的主题更是紧贴着当下的一线实际,将视线精准地投射到教学与实践的结合上。我也借此机会向大家汇报一下自己的思考。

以张颂老师为代表的前辈们建立了中国播音学的学术理论,几十年来各高校也培养出了很多优秀的播音员、主持人。那时的传统媒体作为强势媒体的传播背景也为这些人才提供了展示的舞台。

众所周知,主持人这个职业的发生和发展与社会整体的文化需求、经济成果、科技发展密切相关。随着互联网技术的兴起和普及,网络传播的广泛性、时效性、快捷性、参与性的优势使得现在的信息传播具有了介质更为多元、手段更为灵活的特点。在传统媒体的黄金时代,线性的传播特点在极大程度上凸显了"传者"的主导地位。而网络传播中"人人参与"的广泛性特点将整个传播链条中的传、受双方的地位和作用"拉平"了。受众的媒体接近权、信息发布权、知情权都因为这种新的技术支撑得以更大程度的实现。

习近平同志在中国共产党第二十次全国代表大会上作了《高举中国特色社会主义伟大旗帜 为全面建设社会主义现代化国家而团结奋斗》的报告。其中提出了要继续推进文化自信自强,铸就社会主义文化新辉煌,重视中华优秀传统文化的创新性发展,实施国家文化数字化战略。习总书记还明确指出"要坚持发展和治理相统一,网上和网下相融合"。这些指示为我们建设社会主义文化强国,铸就中华文化新辉煌提出了更高的要求,指明了新路径。我们作为培养新时代播音员、主持人的责任承担者,也应该朝着这个方向,结合时代发展实际,在具体的教学中,探索新路径,找寻新方法。既守正又创新,才能培养出适应新时代传播生态的优秀的党和政府的"喉舌"。

当下播音主持教学中存在一个实际问题——学生越来越不重视吐字发声。认为字正腔圆不再是最重要的基本功。殊不知,没有清晰、准确的吐字发声,就不可能实现深入人心的高质量口语表达。影视艺术也需要遵循各门艺术所共有的规律,她同样是客体与主体、再现与表现、反映与创造、纪实与艺术有机统一的整体。二十世纪初,广播带来的"声音"的假定突破超越了报刊的生动性而大受欢迎。而后,电视又从"声、画"同步层面更为全方位的实现了这种假定突破,比广播更为深入地满足了受众"想象共同体"的具象诉求。那时候广播、电视是最为普及有效的信息传播媒介。但是由于其线性传播的特征突出的是"传者"的作用,因此,播音员、主持人的有声语言表达代表的是媒体把关人的形象。当时的传播介质的相对单纯使这种声音形象深入人心。吐字圆润、语气常扬、语势平稳、感而不入、清晰明快、分寸得当,是对播音员、主持人的有声语言的时代感的要求。

数字化时代的到来在科技层面改变了电子化传播世界。收视手段的多元、便捷改变了受众的信息接受方式,同时也改变了信息价值判断标准。电视具有浓厚的"家庭氛围"特征,因此在内容与形式上传者更为偏向"集体"感、温暖感。而移动收视特征有"短、快、精"的性质。因此在内容与形式上则需要更加灵活、快捷、精准。融媒体多维传播的特征也使"受众"、"网民"的概念被泛化为了"用户"。这种泛化在信息传播的语言层面提出了更加大众化、平民化的要求。大众化、平民化不是庸俗化,也不是要抹杀播音员、主持人有声语言的文化引领作用。正如今天上午高贵武老师所说,当下的网民对主流媒体主持人有声语言表达的信任度、权威度的关注度依然很高。我们都知道,媒体传播行为在本质上是政治制度的传播。播音员、主持人是传播得以实现的最前沿、最具象的关键环节。他们的有声语言和时代的文化特征、大众需求紧密联系才能最大限度的实现传播效果。在以往的培养训练过程中,我们往往从学生本身的内部素质、外部技巧上进行扎实的训练。但是在如何将自己的内外部技巧与时代需求相结合方面则稍显单薄。网络传播因为其快捷性和广泛参与性,在语言体系上具有更为大众化的特征。如果我们的播音员、主持人在信息传播过程中忽略这种特征,交流的前提就不存在了,更无从谈起信息的深度传递。因此,在坚守吐字发声的基本功的前提下,研究当下的有声语言表达体系的变化是对我们的教学提出的新的高要求。

媒介融合为信息的传递范围提供了最大化的舞台,同时也对我们播音员、主持人有声语言表达的适应性提出了更高要求。字正腔圆是信息清晰传播的基本前提,但是在语速、语气、语调、词汇摘选等方面则要求我们向当下受众更为熟悉、更易接受的大众语言体系靠近。作为国家级媒体的中央电视台率先推出了《主播说联播》、《大国外交最前线》等节目,将传统媒体中的新闻话语向网络传播的大众话语靠近,收获了很好的社会效果。同时,《央视新闻+》也充分利用了媒介融合的新形式,将传统媒体的新闻单向传播转变为适应不同媒介的立体、多维度的传播。在这些形式的尝试中,对播音员、主持人的创作能力也提出了更加全面的要求。我们看到不少在传统媒体中具有扎实的新闻播报功力的播音员、主持人在全新的形式下也出色地完成了创作。他们清晰的吐字发声、铿锵的语气语调、平易的遣词造句、自然的体态表情,赢得了观众、网友的好评。而这恰恰就是当下的播音员、主持人语言传播最好的时代感体现。

这些成功的案例都为我们的教学提供了思路。当下传播的社会干预色彩具有越来越强烈的特点,使播音学中有声语言表达"时代感"的本质含义和实现路径也发生了变化。在教学中,只有教师们深刻了解了这些变化,并找到行之有效的途径,才能实现与时俱进的教学训练效果。

总之,播音员、主持人语言的时代感不是一成不变的,而是随着时代的政治、文化、经济发展不断变化和发展的。能以被当下的受众接受并欢迎的语言传播才叫具有时代感的传播,才能更好地完成党和政府的"喉舌"这一社会引领的任务。在今后的教学中,我将严格守播音学吐字发声之正,同时努力探媒介融合之规,以寻教学创新之路。

(作者系中央戏剧学院电影电视系播音与主持艺术专业教授、博士生导师)

全国大学生朗诵大赛对播音主持人才培养质量的提升及价值引领
——基于上海师范大学影视传媒学院参赛作品的分析

韩晓晔　高祥荣

从 1996 年开始举办"齐越朗诵艺术节"到 2003 年开始更名为"齐越节暨全国大学生朗诵大赛",从只有一所院校到近百所院校参加。不仅是播音主持艺术专业学生的盛会,已经成了全国大学生朗诵爱好者相互交流学习的舞台。

上海师范大学影视传媒学院非常注重学生的大赛经历,学院的各级领导,全体老师都参与到其中。从 2011 年我校在齐越节决赛舞台上的首秀开始,经过几年的不懈努力,我们培养的学生在全国大赛舞台上崭露头角,有所收获。下图是我院在朗诵比赛中获奖作品:

上海师范大学 影视传媒学院
Film Television and Communication College Of Shanghai Normal University

参赛时间	比赛名称	参赛作品	获得奖项
2011年	第十三届全国大学生朗诵大会	《铭记》	三等奖
2012年	第十四届全国大学生朗诵大会	《回家》	三等奖
2013年	第十五届全国大学生朗诵大会	《北归》	二等奖
2017年	第十九届全国大学生朗诵大会	《五人墓碑记》	优秀作品奖
2018年	第二十届全国大学生朗诵大会	《写给1998年的第一场冬雷》	三等奖
2018年	首届中华经典诵写讲大赛	《岳阳楼记》	一等奖
		《美丽青春》	最佳表现力奖、二等奖
		《中华颂》	最佳表现力奖、二等奖
2019年	第二十一届全国大学生朗诵大会	《是他在发出呼喊》	优秀作品奖

参赛时间	比赛名称	参赛作品	获得奖项
2020年	第二十二届全国大学生朗诵大会	《二十岁的春天》	综合效果特别奖
	第二届中华经典诵写讲大赛	《烈火英雄》	上海市一等奖;全国二等奖
		《五人墓碑记》	上海市一等奖
		《信仰的味道》	上海市三等奖
2021年	第二十三届全国大学生朗诵大会	《黄花岗烈士事略》	视觉效果特别奖
	第三届中华经典诵写讲大赛	《红岩》	上海市特等奖
		《光的赞歌》	上海市一等奖;全国二等奖
		《国旗诗篇》	上海市一等奖;全国二等奖
		《不朽》	上海市三等奖
2022年	第四届中华经典诵写讲大赛	《可爱的中国——对话方志敏》	上海市一等奖
		《亲爱的》	上海市二等奖
		《祖国(或以梦为马)》	上海市三等奖
		《高山下的花环》	上海市三等奖

上海师范大学朗诵大赛获奖作品

一、参赛作品特点分析

结合几年的作品分析,上海师范大学影视传媒学院的作品特点可以归结为"高""大""上"三个特点。但这个高大上并不是无源之水,无本之木,而是建立在上师大播音主持教学的基础上而成。

所谓的高,指的是"高规格":集全院各专业优势,合力打造作品。比如《20岁的春天》,是我院文艺理论教师原创的作品,描写的是大学生抗疫情的内容,获得了第22届齐越节的特别效果奖,以及大学生艺术展演朗诵类的国家一等奖。

所谓的大,指的是"大格局":我院创作的作品都是突破校园青春里的"小青春",放大爱国情怀、天地家国里的"大青春"。让青春超越个人体感,成为民族命运、国家命运甚至世界命运的青春。

所谓的上,指的是"上层之作":教师与学生精心打磨,更改稿件,作品从雏形到最终的成稿,要经历很多的改变,从作品的形式、到语言、甚至是走位、服装都事无巨细的考虑到。

上海师范大学影视传媒学院播音与主持专业人才培养目标就是:适应传媒行业发展需要,掌握中外广播电视理论与实务,德才兼备、声形俱佳的播音主持专门人才。突出实践能力,突显语言功力,培养能在广播电视和新媒体行业及各级学校从事语言传播及语言教学工作的应用型人才。

我们不断的用比赛促进教学,以赛促练,播音专业大一新生对专业的认同感就是在每年10月份观看学院内部的专业选拔的过程中形成的。与此同时,在学生们参加比赛的过程中,教师也会发现一些专业上的不足,也为我们在教学过程中优化教学,提高人才培养水平提供了明确的方向。

二、参赛过程中暴露出教学不足

(一)基本功训练不够扎实,声音表现缺乏技巧

也许是现在年轻的学生面对的诱惑增加,也许是现在自媒体的兴起,学生们看到越来越多的不需要努力即可获得成功的"捷径",语言

基本功的训练变得不被重视,不重要了。

我们说"工欲善其器,必先利其器"。无论是朗诵,还是播音和主持,都是以语言表达为其主要表现手段的艺术。在大赛的全过程中我们不难发现学生们在朗诵中所暴露出来的问题,即属于语言表达训练的基本功。诸如,呼吸、发声、共鸣、吐字这些最基本的发声环节技能掌握的不好。有的学生口腔控制不好,牙关打不开,吐字不纯正、不清晰、不圆润,这直接影响了作品内容的表达。

2017 年本院 5 名同学参加齐越节,选取的作品是《五人墓碑记》,大家意气风发、志在必得。但在评委点评环节,被无情的指出有一个读音的低级错误,稿件中有一句话为:"谁为哀者",其中的"谁"在古文和书面语中,应该读成"shui",只有在口语中才读"shei"。学生表示以后一辈子都不会忘记这个字的读音。这也给我们专业教师上了一课,要继续不断的锤炼语言的基本功。

(二)舞台感不强,缺乏对象感、交流感

在教学的过程中,我们提倡用发声教学来带语音教学,用表达来带发声。所谓的发声都是在具体的语用条件下的发声,都是在具体语言环境下的发声。脱离语用实践和语言环境的发声是没有意义的,训练也是盲目的。我院讲授发声课的教师,是音乐学院毕业的专业教师,发声课从歌唱的角度切入,调整播音主持专业的用气发声,但学生在上完发声课到基础学习的时候不会自然的说话,结果教基础的教师还要为学生重新调整,使得学习没有效率。所以我们要遵循科学性与实践性并重的教学指导原则。我们要从人文精神和科学精神相容的的基础上,提升学生的舞台责任感和文艺创新力。

(三)艺术综合感觉欠缺

经常说,师傅领进门,修行在个人。艺术是要靠领悟的。但现在进来的学生高中文化水平很强,艺术审美偏低。作为师范类大学生,以后会有机会从事审美教育的工作,就更需要我们教学过程中,在提高学生自身的感知力、观察力、理解力、想象力和创作力的过程,进而帮助学生实现身心和谐发展,在未来面对工作和生活时,能够具有获得幸福感的能力。

三、大赛过后的教学反思

(一)播音主持专业人才培养具有特殊性

播音员和主持人是党和政府的"喉舌",具有新闻属性;但同时要求他们的语言既要达意、又要传情,还要富于美感。音声性、艺术性是有声语言传播的重要特征。我们要做到有稿播音锦上添花,无稿播音出口成章。所以,我们在培养播音主持人才的同时,既要训练其语言功力,又要增强文化素养。

(二)语言功力的培养具有艰巨性

语言不仅是人思维的工具和交际的工具,同时也是文化的重要载体和显现,是人认识世界和把握世界的一种方式。我们经常说,播音员和主持人代表中国的作风和气派,使人感到悦耳动听、赏心悦目,但这种语言能力绝对不是一朝一夕练就的。既需要大量的文化底蕴作为支撑,又需要大量的、长期的、有时甚至是枯燥的、艰苦的训练和实践。语言功力的锤炼与磨砺的过程,有其艰巨性、复杂性、长期性和反复性。

(三)从标准化的统一模式培养向多样化培养的多样性转变

要关注学生个体差异,因材施教。我们要重视和培养学生的专业个性。每一个教师都要做学生的"伯乐",发掘学生自身的闪光点。因材施教还有一方面的意义。就是相对于中国传媒大学来说,综合类大学生源专业素质水平相对低一些,学生毕业进中央广播电视总台、各大卫视比较困难。学生在语言功力方面没有优势,这就需要我们在提高学生的综合素质上下功夫,如制作、编导、摄像等,通过综合素质和复合能力的提高,助力学生在市场上求得一席之地,这也是"一专多能"的体现。

(四)思想政治素质培养的关键性

作为社会主义建设者和接班人,播音主持专业学生更应该用专业所学积极弘扬爱国主义精神,把传播爱国主义精神作为使命和担当,做到心中有信仰、语中有真情。为讲好中国故事,讲好新时代中国特色社会主义故事做出自己的贡献。我们借助艺术教育,助力思政课堂,开发教学的丰富表现,潜心打造反映表现新时代青年成长的教学精品范本。引导当代大学生在新征程的道路上,踔厉奋发,勇毅前行,努力创造更加灿烂的明天!

　　总之,朗诵是一门综合艺术。掌握它并能够准确的表现它,需要各方面的综合修养。通过大赛也提示我们:要切实提高播音主持艺术专业学生的综合素质,要加强语言素养、艺术修养,不断开拓深化内省,以便在朗诵时有感而发、有的放矢。所谓"厚积薄发",不能理解为只要积累厚重,就会自然表现出来。积累不能缺失,但只有精确、凝练、集中、充实的表现,才算得上是"成于外,而化乎内",才可以位列上乘。

　　(作者韩晓晔系上海师范大学影视传媒学院副教授,高祥荣系上海师范大学影视传媒学院教授)

综合类艺术院校播音与主持艺术专业教学的探索与实践

——以山东艺术学院为例

董　亮　李克振

伴随着广播电视事业的迅速发展,播音主持专业教育在中国遍地开花,专业的交叉性决定了它自身建设的特殊性,播音主持专业本身具有新闻传播的属性,还涉及了戏剧影视、艺术美学、语言文学、心理学等各相关学科领域。所以各个开办院校结合自身的优势,切入的培养角度也各不相同。中国传媒大学以新闻传播为教学特色,培养目标主要是新闻类节目主持人居多。上海戏剧学院依托戏剧影视学科的优势,培养目标定位于综艺类节目主持人居多。所以多学科的专业院校办学一定要明确专业特色和办学方向。本文以山东艺术学院播音主持专业为例,分析了播音主持专业借助综合类艺术高校的艺术学科优势和平台,积极探索"有目标、有温度、有特色"的教学改革与实践。

一、高校播音与主持专业教学现状

1. 课程体系设置同质化现象严重

据笔者了解,目前开设播音主持专业的高校有 160 多所,课程内容的设置大都以中国传媒大学课程体系为主。山艺在 1993 年开设了播音主持两年制专科培养。2004 年开始进行本科层次的培养,作为山东省首家开设本科培养的高校,课程设置上大体是按照中传的培养模式,一年级《普通话语音与发声》,二年级《播音创作基础》,三年级《广播播音与主持》《电视播音与主持》,课程体系设置缺乏自身培养特色,出现了课程同质化现象严重,加上教师教学水平参差不齐,授课内容更是生搬硬套,出现了大量的"水课"。

2. 课程内容缺乏与时俱进

传统的播音主持专业课程教学强调学生对知识的理解和掌握,重点培养学生的播报和表达能力,这种单向性流水线式的输出已不能适应媒介快速发展的当下。随着媒体的发展,碎片化信息时代的来临,人人都可以是传声筒,媒介传播更强调双向共情的表达,所以对专业播报者信息整合能力和即兴串联能力提出了更高的要求。在融媒时代,多数高校课程内容中依旧把传统媒介主持人培养作为主导地位,但它无法满足新媒介对播音主持专业人才需求。一方面是老教师的教学理念没有及时跟进媒介的发展变化,缺乏社会需要调研;另一方面是新入职教师缺乏社会实践,从学校毕业直接进入高校担任教师,缺少行业经验。这些直接导致课堂教学内容设计不合理,不与时俱进。

3. 实践教学环节与社会需要脱节

当前高校播音主持专业实践课程设置与社会媒体岗位缺乏有效的衔接,有些高校由于资金紧张,实践教学场所不足,教学设备老化、陈旧,直接影响到学生在工作单位面对新设备不知所措,学生缺少顶岗实践机会,导致很多播音主持专业毕业生毕业就等于失业的尴尬状态。

二、综合类艺术院校播音与主持艺术专业教学的探索与实践

山东艺术学院播音与主持专业是山东省第一家开办播音专业的高校,也是全国最早一批设立播音主持高等教育人才培养的院校。2015年授予硕士研究生点的获批和招生,经过近三十年的发展,现已为社会输送了千余名本专科及硕士毕业生.播音与主持专业坚定社会主义人才培养理念,立足时代发展要求,借鉴区域文化特色,发挥综合类艺术大学学科优势,将思想政治教育贯彻整个教学过程,强调价值塑造、知识传授和能力培养的三位一体,强调立德树人的重要性,培养具备能播音、会主持、懂制作的复合专业能力,能在广播、电视、新媒体等传媒机构和其他相关单位从事播音主持及新媒体传播等相关工作的专业应用型人才。

1. 借助综合类艺术学科优势,以建设"金课"为课程改革目标

山艺播音与主持艺术专业借助综合类艺术院校戏剧与影视学学科优势,同时对标"金课"建设标准,以课程一体化建设为载体,进一步优化专业人才培养方案,创新特色课程体系,着重培养学生的创新精神和善于解决问题的实践能力。

播音主持专业开设的专业核心课程有《语音与发声》、《播音文体与语体》、《演播言语组织与空间处理》、《主持节目创作》,专业基础课有《播音与主持艺术概论》、《朗读学》、《形体》、《声乐》等。三年级开设的线下课程《主持节目创作》是与传媒学院广播编导与电视节目制作专业协同完成授课,该门课程已获批省级精品课,要求学生以团队的形式独立选题采编、搭档主持、编辑制作不同类型的栏目,对学生提出了融会贯通知识并结合综合能力的高阶思维,经过近八年的课程建设和教学实践,本课程已经积累了近500档适应于广播电视一线使用的优质广播电视节目。二年级开设的社会实践课程《朗读学》,借助戏剧学院优势专业表演专业的教学体系和师资力量,帮助学生完成舞台语言塑造能力,同时还注重社会应用推广的创新性构建,结合今年建党100周年的主题活动,举办了《荧幕中的党史》红色经典影视作品配音展演,该项目获批2021年山东省教育厅主办高雅艺术进校园活动立项,正在高校进行巡演。一年级开设的线上线下混合课程《语音与发声》,形成了"MOOC+教学立方+微信教学群"多平台的有机联动,用来满足不同地理空间、知识背景的授课对象需要,从而取得高质量的教学效果。

2. 以打造有温度的"艺术+思政"课程内容为出发点

对播音员、主持人的培养更应重点强调"人"的重要性。一方面,在教学中要给予学生个性化发展足够的尊重。注重学生对社会认知的深度和看待事件的广度,在共性的基础上有个性的见解表达,在教学评价中强调"差异化"的评价机制;另一方面,要培养学生牢牢把握政治方向。正确的新闻观和价值观,能准确的把党和国家的声音传递出去,

讲好中国故事。课程内容"温度"显得尤为重要,我们认为所谓的温度就是通过课程的讲解帮助学生培养成有情怀、有责任、有担当的社会主义合格的接班人。我院的专业核心课程《演播言语组织与空间处理》已获批校级课程思政典型示范案例。该门课程确定了"一个目标,二个原则,三个模块"的"一二三"课程思政育人模式。一个目标:培养学生做好党和政府的"喉舌",讲好中国故事,传播爱国声音。两个原则:一是思想政治觉悟,牢牢树立党在心中不动摇原则,做好党和人民之间的"桥梁和纽带";二是清楚聚焦原则,考虑目标-评价-教学活动设计一致性原则,帮助学生获取知识、能力和境界;三是三个模块进课程:即"红色故事"、"时代楷模"和"感动中国",在言语组织能力训练和不同类型栏目训练中加入"红色故事"、"时代楷模"和"感动中国"中具体人物事迹,进行复述和点评的训练。授课内容源于教材,但不拘泥于教材,及时把握学科前沿和红色经典,将艺术语言训练与人文、德育教育相结合,以知识为载体,强调价值引领,人格养成,重点培养创造能力,在目标集中、维度多元、形式丰富的训练中完成专业学习、获得思想教育。

3. 探索了"用展演推动教学,以比赛促进教学,以实践检验教学"的特色实践教学体系

山艺播音主持专业近年来经过不断的市场调研和人才培养方案调整,探索了"用展演推动教学,以比赛促进教学,以实践检验教学"的特色实践课程教学体系。展演是播音主持专业重要实践教学环节之一,是对课堂知识教学的深化和延伸。每门核心课程和实践课程,在学期末都要进行成果汇报展演,同时每学期都要结合时事政治、社会热点等进行专项主题展演。例如2021年举办了《庆祝建党百年——声音中的党史》、《学党史剧·青春——红色经典永传颂》、《原创情境朗诵〈山东好人〉》等,并以《学习强国》、《山艺戏剧人》公众号等互联网平台为重要窗口,将教学实践、思政教育、创作展演、科研创新等向全社会进行发布,接受社会大众的监督,以此来推动教学发展。学院还出台了相关的

政策文件,支持和鼓励师生参加专业比赛,通过舞台的历练来不断提升专业技能。近年来,我院学子在中央电视台挑战主持人高校挑战赛中获得全国总冠军;在全国大学生朗诵大会暨齐越节全国大学生朗诵比赛中连续十四年闯入决赛圈并分获二、三等奖;在中国国际动漫节声优大赛屡获佳绩。展演赛的成果都是对教学质量的检验,通过一次次的检验,不断总结提升教学质量。

(作者董亮系山东艺术学院戏剧学院院长、教授、硕士生导师,李克振系山东艺术学院播音与主持系系主任、副教授、硕士生导师)

践行培养，跨界融合：苏大播音人才培养创新

祝 捷

2012 年 9 月，苏州大学"播音与主持艺术专业"正式招生；2016 年 6 月，该专业顺利获得了学士学位授予权，评审组专家给予了 95 分的高分评价。四年前，该专业有 40 个招生名额，但第一年只招录了 29 名学生；七年后，30 个名额，却已有 7000 多人来报考。作为一个新兴专业，置身于一个年轻的学院，是如何在短暂四年中殚精竭虑、不断探索，以优质的人才培养质量吸引社会眼光的？

"培养什么样的人"始终是播音主持艺术专业的核心问题。一代代播音员、主持人恪守职责，不辱使命，用声音传播真理，记录历史，讴歌时代，传承文化，忠实地宣传党的方针政策，热情地为广大人民服务。他们的成长历程，最好地印证了"培养什么人"的重要性。

随着人工智能、融媒、智媒、视频直播、网络主播的发展，播音员主持人的传播格局发生了很大变化。2000 年 10 月 26 日，国内第一个虚拟电视节目主持人比尔·邓首次在上海国际电视节上亮相。2001 年 2 月 22 日，国内首个虚拟主持人言东方正式和观众见面。过去的一年，疫情推动了视频和直播成为人们生活中最主要的表达和互动的方式，截至目前，包含抖音火山版在内，抖音的日活跃用户数已经超过了 6 个亿。

"融媒"、"智媒"、"视频直播互动"时代，播音员主持人传播者的内涵、职能和受众的关系发生改变，播音员主持人由信息发布者、呈现者向文化传播者、语言传播引领者转变，面对新的传播环境，播音员主持人需要具备更加深厚的人文素养，更加多元的知识结构，更为全面的

专业技能,在媒体演进变革的洪流中,唯有由主动出击,积极转变,提升自我。

苏州大学播音主持专业始终坚持培养学生正确的新闻观,引导学生作合格的新时代新闻工作者和语言文化传播者。

目前,几届毕业生在各自领域都充分展现了自身优良的专业素养和社会责任感,教师们以认真严谨的态度投入到人才培养工作中,探索出一条培养一专多能综合型播音与主持人才的道路。

专业成立九年来,播音主持专业学生在各级各类大型朗诵配音比赛、播音主持比赛、数字影视作品比赛、大学生创新活动比赛等各种赛事活动中表现优异,共获得国家级省级大奖 74 项,市校级奖项 59 项,展现了专业实力和综合素养,扩大了专业在全校、全省乃至全国高校以及社会的影响力。其中,第十七届、第十八届"齐越朗诵艺术节"暨全国大学生朗诵大会优秀奖 2 项;第十九届齐越朗诵艺术节暨全国大学生朗诵大会三等奖、最佳组织奖。中国国际动漫节动漫"声优大赛"一等奖两项;中央人民广播电台主办的"华夏之声"校园主播大赛金奖 1 项;共青团江苏省委与江苏新闻广播联合主办的"青年演说家"大赛二等奖 1 项,"陵水杯"全国大学生演讲比赛二等奖 1 项。播音主持专业被列为中国高等教育学会播音主持学会理事单位,获得苏州大学本科一流教学团队称号,获得 2019 苏州大学在线开放课程一项,苏州大学虚拟仿真教学培育项目一项;由国家教育部思政司、中央网信办共同组织的第三届、第四届"全国大学生网络文化节"中获音频类作品一等奖和二等奖;教育部语用司主办的 2019 中华经典诵读大赛获二等奖。2014 级保研 4 名,考研 3 名,出国深造 4 名;2015 级保研 9 名,考研 3 名,出国深造 9 名;2016 级保研 7 名,考研 1 名,出国深造 6 名。2016 级学生马国元在校期间获得国家奖学金,江苏省大学生年度人物提名奖,江苏省优秀学生干部,江苏省优秀共青团员。2017 级学生保研 7 名,考研 2 名,出国 2 名。抗疫期间,我们播音主持师生共同参与了"战役声音的力量"朗诵接力活动,活动由新中国第一代播音员葛兰、陈淳、关山等携方明、虹云、敬一丹、肖玉、欧阳夏丹等中央广播电视总台老中青三代播音员、主持人及学界名家共同参与,作品融入我们诵读指导实践等在线教学课堂,学生们在声音的力量声援战疫的同时,也在听摩学习中提升了专业素养。播音主持专业学生积极参与由团委组织的"朗读抗疫英雄"、"青春力量、助力战疫"等活动,用自己的专业能力支援抗疫。2018 级学生黄凤仪、耿晟凯抗疫期间通过网络积极参加专业比赛,获中国动漫声优大赛最佳团队单项奖,获苏州大学优秀组织奖。

下面从三个方面汇报一下我们播音主持专业人才培养创新的具体情况。

1. 跨校融合、跨界融合:教学团队打造

我们是一个以苏州大学传媒学院播音主持专业师资为主体,辅助以中央电视台播音员、地市级播音员、中国传媒大学教授等专家的跨界融合、跨校融合、跨级别融合的教学团队。

(1) 跨校融合:苏州大学与中国传媒大学师资融合

姚喜双,也是我的博士生导师,原教育部语言文字应用管理司司长,国家语委教授,中国传媒大学播音主持艺术学院兼职教授,姚喜双老师于 2015 年被聘为我们的兼职教授,可以以讲座和辅导形式参与到团队中来。

(2) 跨界融合:学界与业界师资融合

包括中央电视台国际频道《今日关注》主持人鲁健,以时政新闻采访见长,2003 年,主持"伊拉克战争直播"栏目。2004 年度中央电视台"十佳主持人"第一名。2010 年获得年度"金话筒"奖。

苏州广电原《苏州新闻》播音员黄晴、苏州广电《新闻夜班车》、《乐活六点档》主播杨冰、苏州广电大型综艺节目主持人潘磊、苏州广电《苏州新闻》播音员马绍元、苏州广电高级化妆师顾佳,担任专业必修课程《新闻播音》、《播音创作基础》、《广播电视节目主持》、《毕业指导实践》、《电视化妆与造型》兼职教师。

(3) 跨级别融合:国家级、地市级、校级师资平台融合的教学团队给学生带来很多收获。

2. 以赛代练、实践导向:新时期播音人才培养

(1) 人才培养的主要任务有两个

① 新时期的播音人才培养:

依托苏州大学独特的学术优势和文化底蕴,以及苏州的区位和经济发展优势,经过几年的探索,已初步形成了具有地方综合性大学新闻传媒院系开办播音与主持艺术专业的准确办学定位和鲜明办学特色:即面向江苏省、"长三角"乃至全国的以培养新闻节目播音和综艺节目主持为主体、以新媒体口语传播人才和"一专多能"复合型人才为重点的专业人才培养新模式。

② 培养融媒时代的音视频配音人才:

在新媒体不断发展的今天,专业规划的视野也不断拓展,除了上述培养目标之外,还包括面向各类新媒体机构和新兴文化创意产业,培养影视配音及演播具有适应新兴传播形态和内容的播报、交流、沟通的多样性口语传播人才,以及播音主持教学与研究工作的复合型语言传播精英人才。

(2) 以赛代练:

有声语言的训练,以创作主体的个体行为为特征。"师傅领进门,修行在个人",别人无法替代。播音主持语音和发声,仅仅靠教师课堂讲授、小课校正是不够的,必须要让学生在播音创作中主动体会和揣摩。以诗歌朗诵为主体的播音创作,对专业语音和发声的要求较高。掌握朗诵的创作规律,需要学生下大苦功练习字音、气息的同时,花气力、下功夫,逐渐掌握朗诵的创作道路、创作原则、创作方法和创作规律。

"训练,是创作主体德、才、胆、识的艰苦磨砺过程,有方法,但无'诀窍',有过程,但无'捷径'。"学生在探索朗诵创作规律的反复练习实践中,逐渐感受到自己的创作主体意识,更加清晰地认识到自己是声语言创作的主体。树立了创作主体意识,学生才能真正积极地去改进

自己的普通话语音面貌,在自己的发声条件上发挥所长,扩展自己的发声能力,找到自己最好的声音状态,而不是一味地去模仿名家。创作主体意识的萌发,激发了学生的播音创造力和播音创作欲望,发自内心地追求播音发声的准确规范,清晰流畅;圆润集中,朴实明朗;刚柔并济,虚实结合;色彩丰富,变化自如。

在朗诵比赛的准备过程中,学生由被动变主动,开始积极地组织练声,动脑筋练声,主动向专业教师请教字音发声方面的问题,努力地探索播音创作的方法和规律,在训练中体会,在训练中品味,在摸索朗诵艺术创作规律的同时,以一个积极、自信的"大我"逐渐迈入有声语言创作的殿堂。

(3)实习实践:

适应市场经济发展需要的各种媒体节目主持与创制,特别是企、事业单位和新兴创意产业对于宣传策划、影视制作、活动策划、文化创意等相关人才的需求。学生既需要掌握播音与主持的核心专业技能,又要兼具媒体和企事业所需要的其他专业传播技能,如策划、创意、采、编、写、导、摄、制等,如此以过硬的综合素养,适应不断变化时代的社会环境,在江苏省内和长三角地区形成差异化竞争特色。

学院在新华日报报业集团、苏州广播电视总台等新闻媒体和广告公司建立了大学生创新创业教育实践基地;还与广播电视传媒机构和文化机构搭建了众多的实践教学平台,学生在校期间可以通过实践类课程参加广播电视节目播音主持、社会演出、社会实践等主持、策划和组织等各种活动。

学院为学生提供了校内外丰富多样的技能训练设施和实践机会,学生可以根据自己的特点和兴趣,自由发展个性、建构自我主体,沉淀气质、激发潜能,孕育多元的创新能力和社会适应能力,在"六种实践"中不断提升能力、完善自我。

学校和学院每个学期都举办各种活动,如大学生电影节、节日活动演出等,主持人则从本专业学生中遴选或轮流,给学生以校内活动主持实践机会,体验真实的主持体验,感受现场观众压力,探索现场节奏掌控,积累随机应变的主持经验。

院校主办的各种各类的校园媒体和新媒体,如学院新媒体集团旗下的"imedia 微信公众号"、"i 电台""大学新闻"等,在这些媒体中,学生将课堂所学应用到报道、播音、主持的节目实践中,指导教师会以一审、二审、三审的方式对报道或节目提出修改意见,学生在修改中具体体会专业的操作、专业的标准、专业的精神,以及对受众的尊重、互动的意识。

学院成立专门面向本专业的学生社团"凤鸣朗诵社"、"镜界主持社"等,学生在这些社团定期组织实习实践活动,参加校内外各种类型的专业比赛,同时不同年级学生之间可以互相交流,分享不同的经验,促进对专业的理解。

在大四年级,学院安排本专业学生进入与本院密切合作的校外实习基地的实践学习,学生也可以自主选择校外实习基地。但都要安排本院教师担任校外实习的校内指导教师,并与校外实习基地的指导教师建立联系,沟通交流学生实习情况,不断发现问题,纠正学生实习偏差,同时还可以改革教学内容和方式,适应社会发展和专业发展的新变化。

3. 部校共建:培养马克思主义新闻观人才

习近平总书记 2016 年 2 月 19 日,在党的新闻舆论工作座谈会上的讲话中指出"新闻观是新闻舆论工作的灵魂",并提出了要"深入开展马克思主义新闻观教育"和"牢牢坚持马克思主义新闻观"的要求。习近平总书记提出,新闻观是新闻舆论工作的灵魂。要深入开展马克思主义新闻观教育,引导广大新闻舆论工作者做党的政策主张的传播者、时代风云的记录者、社会进步的推动者、公平正义的守望者。

播音主持正确的创作道路,可以表述为:站在无产阶级党性和党的政策的立场上,以新闻工作者特有的敏感,把握国内外形势的发展变化和人民群众的思想实际,准确及时地、高效率、高质量地完成"深入理解—具体感受—形之于声—及于受众"的过程,以积极自如的话筒前、镜头前状态,进行有声语言的创作,达到恰切的思想感情与尽可能完美的语言技巧的统一,达到体裁风格与声音形式的统一,准确、鲜明、生动地表达出语言文化的精神实质,展现时代风貌,充满人文关怀,发挥广播电视教育和鼓舞广大人民群众的吸引力、感召力。1940年12月30日,从延安新华广播电台正式开始播音开始,一代又一代的播音员、主持人恪守职责,不辱使命,用声音传播真理、记录历史、讴歌时代、传承文化,忠实地宣传党的方针政策,热情地为广大人民服务,他们的成长历程,最好地印证了"培养什么人"的重要性。播音员主持人是党和人民的宣传员,是新闻工作者,是语言艺术工作者。

根据苏州大学综合类院校的特点,确立了区别于艺术类专业院校的人才培养模式,以多元的课程选择机制和丰富的学科氛围,为学生提供涉足多学科领域的学习空间,提升学生就业和职业生涯发展的综合竞争力。人才培养视域开阔,结合人才市场需求,有效培养符合当代媒介生态的传媒人才。

在人才培养中,专业教育牢记习近平总书记在全国教育大会讲话精神,坚持立德树人,严格遵守职业道德和学术规范,抓住人才培养核心关键,突出理想信念,厚植爱国情怀,教育引导学生把个人命运与国家命运相联系,把个人理想与民族复兴相结合,努力培养德智体美劳全面发展的社会主义建设者和接班人。专业教育坚持学习和践行马克思主义新闻观的背景和意义,阐释马克思主义新闻观的涵义及要点,帮助学生运用马克思主义的立场、观点、方法,去观察和分析新闻事件及各种新闻现象,进而真正成为牢固树立马克思主义新闻观,能够担当民族复兴大任,具有良好新闻职业道德,具备全媒体工作能力的党和人们放心的优秀新闻人才。

作为新时代的新闻工作者,融媒智媒时代的播音员主持人,首先要明确创作道路。有了正确的播音主持创作道路,才能创作出新时代坚持正确舆论导向的好作品。在"马克思主义新闻观人才"培养目标的引导下,师生共同努力,致力于讲好中国故事,传播中国声音,成为具备采、编、播一体化的综合型新时代新闻工作者和播音主持人才。

发挥语言的文化承载力和精神塑造力,彰显中华民族优良传统和精神气质,引领提高全民族的语言能力和文化素养,引领语言传播的高规格和高标准,是我们播音主持的专业追求。希望苏州大学播音主持专业能够保持良好的学习风气和传统,踏实勤恳,学好专业,做合格的优秀的新时代新闻工作者,高规格、高标准的语言传播者。

（作者系苏州大学广电系副主任、副教授）

"行动+心流"融合式学习网络建构

——全媒体主持人口语类课程混合学习模式探索

卢佳音

> 对传递确定的知识而言,教师并不比存储网络更有能力;对想象新的招数或新的语言游戏而言,教师也并不比跨学科集体更有能力。
>
> ——让·弗朗索瓦·利奥塔尔《后现代状态》,1979

技术驱动的教育改革实践,日益成为高校组织因应并跨入数字时代的新常态。其中,线上线下混合式教学模式作为当前课程改革的重要突破方向。自 20 世纪 90 年代末发展至今,在理论构想与教学实践中不断探索、检验、完善和反思,已经从技术应用阶段、技术整合阶段逐渐演变至"互联网+教育"阶段。学界对该阶段的核心理解是回归"学生视角"而非"教师视角",建构一种基于移动通信设备、互联网学习环境与课堂讨论相结合的"学习环境",为学生创设一种高度参与性和个性化的学习体验,支持学生的学习,并关注学生的改变——这被乐观地体认为是未来教学的主要形式(冯晓英 & 王瑞雪等,2018)。

本文的核心,关切为以后现代知识本体论观之,在媒介深度嵌入日常生活的当下,以数字化(digitalization)与数据化(datalization)为特征的"深度媒介化(deep mediatization):(Couldry & Hepp,2020)"时代,高校教育中的线上线下混合式学习实践如何有效回应知识的变迁。由于线上线下混合式教学模式必然涉及科技手段的使用,因此,现有混合式教学改革背后的"教育技术观念"理应是系统性反思的起点。研究进一步提问,今日媒介格局之下,以何种媒介观念理解并解释混合式学习实践更为适切? 以何种理论框架建构学习模式更能够有效地促进创造性知识的生成? 本研究结合《即兴口语传播》与《口语传播》的教学实践探索,以期为口语类课程教学提供一个可供讨论或批判的线上线下混合学习模式。

一、媒介为关键的媒介化理论视角下的混合式学习实践

让·弗朗索瓦·利奥塔尔在《后现代状态》一书中,探讨了后现代条件下的知识问题,强调了从现代到后现代知识本体论上的转折。强调知识的的形塑关乎个人且以解决自身"当下"所关注问题为出发点,借由"重新整理的想象力",将以前相互独立的分散于不同领域的知识连接起来,并将数据现实化,形成一种有效的策略(利奥塔尔,1979:178-182)。此一从现代性到后现代性的知识本体论的提出,与超学科(transdisciplinary)视野下的新文科思路遥相呼应(赵奎英,2020)。落实到方法论层面,教育改革实践可以通过以行动为导向,丰富异质网络中多元的人与非人节点,以边界对象(boundary object)的开放与流动性,促进跨节点深度知识共创,以期达成学科与学科之间,学科与非学科,学科与产业之间的深度交叉融合,从而解决生活世界的复杂问题(卢佳音,2021)。

在后现代知识以及新文科背景下重新思考混合式教学模式创新,技术与教育的关系为何? 更具体一点看,技术在教育中被给予怎样的位置? 笔者对近年来"混合式教学模式"相关文献进行梳理后发现,现有的经验研究虽以"学生为中心"作为课程改革的理念支撑,但其教学实践重点却被放置于"技术视角"之中,即教师如何在课前、课中和课后有效运用信息化技术,强调了媒介技术对教学活动的支持性作用。具体而言,教师将实践重点聚焦于如何选择并运用媒介技术,搭建多层次知识传输系统,满足知识提供、知识交互以及学习过程性监控的教学需要,比如运用技术手段和慕课堂平台,支持课前认知性知识的学习,并对学习过程进行数据化把握,课中学习小程序/app的互动程序(王

鹍 & 杨倬,2017),提升学生参与度,课后返回慕课平台完成作业,运用MOOC数据追踪系统对实训过程进行链式管理(苏小红 & 赵玲玲等,2015;谭爽,2019;邹燕 & 冯婷莉等,2020;胡海南,2020),还有学者根据不同学科人才培养方案的总体目标,进行个性化设计,如运用直播教师解析热点事件增加教学的时鲜性(刘涛,2020),整合软硬件设施,创建大学生"创新工厂"实践平台,展开课程实验与实训、作品设计与制作、课外科技活动和科研训练等多层次实践提升学生的综合素质(汤勃 & 孔建益等,2018)等。

以上研究均凸显了教学实践在媒介技术的加持下,重组教学资源的行动力:教师以极大热情拥抱技术能供性(affordance),搭建真实空间与虚拟空间灵活、多元、交叉、动态的多层次教学平台,打破学习的时空和物理限制,丰富了教学的样态,从而扩展了教学的深度和广度。不难看出,现有研究的总体特征乃媒介技术为中心的,而学生"学习视角"的中心地位并未得到凸显。有学者就教育改革实践中的技术倾向提出警示性反思,吕林海(2021)主张技术终究是混合式教学体系中的支持性要素,而非主体性要素,过分热衷媒介技术的教学改革倾向很可能过于走向技术一端,从而导致学生学习中心位置的模糊,甚至可能导致一种对人的价值的异化。笔者对此深以为意,并"以学生学习为中心"视为本研究的定锚之见。

首先,笔者称本文教学改革反思的对象为"线上线下混合式学习模式",而非"线上线下混合式教学模式"。通过命名方式的改变,展现关注焦点由"教师教学"转向"学生学习",从知识的传递转向知识的创造,从将知识视为一个固定的成品(product)到将其视为一个"流动的过程(process)",从而强化了"学习视角"的中心位置,以及媒介技术的支持性地位。

其次,有别于热衷技术的教育者之观点,本研究主张反思教育改革的信息化进程并非局限于科技层面,也并非仅强调科技的可供性,而是将渗透并融入到我们的日常生活与文化之中的媒介技术,视为教育改革的整体性"背景（ground）"，充分体察数字信息技术对人类格物致知所产生的潜移默化的影响。因此，当我们在谈论信息技术发展为学校教育改革带来丰富的可能性的同时，不能仅仅停留于"技术热衷者"的立场，即强调了数字媒体的变革性力量，将学校建设成为富技术工作场所，学生在强大的技术工具支持下合作完成有意义的任务，应对真实世界的问题（阿兰·柯林斯，理查德·哈尔弗森，2020），而应超越媒介技术中心，甚至是技术决定论倾向，将媒介化理论视角纳入教师的学科教育观念中，全观性（holistic）理解媒介技术对学习实践的扩散（diffusing）、渗透（permeating）和展延（expanding）的作用。

与"技术热衷者"充分彰显其工具性价值不同，媒介化概念体察到媒介已然成为形塑人类实践和知识的结构性力量，它无所不在的多面向本质，令学者重新思考媒介与人，媒介与社会的关系。麦克卢汉认为媒介之于人，仿若水之于鱼，媒介是我们生活其中的环境脉络（Mcluhan，1964/郑明萱，2006），而Sliverstone认为媒介构成了我们生活的普遍性肌理（general texture of experience），所谓普遍性肌理，乃"那些触及生命本质的经验与那些我们视为理所当然、或与他人共处、沟通时必然拥有的经验"（Sliverstone，1999/陈玉箴译，2003：3）。以上比喻均反映出媒介与日常生活世界相互交织的复杂关系。近十五年来欧陆传播学界对媒介化概念进行积极的探索，大致存在两种主要路径，一种关注作为机构/制度（institution）的媒介，探索在不同社会场域（social field）中发挥作用的媒介逻辑（media logic），即媒介为中心的视角（media-centric），这个视角与技术中心主义观点颇为相近。另一种路径则从社会场域出发，对于同时间经纬交织的各种社会力量的运作，采用一种全观的意会和了解，注重研究行动过程中的媒介角色，称之为"以媒介为关键（media-centered）"（Hepp，Hjarvard，& Lundby，2015：316，方念萱，2016）。经由国际传播学社群建制化努力，学界逐渐接受Hepp等人所主张的"以媒介为关键"而非"媒介为中心"的立论（方念萱，2020）。因此，根据Couldry和Hepp（2013）的定义，所谓媒介化理论是用以批判性地分析相互关系,一端是媒介与传播中的改变,另一端则是文化与社会的改变。换而言之,媒介化理论处理的是媒介与社会各层面的"共变"关系,这些社会层面包括不同社会领域,也包含日常生活的个体的微观层面,不同共同体、组织机构的中观层面以及社会文化发展的宏观层面。

以"媒介为关键"的媒介化理论视角犹如一个崭新的镜头(lens),观测到学习实践中较之以往不同的层次与风景。若以媒介中心的视角来思考线上线下混合式教学改革,便会将技术视为学习场景划分的依据,即互联网技术支持的虚拟空间学习环境与课堂学习的真实场景两种相对的关系。虚拟与真实的简单二元划分较容易导致研究学习问题时由于缺乏对学习主体生活脉络的体察而显得自说自话。例如,媒介中心视角的研究者假定了学习者在进行线上学习时身心专注的状态,能够自主运用媒介技术建构属于个体的"学习王国"。若"以媒介为关键"的理论视角切入学习者日常生活的实践情境,笔者曾通过对180份学习者使用日志的分析和对学习者的访谈分析,搜集学习者日常状态中的社会、心理、生理的"经验流(ongoing experience)",通过对经验流的还原,协助研究者掌握日常生活中的"规则(rule)"与"惯习(habitus)"(施伯烨、翁秀琪等,2010),透析学习者在使用媒介技术时采用的应对技巧(coping skill),探讨学习者学习实践中的意义共构和互动经验。研究发现学习者的学习进程和生活流程流动性地交织在一起,学生一边进行诸如食堂吃饭、骑车、走路、打扫卫生等生活流程,一边进行线上学习。虚拟世界中的学习王国与现实生活情境之间的界限如此模糊,这就导致了身心随时游离于现实与虚拟,或者是在不同虚拟世界间的频繁穿梭而变得疲惫不堪,随时可能发生的飘忽状态,学习行为随时随地被中断,学习成效无法累积导致学习者对"自己无法有效学习"充满内疚,主控感下降。除此之外,学习者个人媒介库具有混合性、多样性,虚实相交的特点,学习实践与媒介实践紧密结合,形成一种身体感,由此产生的情境折叠与崩塌现象,给学习者带来情绪上的张力,但他们运用智慧实施行动对情境折叠进行管理,比如手机放置于一侧,用1.5 -2倍速播放教学视频,同时打开电脑,在社交软件上聊天或处理工作等。但研究也发现,媒介化学习并非所有的学习情境都是脱序、多任务甚至失控的。媒介化学习共同体(meidatized community)相较于媒介为基础的学习共同体(media-based community)具有更强的凝聚力,即因为现实中共同的学习班级,学习任务小组而组成的媒介化学习共同体,能够以任务为导向,运用多模态(包含科技与非科技)学习手段达成任务目标(卢佳音,2020)。

由以上梳理可得,若以技术热衷者的媒介科技中心观来作为教学改革的观念支撑,较容易陷入片面的技术乐观主义,导致在教学改革中忽视生活情境对于学习实践的制约性因素。而采用媒介为关键的媒介化理论观点来观之,立基于实践范式的哲学立场,就能够较为整体性与全观性地把握深度媒介化时代学习情境的变迁,厘清媒介技术在学习实践过程中复杂、动态和整体性的影响,为重构混合式学习模式提供理论视野。

二、以联结主义理论框架重构混合式学习模式

本研究主张在媒介为关键的媒介化理论视野之下,以联结主义理论(connectivism)作为理论框架,重构混合式学习模式。联结主义理论乃由加拿大的两位学者George Siemens与Stephen Downes提出,彼时,数位化浪潮带来知识加速式更新迭代,面对具有流动性液态(Bauman, Z.,2000)的分散的知识,人们该如何学习并创造知识,两位学者提出了联结主义这一学习理论。联结主义将学习视为建构知识网络的行动,其网络节点可能是人、实践共同体、组织、图书馆、网站、数据库或任何其他信息源,从而联结并建构知识(Siemens. G.,2006)。

Connectivism较为普遍的翻译为王志军(2019)提出的译法"联通主义",依其解释,取其"连接"与"通达"之意。而笔者从媒介研究角度,将其译为"联结主义",一方面强调了行动者网络(Actor Network)在学习实践中的联结性作用,另一方面,从该学习理论原始出发点看来,

理论的创新之处便在于强调"联结（connectedness）"的属性，节点与节点之间不仅建立联系而且是互相启发，交叉融合最终有所创造，是学习的本质属性。

国内学者对该理论的解释力有较高的认同度，有学者认为该理论可以有效地解释"互联网+"时代混合式学习过程中创造性知识的生成（冯晓英 & 孙雨薇等，2019），也有学者将其提升到"互联网+教育"的本体论层次，进而提出在该本体论视角下的三条创新实践思路：学习视角层面，即认知、概念、社会三类网络的联通，其次是教学层面的联通，再次为组织生态层面的联通（王志军，2019）。

本文在媒介化理论视野观照下对联结主义进行思考，关注的重点与之前学者有所不同。因为媒介化理论以实践为其哲学范式立场，接合行动者网络理论来看，媒介作为非人行动者，如何在与众多行动者产生联结并相互转译的过程中萌生变化并共同促成结果（陈品丞，2020），也就是说，只有在行动中，人与非人行动者与行动者之间才会发生关系。因此，本研究提出从联结主义理论框架中理解节点的性质，以学习者为中心建构行动网络，作为学习者的节点，作为教育者的节点以及作为现实虚拟融合的节点这三个层面来思考改革的创新性思路。

George Siemens 从社会建构主义立场出发，将学习概念化为基于"联结的过程"，而 Stephen Downes 扎根人工智能和神经网络（胡艺龄 & 顾小清，2013），主张学习即网络的形成（2005），网络由节点和连接两部分构成。他们虽然从各自的知识立场出发，但是对联结主义的学习理论有着较为一致的认知，宣称学习是建立内外部网络连接的过程。一方面建立外部网络是连接专门节点和信息源的过程，节点是我们能用来形成一个网络的外部实体，节点可能是人、组织、图书馆、网站、书、杂志、数据库或任何其他信息源（Siemens, G., 2004）。在这里，联结主义与行动者网络理论（Actor-Network Theory）遥相呼应。这两种理论均重视非人行动者的能动性（agency），连接成网络的目的是汇聚分布于网络中的集体智慧，通过复杂的互动形式解决未知问题，并抱持知识的时代性(stay current),持续获得经验、创造和连接新知识。另一方面,发生于我们头脑内的学习是一个内部网络(神经)的连接行为,这一内部结构存在于我们的心智之中,在连接和建立理解模型的过程(Downes,S.,2005)。至此,"节点"和"联结性"作为学习研究中的工具性概念,具有描述复杂实践中学习的发生、以及厘清并诠释学习网络中各个要素之间的关系的独特视角。

依循媒介为关键的媒介化理论视野,进而对联通主义的节点性质与学习之间的关系进行讨论,对于混合式学习模式的建构有以下几点启发:

首先,媒介为关键而非中心的视角,因为媒介深度嵌入日常生活,学习实践各种情境的折叠、重合、模糊等性质,洞察学生在混合式学习过程中的时长漂移、转入转出等情感、认知的整体状态;

其次,即便如此,在以行动为导向的媒介化学习共同体中,共同体内部,学习网络的节点与节点之间联结更为紧密;

再次,从混合式教学模式跃迁至以学习者为中心所建构的融合式网络,深度交叉融合为其应有之意。

三、行动+心流的融合式学习网络

延续以上思路,梳理《即兴口语传播》课程改革实践,主要在两个主要方向上进行探索,一是建构行动为导向的融合式网络,主要讨论技术增强型学习者个体,作为结构洞位置的教育者和集体性创新空间这三个面向;二是建构心流学习模式,产生积极的情绪体验,为课堂赢回尊严。

(一)行动为导向的融合式学习网络

首先是行动导向。通过行动任务的设计,使学生解决复杂世界的真实问题。比如《即兴口语传播》期末考察阶段,与闽清三农服务社合作,以"为人民好物代言",通过分析直播带货类节目策划、镜头、语言特色,进而进行直播方案的策划,再了解直播平台上货规则,到最终在平台直播销售农产品,切实为乡村振兴出力,培养家国情怀;与晋安团区委合作，在微视频账号进行农旅直播，为达成不同知识体系之间的交叉融合，该项目采取与导播课程、融媒体报道课程联合考试，在团队策划方案沟通、设计、演练过程中，切实理解何为"编导思维主持人"以及"全媒体思维"。广电、编导、广告专业的《口语传播》课程与经济管理专业、物流专业的《危机公关》《工商管理》课程实施跨专业联合考试，模拟新闻发布会、广告讲案等。除此之外，课程进行过程中，与东南网合作，报道中国数字峰会、618海交会等重大活动的出镜报道，与广东财经大学、福建新闻频道实施跨地域教学互动等。

行动导向的学习任务设计，使得学生必须面对真实世界的复杂问题，将认知性知识迁移至实践场景，达到深度学习的目的；并在与陌生人协作的过程中，了解不同知识体系思维问题的视野，形成跨专业、跨学校、跨产业交叉融合，为知识深度融合与创新提供了可能，从而服务于能够讲好中国故事的卓越新闻传播主持人才的培养目标。

其次，作为学习者，培养其作为技术增强型个体的媒介能力。当代知识的分布性（distributed knowledge）、流动性、技术性特征的挑战。学习者不再是被动的内容消费者，而应成为一个主动创建学习网络的联结者，学习者居于学习网络的核心地位，其处理知识流的能力，创建由人和内容等可信节点构成技术增强型个人学习网络，以更好适应知识的加速发展与持续的复杂性。智慧教室的学习实践，虚拟仿真实验室、VR等技术设备的使用，学习者联结线上资源的能力增强，形成个性化知识网络。

再次，教育者应居于学习网络的结构洞的位置，除了以上论述的以行动为导向，为学生提供更多真实世界的场景之外，还应该想方设法为学生的学习网络提供更多的资源。研究者创造性地构建学长姐助教团，邀请完成《即兴口语传播》《口语传播》课程的的学生志愿报名，构建学长姐加学弟们的生生学习共同体，通过课堂共同学习、反思报告回应、助教加餐等方法，学长姐通过第二轮的学习，一方面强化所学，另一方面将学习焦点转移到带领团队，完成任务，激发热忱等领导力素养上,学弟妹也从学长姐身上感受到学习文化的传承,让课程的学习形成创造性累积,创造共同的学习记忆,彼此点燃,共同成长;除了生生学习共同体,还构建"跨校专业教师+跨学科专业教师+业界导师"的师师学习共同体,例如在课堂派课堂派协同备课区,实现资源共享共创;跨校教学实践活动,如业界导师进行闽粤联合授课,实现资源最大化。教育者的结构洞地位还应该体现在数据素养上,通过分析学生的学习数据表现,提供适配性资源和适时引导,从而使数据与具身行动形成递归回馈。

最后,建构集体性知识创作空间(connecting knowledge spaces)供学习者联合探究,包括线下课堂和在线空间。线下课堂采用智慧教室,空间布局灵活,自由度高,方便学习者组织各类讨论活动。而线上知识空间采用开放度较高的智慧教学平台,开放度高意味着不同学校、产业界成员都可以被联结进该平台。学生们在课堂以小组形式互动探究,课后每位同学形成一份反思报告,被上传至某智慧教学平台,该报告由教师、助教及同学点评,超级想法会被标亮供更多人学习讨论,而需要进一步解决的问题也会体现在反思报告中,并在下一次课程中解决。但这样的知识共创只集中于本学习共同体内部。课程研发了结构化反思报告模版作为边界对象,使身处不同语境中的学习者尽可能快速掌握并推进知识的创新。该反思报告的框架包括:总主题、观察到的现象、问题化、概念化、未来可推展场景、尚待解决问题。这一结构化边界对象支持了跨节点思想的流动,该课程接入的不同节点的行动者,不仅可以快速理解并回应,提供新的角度和看法,其共创知识也可带到他们各自的行动脉络中,让知识与实践相互促动。

(二)情感为导向的心流学习模式

在媒介为关键的媒介化理论视角之下体察学生的学习情境,其注意力的随时漂移与折叠,是课堂学习最大的挑战。为有效引导学生课堂专注力流向,主讲教师结合"体验式学习"理论(Kolb,1984)与"心流学习法"(Joseph,1978),尝试创新教学模式,探索心流教学模式,激发个体全然投入学习活动,创造学习过程中积极的情绪状态,即心流状态,并通过主动观察反思经验感受,进行概念化,并建构自我知识体系,拥有学习的获得感,从而提升学习者内在自主学习动机。心流教学模式包含"三特质四环节"。三特质为"目标明确,即时反馈,技能-挑战相平衡",四个环节为"激—引—练—思"(图1)。

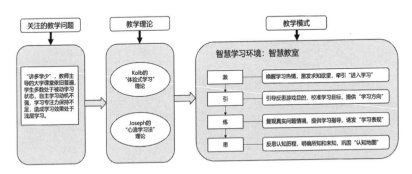

图1 心流教学模式

具体而言,"激"游戏导入环节,该游戏根据当日课堂讲授的重点进行设计,通过游戏唤起热情,激发学习欲望,引导学生进入学习;"引"是集中注意力环节,简单反思刚才的游戏,推测当日授课重点,引起学习的好奇心与目标感;"练"直接体验环节,是当堂课程的核心部分,根据当日教学重点,在模拟情境中复现真实问题,学练统一,及时反思并进行概念化,之后再实践,巩固强化;"思"是反思分享环节,学生对当日课程进行反思,此时的反思集中于运用所学,对未来工作或生活的启发,并思考所学的局限性。通过在慕课堂讨论区进行知识复盘,培育属于个人的知识树,形成个性化学习成果。

通过智慧教室对师生语音、声纹、行动、表情等数据的抓取和分析,结果显示,相较传统教学方式而言,以心流教学模式进行设计的课堂更加符合"以学生为主体"的新型课堂构建理念,具体表现在情感分析、参与度分析、专注度分析和课堂互动分析(卢佳音,2020)。

综上所述,在教学改革的实践中,以媒介为关键的媒介化理论视角,运用联结主义提供的学习理论框架,始终需要将学习者置于中心位置,以行动为导向,关注现实与虚拟空间折叠交叉的情感与注意力的流动,建构跨学科深度交叉融合的学习网络,提升学习者的技术能动性,注重教育者身为结构洞的关键作用,以及集体知识创作空间的联结性问题,促成有效的知识流动、联结、重组和再造,进而影响教育机构制度性与结构性变迁。

（作者系福建师范大学传播学院播音与主持艺术专业副教授,台湾世新大学在读博士）

参考文献:

[1] 王鹬,杨倬.基于云课堂的混合式教学模式设计——以华师云课堂为例[J].中国电化教育,2017(04):85-89+102.

[2] 王志军,陈丽.联通主义:"互联网+教育"的本体论[J].中国远程教育,2019(08):01-09+26+92.

[3] 王志军.联通主义学习教学交互研究新视角:行动者网络理论[J].现代远程教育研究,2017(06):28-36.

[4] 方念萱.导言:媒介已成为动词[J].中华传播学刊,2020(12):4.

[5] 让-弗朗索瓦·利奥塔尔.后现代状态[M].南京大学出版社,2021:178-182.

[6] 卢佳音,兰晓琴."金课"建设背景下心流教学模式创新与效果评估[J].教育与考试,2020(05):87-93.

[7] 卢佳音.联结性:跨学科交叉融合的教学设计新转向[N].中国社会科学报,2021(即将刊登).

[8] 卢佳音.媒介化研究视野中的学习实践——基于180份网络日志的研究[C].第十三届中国青年传播学者论坛——学科互涉与知识越界,2020:403-434.

[9] 冯晓英,王瑞雪,吴怡君.国内外混合式教学研究现状述评——基于混合式教学的分析框架[J].远程教育杂志,2018,36(03):13-24.

[10] 汤勃,孔建益,曾良才,蒋国璋,侯宇."互联网+"混合式教学研究[J].高教发展与评估,2018,34(03):90-99+117-118.

[11] 苏小红,赵玲玲,叶麟,张彦航.基于MOOC+SPOC的混合式教学的探索与实践[J].中国大学教学,2015(07):60-65.

[12] 刘涛."翻转+直播+实训":新闻传播学类课程的混合式教学模式探索[J].新闻与写作,2020(09):78-84.

[13] 吕林海.大学"在线深度教学":内涵、现状及其影响因素[J].中国高教研究,2021(10):67-73+94.

[14] 阿兰·柯林斯,理查德·哈尔弗森.教育大变局:技术时代重新思考教育[M].陈家刚译.上海:华东师范大学出版社,2020:30.

[15] 赵奎英."新文科""超学科"与"共同体"——面向解决生活世界复杂问题的研究与教育[J].南京社会科学,2020(07):130-135.

[16] 施伯烨,翁秀琪,王思涵.实践典范之使用者与使用经验研究:以数位典藏成果入口网的使用者为例[C].发表于中华传播学会年会(2010),台北.

[17] 邹燕,冯婷莉,赵一凡.混合式教学模式的设计与实践研究[J].中国高等教育,2020(01):58-60.

[18] 埃里克·麦克卢汉,弗兰克·泰格龙.麦克卢汉精粹[M].何道宽译.南京:南京大学出版社,2000,550-581.

[19] 胡海南.混合式教学模式在新闻传播学教学中的应用[J].传媒,2020(01):84-86.

[20] 谭爽.指向深度学习的高校"混合式教学"模式构建[J].中国高等教育,2019(06):51-53.

[21] Roger Silverstone.媒介概念十六讲[M].陈玉箴译.台北:韦伯,2002:3

[22] Bauman, Z. Liquid modernity[M]. Polity Press, Cambridge, Oxford,2000.

[23] Downes, S. Recent work in connectivism. European Journal of Open[J],*Distance and E-Learning*, 2020-22(2), 113-132.

[24] Goldie, J. G. S. Connectivism: A knowledge learning theory for the digital age?[J]. Medical teacher, 2016-38(10), 1064-1069.

[25] Hepp, A. In Deep Mediatization: Key Ideas in Media & Cultural Studies[M]. London: Routledge,2020.

[26] Hilgard, Ernest R. Theories of learning[M]., (pp. 19-51). East Norwalk, CT, US: Appleton-Century-Crofts,1948: ppvi, 409.

[27] Joseph Cornell. Sharing Nature with Children[M]. Nevada City: Dawn Pubns, 1998:13-15.

[28] Kolb, A. Y. & Kolb, D. A. Experiential learning theory as a guide for experiential educators in higher education[J]. Experiential Learning and Teaching in Higher Education: A Journal for Engaged Educators,2017- 1(1), 7-44.

[29] Siemens, G. Knowing knowledge[M]. Lulu. com. 2006.

智媒时代主播培养路径的变革与创新

——以融媒体主持创作类课程为例

金　叶

2019年1月25日,习近平总书记在十九届中央政治局第十二次集体学习时的讲话中曾提到:我们要立足形势发展,坚定不移地推动媒体的深度融合。的确,近年来,随着AI、VR、AR等新兴技术的异军突起,以智能化等技术为核心手段的媒体融合方式,再一次延伸了媒介与人之间的关系,媒体融合朝着智慧化、智能化方向发展。那么身处其中,融媒体主持人应该如何来界定? 具有哪些新的特点? 融媒体主持人产品的创作法则是什么? 新形势下,播音主持艺术专业的学生需要具备哪些融媒素养呢? 这一系列的问题成为了当下很多开设了播音专业的高校所面临的共同的挑战。

在最新的《中国互联网络发展状况统计报告》中指出,截至2020年12月,我国网络视频用户规模达9.27亿,占网民整体的93.7%;其中,短视频用户规模达8.73亿,占网民整体的88.3%。而我国网络直播用户规模达6.17亿,占网民整体的62.4%;因此,有专家提出,短视频掀起的后媒体浪潮标志着轻传播纪元的来临。

今年10月,湖南卫视宣布推出其首个数字主持人:小漾,青春活泼、元气满满。而中央广播电视总台也于近期宣布迎来一位特殊的报道员—央视新闻AI手语主播,不仅能报道冬奥新闻,还能进行准确及时的赛事手语直播。于是,关于播音员主持人是否会被替代,以及主持人未来的发展方向,再次成为了人们的关注的焦点。

而另一方面,传统广电主持人或积极转型,开始"跨屏传播",寻求多语言样态的生存空间;或华丽转身,以多元化的音视频作品,力图在融媒平台继续掌握话语主动权,例如康辉在他的时政 vlog 中的积极探索,朱广权独特的押韵模式的语言,使得他们都成功"破圈",开始在网络直播、综艺节目等更多元场景中出现,被更多的年轻人认识并喜欢。再比如,原湖南卫视主持人张丹丹、杭州 FM91.8 交通之声主持人余虎,在抖音平台上成功打造了"张丹丹的育儿经"、"虎哥说车"的账号,在育儿和汽车领域持续深耕,粉丝已经分别突破了 500 多万和 3000 多万。

与此同时,越来越多的跨界主持人出现,他们大多都是在其他领域已经获得了不小的关注度,或者说自带流量和粉丝,而且专业能力强,语言表达风格独特,具有强辨识度,使得融媒体主持人的群体越来越多元化。

由此,一方面,播音主持人才的输出平台更加地丰富立体,传统广播电视、互联网平台、社交媒体等媒介对于职业角色、能力需求等提出更具有针对性的要求;另一方面,跨界"非科班"主持人才的涌现,给专业院校的人才培养提出了更高的要求。因此,秉承"厚基础、强指向、重实践、个性化"发展理念的播音主持人才培养,亟需探索新型的培养模式,其中包括了能力要求、素质结构、课程设置、教学模式和教学方法的突破和创新等等。

浙江传媒学院播音主持艺术学院作为全国较早设立该专业的学院,敏锐的感知和捕捉到了行业一线发生的变革,在人才培养、能力要求等顶层设计、课程设置、教学模式等中观层面的及时跟进,以及教学方法、实践方式等微观层面的实时调整,都有序有效地展开,尤其在培养融媒体主持人的路径探索中进行了积极的尝试。在新一版的人才培养计划中,新媒体主播成为了独立的培养方向,在完成了大一、大二的基础课程学习和实践之后,大三开设了一系列的融媒体主持创作类课程,例如《新媒体主播实务》、《新媒体主播人格化设计与传播》、《主持人节目策划与文案写作》等等,以融媒体主持全语境、沉浸式的核心理念贯穿这些主体课程,力求培养播音主持艺术学生的新型综合创作能力。

（一）四维教学理念引领

在融媒体主持创作类课程中,以"四维"教学理念为逻辑主线,形成不同课程内的对应延伸。

1. 夯实基础,设立融媒体主持创作综合能力的达标标准;

2. 强化实践,建立多层级的实践平台,实现小课堂与大社会相结合;

3. 学研结合,构建凸显学生自主性、研究性学习能力的教学模式;

4. 突出创新,课程内容与一线紧密链接,实时更新业界前沿理论、案例与实践。

（二）"精改优创"教学思路贯穿

在课程群的四维教学理念指引下,形成了"精-改-优-创"的总体思路,分别是:

精内容,激活动力;改方法,开发活力;

优评价,形成张力;创模式,提高能力。

1. 精内容:重组教学模块。

为了紧密链接媒体一线发展需求,对现有的课程内容进行重新整合。紧扣融媒体主持创作的流程链条,凸显融媒体文案写作能力和融媒体主持人产品的综合创作能力,以形成基础能力-应用能力-综合能力层层递进的三大教学和实践模块。

随着新媒体形成的社交圈逐渐活跃,由于地缘变迁而消失的兴趣圈,在网络上是可以重组、体验甚至拥有,这也就是形成了所谓的"垂直领域"。尤其在人人都是传播者的网络时代,内容制作无处不在,优质内容就成为了稀缺资源。因此,课程教学内容突破了原有的广播电视节目类型的框架,以不同的垂直领域为切入,实现教学内容的再次梳理。

2. 改方法:采用混合教学法。

为了充分激活课堂,采取大小课结合的方式,变单一的教学法为混合教学法。

即情境导入法、任务驱动法、项目引领法。

在教学过程中,采用多种具体的情境导入方式,以写育说,以说促写,引导学生从被动跟随向主动发掘的转变。例如:

(1)"课程情境导入",启用课程网站平台,在课前导学阶段,由学生自主观看平台上的教学重点、难点微视频,积累问题,做好课前准备;在授课过程中,保持动态的教学讲义更新,一线优秀作品案例库的呈现和学生文案及作品的展示和评价等;在课后研学阶段,推荐专业书籍、论文,指导延伸阅读。保持整体课程的沉浸式的学习和实践氛围。

(2)"竞争情境导入",每一个模块授课结束后,在第一课堂开设小型的"专业竞赛",优秀作品被推荐至一线媒体、社交媒体播出。

(3)"一线情境导入",邀请行业导师入课堂,专题授课、指导实践,同时在网络平台上持续推出一线的经典优秀案例,树立创作规范,启发审美意识。

例如,传统广电主持人依托原有平台进行的融媒体拓展。开设多媒体矩阵,从较早时候的微信公众号、到充分利用微信、微博,再到视频直播、抖音等综合平台,进行节目内容的全媒体平台播发,尝试了广播音频、图文、短视频、H5页面、网络直播、电视呈现、网友互动等多种产品模式,来整合资源,实现融合传播。例如浙江广电旅游之声主持人杨光、经济频道主持潘蓉、交通之声主持人朱晓杨等等,无论是美妆育儿、还是美容旅游,在小红书、抖音等等平台都形成了良好的发展,演绎能力强、跨平台、融媒体创作思维活跃,个人 IP 策划和打造途径多样,持续内容输出,善于运营、达成变现,可以说是新一代广电主持人积极寻求突破的典型模式了。

(4)"研究情境导入",以微学术沙龙等形式,引导学生进行探究式学习,明晰个体差异,提升研究能力,加深文化积淀。

同时,以社会化实践项目为核心引领,要求学生完成融媒体平台上的音视频作品,并结合教学内容,分解成微任务,给予学生一个明晰的任务框架,驱动学生积极地按步骤、分计划、高效率完成。

3. 优评价:优化课程评价体系。

在融媒体主持创作类课程中,改变原有较为单一、封闭的考试评价方式,引进社会、网络、行业导师评价等元素,使得评价内容科学合理,评价方式灵活有效,从而形成过程性、总结性、多向度的立体评价体系。

4. 创模式:创立新型教学模式。

在教学实践中逐渐摸索、创立体现课程群特色的教学模式,凸显"学生为主体、能力为导向"的课程观和教学观,创立通过提升学生的融媒体主持创作能力和综合素养,使学生在话筒前、镜头前言之有物、言之有理、言有底气、言有创新,表达个性鲜明、应变能力强的融媒创作精的教学模式,并展开积极交流和推广。

(三)"三横四纵"实践平台创新

挖掘融媒体主持创作综合能力的深层文化基因,设计了三大课堂的"融合互补",提升学生的综合职业素养。

1. 第一课堂的"基础训练->类型训练->综合实践"的渐进式能力提升,完成"术"的训练;

2. 第二课堂的"课前导学-课后研读-综合创作"的混合学习,实现"学"的积累;

3. 第三课堂的"在线自学-平台自测-社群互评"的网络学习,达成"能"的提升。最终使得学生成为"能说会写、艺文俱佳、融媒优先、具有文化气质"的复合型主持人才。

与此同时,开发以公众号、网络平台、社交媒体为牵引的教学和实践平台,形成课程公众号-各项专业赛事-广电网络媒体-社交媒体平台的多维立体实践空间,提升了学生的自主学习能力。放大社交媒体平台、网络环境的比例,以这一代"网络原住民"最熟悉的环境来实施教学和检验改革成果,充分利用碎片化时间,提高自主选择性和临场体验感,实现了移动端社交媒体的实践功能以及"反哺"优势。

当下,5G 时代带来万物互联的全连接社会,即时和互动的新媒体传播成为主流,需要用户积极卷入、深度参与。移动优先,视频优先,积极探索媒体数字化的"破圈"之路,打磨优质原创"网生"内容,打造传播新业态,是媒体平台尤其是主流媒体重塑传播力、引导力、影响力和公信力的有效途径。由此,主持人的融媒体创作的内涵和外延也在不断地扩大:根据不同平台的传播特质和运营规则,触达并激活用户,最终实现传播信息、创造意义、引发共鸣、树立品牌、形成社群、实现价值、获得收益。这也为专业院校培养融媒体主持人创作综合能力提供了基本依据和路径走向。

(作者系浙江传媒学院播音主持艺术学院副教授、博士、硕士生导师)

基于 OBE 理念的《新闻播音》课程混合式教学模式研究

吕　帅　周雯雯

新闻播音在党的宣传舆论工作中发挥着重要的作用,被誉为是党的"喉舌"。新闻播音,特别是消息类新闻播音是各媒体的立足之本,新闻播音质量水准直接决定了媒体的品质与声誉。随着新媒体的快速发展,融媒时代所催生的变革给传媒业带来了新的机遇与挑战,同时对广播电视新闻播音人才的培养也提出了新的要求,如何打造新型新闻播音人才是针对这一时代应对媒体发展变革的一项重要课题。

一、《新闻播音》课程教学问题的提出

在现行新闻播音人才培养中,缺少一个完备且与时俱进的教学体系支撑。实际教学中,目标单一、方法传统、评价单调,重实践轻思政,学生缺少学习训练的主动性、紧迫性、针对性,教学训练缺少统一性、连贯性,造成学生缺乏政治意识、新闻敏感和价值判断力,学生只能播(甚至都没有播好),却不会思考、分析、辨析,评论能力更是望尘莫及,专业综合能力受限。

不论在新媒体还是在传统媒体,新闻播音人才竞争最核心的要素都是"人"。见字出声的新闻播音员不会受到欢迎,受众更喜欢有观点、有内涵、有思辨、有特色的新闻主播。在媒体融合背景下,新闻播音人才应具有复合知识结构,能够综合运用多学科知识来处理播报过程中的信息选择、分析评论、效果反馈等一系列问题。较为单一的信息播报已远不能满足新时代传媒发展对人才的需求。如何有效提升学生专业知识结构和思辨能力,是我们必须要面对和思考的问题。

针对上述问题,要想让学生在有限的时间内掌握新闻播音的基础理论,提高新闻思辨能力,最终提升新闻播报水平,需要用心设计教学模式。随着互联网教育技术的发展,在线教育取得了长足进步,这促使传统的由教师为主的教学模式逐渐向学生为中心的教学模式转变。OBE 教学理念正实现了教育范式的转换,强调根据学生毕业应达到的能力和水平进行教学模式的改革和设计,由学习产出驱动教育系统运行。本文正是在 OBE 教学理念反向设计、正向实施指导下,充分利用多种现代教学技术,采用 spoc 混合教学方式,对《新闻播音》课程进行教学思路和教学方法的改革与重构。

二、基于 OBE 理念的《新闻播音》混合式教学模式构建

(一)OBE 教学理念

OBE 即基于学习产出的教育模式,最早出现于美国和澳大利亚的基础教育改革。上世纪九十年代美国学者斯派帝对此模式进行了深入研究,OBE 教学理念也成为目前教育改革的主流理念。

在 OBE 教育系统中,教育者必须对学生毕业时应达到的能力及其水平有清楚的构想,然后寻求设计适宜的教育结构来保证学生达到这些预期目标。也就是说,教学活动是围绕明确的学习成果来组织的,教学以学生为主体。从教学目标的制定、教学内容的完善、教学计划的实施到教学结果的评价都围绕学生能力来组织。

(二)构建混合式教学模式

SPOC 混合式学习模式,作为一种高等教育改革创新的新模式,在国内外高校被广泛应用。SPOC 混合学习模式把传统的课堂教学与在线学习的优势结合起来,混合学习环境、学习资源、学习媒介、学习方法等各种学习要素,学习人数一般为几十人到几百人不等,可以有效激发学生学习兴趣、拓展学生视野,学生的实践能力、学习效率得到极大地提高。这种小规模限制性在线课程模式,非常适合新闻播音教学。

小课实践教学,体现播音主持专业教学"口传心授"的专业特点。教师通过精心设计问题、设计实践主题、构思实践环节、组织学生现场

实训等教学活动,将基本理论及其原理等融入播音实践,并将学生纳入整个教学体系中。课堂气氛活跃,学生热情高,教学过程以学生为主导,师生互动好,教学方式与OBE教学理念不谋而合。

2019年6月课题组全体成员精心组织建设,邀请播音艺术家方明老师、中央电视台章伟秋老师、梁毅苗老师、中央人民广播电台杨波老师等共同完成新闻播音线上课程打造,第一时间结合线下小课教学实践运用,开展"SPOC混合教学"实验,逐步构建起《新闻播音》课程的混合式教学方式。

三、基于OBE理念的《新闻播音》课程混合式教学模式的实施

OBE的教学理念把焦点放在学生"学到了什么"而不是教师"教了什么"上。通过对课程的反向设计,使课程的教学目标和教学实施紧紧围绕"学生能学到什么"来进行,教学目标要围绕学生的发展来确定;教学内容要根据学生的期望来设计;教学方法和要素要看是否有利于学生达到预期目标;教学评价焦点是全体学生的学习效果和表现。

(一)教学目标

作为播音主持专业的主干课程,《新闻播音》以培养学生新闻播音技巧方法为主,促进学生理论与实践融合。课程组根据行业现状与需求,融合思政教育,启发学生新闻感悟力,激发学生对新闻事件的关注兴趣与求索动力,提高学生的新闻播音能力、新闻分析评论能力及适当的新闻编辑采访能力。与学生进行讨论调研后,确定课程终极目标为:培养"新闻知识+播报能力+思维素养"的高级复合型新闻播音人才。在教学中,教师需要聚焦这一目标,为学生学习提供支撑和帮助。

根据布鲁姆教育目标分类学原理,结合《新闻播音》课程实际,我们将教学目标分为知识、能力、素质三个领域,并相应设计为三个层次。

三层能力,逐层递进,从引导学生产生兴趣,掌握相关知识理论开始,到指导学生实践运用与演练,掌握实战技巧,最后启发学生新闻感悟力、开拓力、思辨力,让学生养成独立思考和分析播报的能力。实现"播报能力+新闻素养+思维素质"三维综合能力的提升。

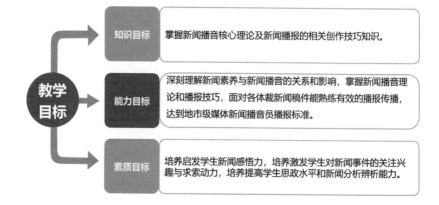

（二）教学策略

以教学目标为导向,依据学习成果目标,确定知识、能力、素质培养指标点,再根据学情数据,确立课程教学策略。

在设计教学策略前,课程组专门针对授课学生进行了学情调查分析,调查结果如下图:

分析类别	数据来源	学习者特征
起点行为	访谈、观察授课目标学生	目标学生已经完成前续知识学习,具有充分的开始学习本课程的专业基础技能和知识。
先行知识	访谈、观察授课目标学生	新闻播音作为播音主持艺术专业的核心课程,学生从艺考培训就开始接触练习,加之本课程前的基础专业知识学习,新闻播音一般性知识基本具备,但是学生个体差异较大,没有统一的知识和技巧标准。
学习态度	访谈、问卷调查授课目标学生	针对168名授课目标学生的问卷调查显示,77.21%的学生对本课程感兴趣和很感兴趣,88.61%的学生了解或很了解本课程线上线下混合教学和评价方式,学习态度积极。
学习动机	访谈、问卷调查授课目标学生	75.81%的学生表示对课程有或有很强的自学意愿;78.58%的学生表示课后会用1-3小时进行专业学习;65.56%的学生看重实践训练;65.82%的学生有课堂互动意愿,学生向目标明确,动机水平较高。
学习偏好	访谈、问卷调查授课目标学生	针对课程线上环节56.96%的学生期待讨论交流、60.76%期待案例分析、51.9%关注微课音视频资料、44.3%期待探索性作业;针对线上环节72.51%的学生希望教师解答疑、64.56%希望实践训练、48.1%希望进行案例讨论、41.77%希望小组协作实践。88.61%的学生愿意分享学习实践成果。
群体特征	访谈、观察授课目标学生	学生异质性不大,但个性鲜明,独立性和自我意识较强,男女生比例2:1,专业课程采取16-18人小组制教学模式。

根据授课目标学生的调查分析,确定了学生的学习行为习惯和学习态度,在充分考虑学生的总体特征的基础上,依据教学目标要求,课

程组设计了本课程的教学策略：

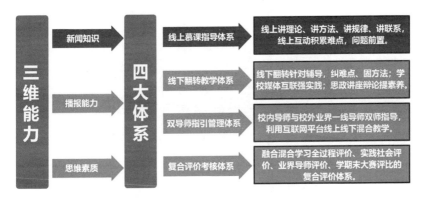

通过四大体系，多管齐下，构建起学生课程目标能力。在此基础上，进行教学内容优化，教学方法和环境设计，做好教学环节规范化设计，打造具有课程特色的混合式教学模式。

（三）教学内容

《新闻播音》课程是播音业务理论概述和专业指导训练相结合的课程。主要讲授新闻播音创作的基本理论和基本技能，以及在新媒体平台及语体下新闻播音的发展。浙江传媒学院播音与主持艺术专业是"国家级一类特色专业"、浙江省优势专业，新闻播音课程基础内容相对完备，为适应时代发展要求，我们对课程内容也进行了适当的补充与完善，尤其在线上课程增加了新时代新内容、新语体，为学生提供了更多的学习资源，为人才培养方案注入时代感。

同时，依据教学目标，增强课程思政融合，在教学中不断强化思想政治意识，树立马克思主义新闻观，坚定"四个意识""四个自信""两个维护"的理想信念。在教学过程中，融入一下内容：

1. 思政理论报告会：定期开设思政理论报告会，增强学生理解新闻的能力，做到最广义的备稿。

2. 及时更新线上学习资源：及时充实新闻播音在线课程，搜集整理新闻播音中的经典代表作品，实时更新线上学习资源。

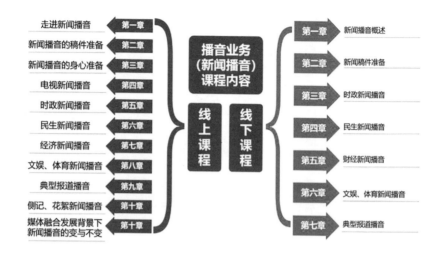

3. 开展现场教学:参观革命历史博物馆、成就展等,使学生引起共鸣,增强民族自信心、自豪感。

4. 深入媒体一线:重点了解和掌握时政报道、成就报道、主题报道等的一般规律,能够拥有专业展现的机会。

5. 一线优秀新闻主播经验分享:落实双导师制,定期邀请一线优秀新闻主播进行讲座分享,让学生了解一线,总结经验。

通过课程+思政的教学内容,增强学生在新闻传播实践中的话语能力,具备话语自信,展现新时代新闻播音风格和水准,做最佳的中国故事讲述者,中国风采的展示者,实现素质能力的全面提升。

(四) 教学实施方式

传统教学方式以教师讲授为主,而以 OBE 教学理念强调成果为导向下以学生为中心,因此教师要通过教学过程激发学生学习主动性和积极性。本课程教学中,学生通过线上学习平台和社交平台,进行学习、互动、交流,完成基础理论知识储备、典型案例参考、自我实践模仿,预先掌握消化一部分课程知识、解决一部分课程疑点;线下小课通过案例教学、体验教学、项目实践教学,让学生带着自己的问题,有思考、有

目标的进行实践,教师逐个进行指导、解答,让学生主动参与到课程学习中。具体的教学实施过程如图:

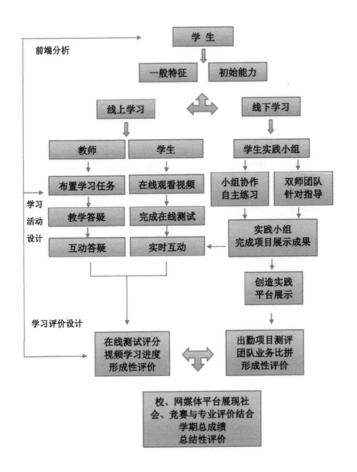

线上教学,引导学生利用丰富的线上学习资源,包括已经完善的线上视频课程、完备的线上考核题库、多种形式的参考书籍,掌握、储备基本理论知识,利用社交平台,师生互动,强化学习的重点和难点。通过参考学习资源中优秀新闻播音作品案例、学生作品资源库,实现学生新闻播音理论应用和技巧认识的提升。

线下教学,通过小课解疑答惑,通过项目实践实现实播能力提升,拓展应用能力。线下小课教学具体实施方式如下图:

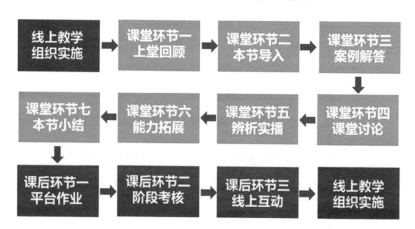

线上、线下有机结合,学生既能牢牢掌握理论,又能在实践中灵活应用,激发学习参与感和主动性。教师达到了"既授之以鱼,又授之以渔"的教学目的,共同实现最终的教学目标。

(五)课程评价体系

OBE 教学模式强调运用动态的持续性评价考核机制,评价学习产出贯穿整个 OBE 教学模式全过程,包括教学目标、教学实施效果、学生能力素质等,实现全方位、全过程跟踪评价,既能检验学生学习成果的达成程度,同时也能给教师教学效果提供参考。

本课程着重艺术专业的综合性评价意见,引入多方评价机制,在线上线下混合教学中设定学习评价权重,客观、合理地完成平时成绩评定,通过预习和讨论完善前期诊断评价,同时将目标任务完成的作品上传网络平台或合作媒体平台,进行过程评价和社会评价收集,及时调整教学策略;开展阶段性播音作品传送业界导师或业务比拼邀请业界导师给出结合一线的评分,再与"考教分离"的校内导师评分结合,构成业务实践评分;最后,再加上融合达标测试与笔试成绩,共同构成学生的综合评价。

首先，依据教学目标、教学内容，课程组制定了课程达标标准体系，在师生明确评价标准的基础上进一步完善课程评价体系。

播音业务2（新闻播音）达标考核评分表

考生班级：_____ 考生姓名：_____ 评分教师：_____ 评分日期：_____年___月___日

档次评分 考核项目	A档 无失误	B档 1-2次失误或错误，扣5分	C档 3-4次失误或错误，扣10分	D档不达标 5次以上失误、错误或 1次严重失误、错误
量的考核 播报流畅程度（录音考察接点）				
量的考核 语音规范程度				
量的考核 停连准确程度				
量的考核 重音准确程度				
量的考核 呼吸规范程度（呼吸自如、唤气无声）	（换气无声）	（5次以下轻微唤气声）	（10次以下轻微换气声）	（换气明显）
量的考核 语速标准	（语速在250字/分钟至300字/分钟之间，达标）			（区间之外不达标）

档次评分 考核项目	A档 把握、控制准确到位	B档 把握、控制基本准确、到位 扣5分	C档 偶有偏误，但不影响语意， 扣10分	D档 把握、控制不到位，影响语意， 不达标
质的考核 声音控制能力（实声为主）				
质的考核 基调把握能力				
质的考核 语态表现力（语调、语气、语势、态度等）				
质的考核 节奏把握能力				
质的考核 语句逻辑表达力（语意）				
质的考核 播音状态表现力（对象交流）				
质的考核 副语言表现力（音频不考察）				
备注 1.本标准以分数化考核和划档相结合进行考核，满分为100分。2.每项单独计分和划分档次。分数累积如出现各项档次不同，以最低档计算。	总分			

考核评价方式特别注重学生整个学习过程各方面、各阶段的评价。

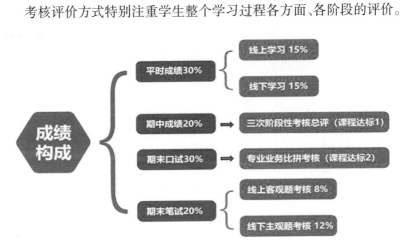

平时成绩涵盖线上与线下学习的综合评定，督促学生建立良好的学习习惯；

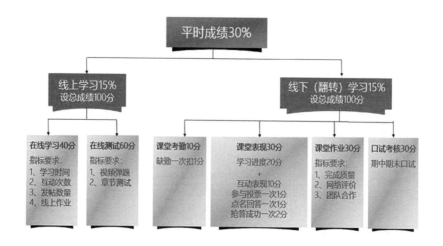

期中考试以阶段考核为准,分阶段实施测评,掌握学生的学习进度与学习效果;

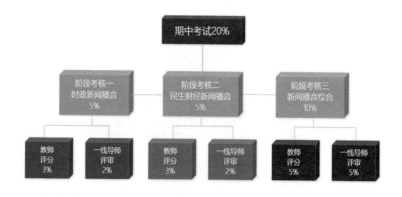

期末考试为理论笔试加业务口试。口试开展业务比拼,提升挑战度,内容涵盖整个学习过程:除新闻稿件播音以外,增加字音识读考察学生新闻播音常见易读错字词、播音听辨考察学生对重要新闻节目播音员的播音分辨、基本时政知识考查学生思政能力,全方位引导学生关注新闻、关注时政的习惯。

课程评价在整个动态持续性考核过程中既注重过程性评价,又关

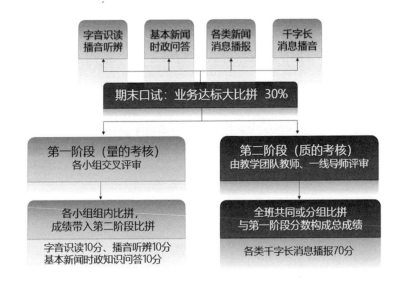

注学习结果,同时突出评价考核的多元化特征,评价指标多维度、评价方法多层次、评价主体多元化。这样的评价体系,不仅让学生的专业能力得到大幅提升,更使学生的学习积极性和主动性增强,学习行为和学习态度得到明显的改变,有效实现学生"播报能力+ 新闻素养+思维素质"三维综合能力提升。

四、结语

基于 OBE 教学理念,聚焦学生的最终学习成果,采用反向设计、正向实施的方法对《新闻播音》课程进行教学模式改革,使教学目标更加明确,教学资源更加集中;采用线上线下混合式教学手段,激发学生学习热情,提升学生学习积极性,引导学生自主掌握理论知识,并在实践中提升新闻播音"知识+能力+素养"的三维能力。在达成教学目标的同时,全面提升教师的教学能力、教学效果和教学效率。

(作者吕帅系浙江传媒学院副教授、硕士生导师,周雯雯系浙江传媒学院副教授)

参考文献:

[1] 谭嫄嫄等.基于 OBE 理念的产品设计专业工作室制混合式教学模式[J]. 教育现代化,2020,7(36):67-71.

[2] 温晓娟,梁彦清. 基于 OBE 理念的混合式教学模式研究——以《管理学》课程为例[J]. 高等财经教育研究,2018,1(45):46-49.

[3] 方昕.深化综合改革背景下的课程教学质量评价体系的构建[J]. 微型电脑应用,2018,34(2):25-28.

新时期　新阶段　新任务
——播音与主持艺术学科建设的思考

巩晓亮

播音与主持艺术教育已经发展了近 60 年的时间,60 年来,播音与主持艺术学科获得了蓬勃发展,从无到有,从弱到强,从小到大,形成了系统的、科学的中国播音学的学科体系,人才培养规模从每年招生20+,发展到了 20000+,为国家培养了大批的优秀专业人才,也获得了广泛的社会的认知度。进入新百年,世界面临百年未有之大变局,中国也踏上了民族复兴的新征程,特别是在飞速发展的信息技术的推动下,播音与主持艺术也迈入了新的时期、步入了新的阶段,也面临着新的任务。催生新的发展,要对学科和专业进一步的优化。本文在对三个发展阶段分析的基础上,要培养好三类人才,结合新文科建设,对播音与主持艺术学科提出理论化、融合化、通识化及其人才未来培养分类化、分层化、特色化发展的观点。

从 1923 年播音在中国萌芽算起,还有两年将满 100 周年,从 1962年中国播音学起步算起,我们已经走过了近 60 年的历史,在我国向第二个百年奋斗目标迈进的历史时刻,我们播音与主持艺术学科也迈入了新的发展阶段,肩负新的时代使命。三个具有哲学内涵的问题盘绕在我们头顶,需要我们搞清楚、想明白。这三个问题就是,我们从哪里来? 我们现在哪里? 我们要到哪里去?

一、我们已经进入了新时期,这是一个对时代大背景的判断。我只简单列出、不展开。我们从三个视角来看:技术的视角、世界的视角、中国的视角。

1. 从技术的视角来看,新技术革命,特别是信息技术的发展,5G、8K,大数据、云计算、人工智能、虚拟主播、元宇宙,已经将我们推进到了一个新的历史图景和现实语境。

2. 从世界的视角来看,当今世界进入大发展大变革大调整的新时期,处于百年未有之大变局。人类又一次站在了何去何从的十字路口。面对困境,中国提出了构建人类命运共同体,构建新型的国际关系,推动新型经济全球化,推动文明交流互鉴。(《新时代的中国与世界》白皮书)。显而易见,这些任务都需要世界各国人民之间共同推进,深入的交流、沟通、合作。这些都需要交流,特别是人与人之间的口语的传播和交流。良好的口语传播能力以及沟通合作能力,已成为现代各行各业卓越人才的必备素质。

3. 从中国的视角来看,为中华民族的伟大复兴而奋斗是当代主题。富强、民主、文明、和谐、美丽的社会主义现代化强国,需要与之相适应的国家形象,需要会讲中国故事、讲懂中国故事、讲好中国故事的中国声音的传播者。培养卓越的口语传播人才,是中国播音主持学科面临的时代使命。

二、中国播音主持艺术教育迈入新阶段

张颂老师曾将中国播音学的发展分为四个时期。回顾四个时期,播音主持教育经历了三个阶段,第一个是岗位化培养阶段,以中央人民广播电台播音组的要求为标准,精英化培养播音员,这些学生已成长为国家及省市广电媒体的核心力量。第二个阶段是专业化培养阶段,这个阶段中国播音学理论体系形成,以中国播音学正式出版为标志。播音主持教育全面开花,20多年来,培养院校从2所,发展到了超过200所,增长了100多倍。招生人数从20+,发展到了20000+,增长超过了1000倍。

依据我们的专业招生人数与全国专业岗位从业人数的比例。我们不难形成一个判断:我们已经迈入了一个非专业化培养的阶段,也就是通识化、素养化培养的新阶段。按照国家广电总局今年初公布的数据,截止 2020 年底,全国广播电视从业人员中,播音员主持人共 3.00 万人。而按照教育部的最新统计数据,全国 260 所本科院校,年招生播音与主持艺术专业人数为 18000-20000 人。也就是说,我们在校的学生人数超过了本专业从业者人数的 2.5 倍。要特别说明一下的是,这还是一个保守的数字。也就是说,本专业毕业生就业的主体方向是非广播电视播音主持岗位。在本专业的学习,成为他们优势素养或通识基础,而非专长。

三、新任务

面对新的局势,我认为,播音主持艺术学科应该完成三个转变。

1. 人才培养方面,从主要服务于广播电视传媒产业人才需求,向服务于国家人才战略转变。沟通合作、语言表达能力已经成为现代社会卓越人才的必备素质。因此我们要面向三类人才的培养,一是卓越的口语传播人才,这是我们的国家队、专业队。二是泛口语传播人才,这是活跃在各类媒体上的新主播形态。三是服务于非口语传播卓越人才的培养。

2. 在学科建设方面,要以前辈的成果“中国播音学”的基础上,转向更为广阔的口语传播领域,融合新兴媒体,与多学科交叉融合,建设有中国特色的播音主持新学科。我们要把学科的发展,从岗位要求的角度,专业思维的角度,拓展到中华优秀传统文化传承的角度、国家人才能力提升的角度、国家形象提升的角度、国家传播空间治理的角度来思考。

3. 在社会服务方面,我们要从服务广播电视传媒事业的发展,转向立足于当代中国的社会实践,面向新的传播格局,分析新情况、研究新问题、总结新经验、提出新方案、建立新学说,为社会和人的全面发展,提供服务和支撑。

不忘本来、吸收外来、面向未来。在新时期,我们播音与主持学科的建设和发展,要继承优秀传统,立足中国实践,面向世界舞台,瞄准国际坐标,胸怀全球格局,不断更新自我,肩负社会责任,不负时代使命,在传媒变革中阔步前进。

（作者系华东师范大学副教授）

从主持大赛的赛制设置看播音
主持人才培养的着力方向

　　皆被誉为"神仙打架"的主持人大赛、主播有新人、上海市大学生主持新人赛，一经播出在社会引起广泛关注，三个比赛无论从参赛选手、节目制作都展示出了较高水准，给观众带来一场场高水平赛事的视觉盛宴，让人酣畅淋漓。当下，正处于传统传媒业边界消失，格局重塑的时代。传媒技术和媒介形态发展呈现持续爆发式、跳跃式发展态势。① 传播主体正在经历着从专业化到精英化，再到泛众化加智能化的改变。② 随着第四次传播革命的到来，传播主体的门槛变低，互联网赋予了公民的传播权力，非专业的社会精英加入到传播主体的队伍中来，造成了传播主体的多元化冲击。正如李良荣教授所说，这个变化让公民实现了传播的权利（right）到传播权力（power）的转移。全民主播、AI 主播忽如一夜春风来，千树万树梨花开，不仅使网络主持传播者在数量上对传统专业主持传播者形成了包围之势，以人工智能技术为依托的机器人主持人对传统主持传播也造成的威胁与挑战就可谓实实在在。③ 从而让传统广播电视媒体的主持传播受到了前所未有的挑战。引发人们开始思考，如今我们究竟需要什么样的主持人？

---

① 陈汝东. 未来传媒发展趋势：一种媒介史的视角［J］. 学术前沿,2017. 23
② 喻国明. 技术革命主导下新闻学与传播学的学科重构与未来方向［J］. 新闻与写作,2020（07）
③ 高贵武. 生还是死：技术变革视野下的主持传播. 中国主持传播研究［M］]北京：中国传媒大学出版社,2018

主流媒体、地方媒体和高校,纷纷出谋划策,试图扭转乾坤。共同赋予主持行业新内涵、重塑传媒新格局。以央视为主的主流媒体打响了重构主持行业的第一枪,在2019年下半年率先举办了主持人大赛,呈现出主流媒体对融媒体时代主持人的新要求;以东方卫视为主的地方媒体紧接着在2020年推出主播有新人大赛,将个性化作为选拔的首要标准,突显地方媒体对新人主播的需求;2021年举办上海大学生主持新人赛,以上海各高校为主的教育行业也从教育层面对青年主持人的选拔愈加严格,尤其在思想政治、家国情怀方面有了更高的标准。

一、三个大赛的异同之处,折射出新时代社会对播音主持人才的新需求

（一）参赛选手

纵观主持人大赛、主播有新人及上海大学生主持新人赛三个比赛,从参赛选手的职业上来看,在校学生与媒体从业者占据上风;从年龄方面来看,参赛选手年轻化趋势明显,90、95后甚至00后,新生力量居多;从学历方面来看,拥有本科学历的选手占大多数;从学科背景角度来看,具有播音主持专业教育背景的人比较多。

在主持人大赛中,参赛选手的学历层次在三个大赛中最高;参赛选手多元化的学科教育背景最为明显;同时,能够进入总决赛的选手均为从业多年的"老将"。进入复赛的60位选手中,从学历来看,博士2位(占3%),硕士24位(占40%),本科34位(占57%)[1];从学科背景角度来看,有播音主持教育背景的人数占据多位,有46位(占77%),其他学科教育背景的有14人(占23%),专业分布更加多元化,其中涉及哲学、经济学、社会学,甚至是理工专业的选手明显增加。[2] 而进入最后总决赛的12名选手中有11人是在国家级、省级等媒体工作多年的在职主持人,专业从业经验丰富。

---

① "2019主持人大赛":与新时代同行,为中国梦发声[J]. 徐树华,林阳. 电视研究,2020 (04))

② 翟慧慧. 从《主持人大赛》看新时代播音主持人的培养路径[J]. 传媒. ,2021(10)

主播有新人比赛中,参赛选手几乎都是主持界的新力量、新面孔、新声音。其中,即将踏入社会的播音主持专业的大学生占据大多数。与主持人大赛截然不同的是,进入总决赛的六位选手中在校学生占据上风,可以看出主播有新人比赛对年轻的新人青睐有加。从学历来看,进入复赛的40位选手中,博士1位(占2.5%),硕士2位(占5%),本科37位(占92.5%);从学科背景来看,有播音主持专业教育背景的为34人(占87.5%),其他学科教育背景的有5人(占12.5%);从职业来看,在这四十位选手中,在校学生有25位(占62.5%),媒体从业者有13位(占32.5%),脱口秀演员有3位(占7.5%),演员有1位(占2.5%)。

　　上海大学生主持新人赛中,参赛选手皆来自沪上高校的本科生与研究生。进入决赛的选手有20位,其中,从学历来看,研究生有4位(占20%),本科生有16位(占80%);从学科背景来看,有播音主持专业教育背景的有12位(占60%),其他学科教育背景的有8位(占40%)。

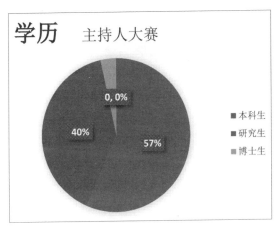

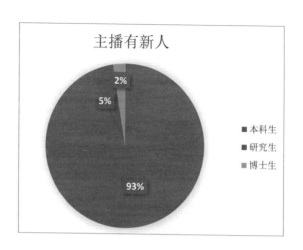

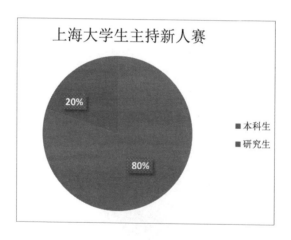

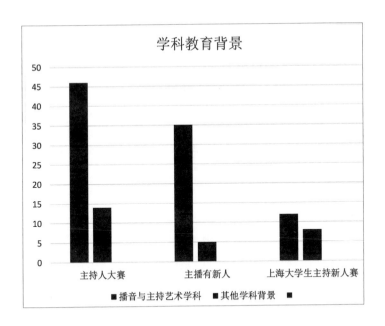

学科教育背景

■播音与主持艺术学科　■其他学科背景　■

（二）选拔人才标准的迥异不同

纵观三个大赛,可以发现选拔主持人才标准的迥异不同,直接体现出以央视为主的主流媒体、以上海电视台为主的地方媒体、以上海高校为主的教育行业对新时代播音主持人才提出的不同要求。三个大赛皆以各自的需求出发,站在不同的立场设置不同的标准,公开选拔播音主持人才。

1. 主持人大赛强调复合型人才

以央视为主的主持人大赛立足于全国中央级的媒体,代表中国形象。把具备过硬导向把控能力、新闻直播互动能力、多媒体应用能力以及人格化传播能力的复合型人才作为新的标准,为媒体融合环境下的主流文化传播注入新力量。[①] 其次,以上海电视台为依托的主播有新人是特别为上海电视台量身定做,在选拔标准上更加青睐于"新"的部

---

① 央视网.《中央广播电视总台 2019 主持人大赛》正式启动,复合素质、实战能力成考核新标准[EB/OL].（2019-06-06）[2021-06-02]. http://m. news. cctv. com/2019/06/06/ARTIbE7ZH6WYGUxJOdNnF1bs190606. shtml）

分,新人是否具备创新能力、是否具有新颖观点、是否拥有新鲜的表达方式,同时,是否符合上海台的气质、代表上海这样一个国际大都会的文化形象,是否具备市民们认可和接受的一些气质和素养,也成了节目选拔主持人的标准。正如杨澜所说,并不期待也不愿意看到选手所呈现出所谓的圆融、成熟和完美。那些只是一种套路的重复,是没有希望的。相反想要看到的且需要的是独树一帜,突破某些惯性锐度的选手。

2. 主播有新人突显"新"与个性化

主播有新人在选拔主持人才时,也着重突显对个性化的追求,更加青睐具有鲜明的个性、新颖的观点和新鲜表达的选手。选手在服装和造型上别具一格,按照自己的喜好和个性展示,选手身着汉服、球衣、礼服等汇聚于舞台;在赛制设置方面,自我展示环节选手们把自己的看家本领大展身手,模仿多种人物、解说体育比赛等;在语言方面,尽显个性的独树一帜,如新人主播程雯雯另类解读"内卷"概念,她认为"内卷并不是一件坏事",说出了"卷人者有恃无恐,被卷者筋疲力尽"的金句;同时,决赛现场变为大型"舞台表演"。选手们可谓是才艺"惊人",说唱、弹琴、舞蹈、脱口秀样样精通,展示了青年人的活力与个性。此外,每个选手还有自己专属的标签,如超级学长、白岩松的十一分之一、立风少女等等。

3. 上海大学生主持新人赛立足于"青春"的定位

上海大学生主持新人赛始终立足于"青春"的定位,以建党百年为主题,将两种素养、两种意识作为选拔主持人的重点。即把具备过硬的政治素养、扎实的语言素养、新媒体意识及对社会的问题意识作为选拔的标准。从比赛的赛制到题目的设置都紧密围绕建党百年主题。如本届大赛的主题为百年青春,逐梦初心,通过考察大学生政治素养,大赛展现了新一代大学生勇立时代潮头,与党和祖国同呼吸,与时代共成长的青春力量和澎湃激情,考察青年大学生的过硬的政治素养。而"读字辨音"环节是对选手扎实基本功、语言素养的检验。此外,融入当下青年关注的社会热点话题,考察选手的社会问题意识。比拼环节更加灵活丰富,更贴近社会需求。

(三) 赛制设置环节的异同

三个大赛均有四个赛段构成。从赛道上来看,主持人大赛和主播有新人都分为文艺或综艺和新闻两个赛道。三个大赛在第一个赛段,首先设置自我展示、现场对决与即兴提问环节,考察选手基本专业素养、表达能力、快速反应以及即兴应对的能力。选手的基本功得到初步的展现。其次,在第二个赛段,主持人大赛与主播有新人(综艺赛道)考察选手的理解力和创新力。让选手们还原节目现场,打破以往固定、老套的考察点。节目组分别融入卫视的经典节目如央视的《朗读者》、《感动中国》,东方卫视的《笑傲江湖》《极限挑战》《我们的歌》等等。要求选手在超越节目本身的基础上进行创作与创新,均以访谈、主持、采访、解说等方式呈现。然而在上海大学生主持新人赛的第二个赛段则是注重对选手的普通话水平与语言技巧能力进行考察,设置了"读字辨音"环节。再次,主持人大赛的第三赛段与主播有新人新闻赛道第二赛制的赛制设置大同小异。均对主持人选手的脚力、眼力、笔力和脑力"四力"进行考察,以"走出去"的形式考察选手实战能力。对选手独立编排、稿件串联撰写、播报能力进行了全方面的考察。而主播有新人的第三阶段的赛制与上海大学生主持新人赛的考察地方基本相同,都是对选手采访能力的考察,但在上海大学生主持新人赛中的第三个环节除了考察选手的采访能力之外,还有随机的话题评述、即兴配音、模拟主持等综合能力的考察。最后,主持人大赛与上海大学生主持新人赛均对选手的即兴演讲能力进行了考察。

二、从三个赛事人才选拔的共性,看传媒行业与社会的共同追求

(一) 专业要求:快速反应的能力

随着信息技术的进步,重构了人与社会的连接方式,以不可阻挡之势,对传统媒体的技术模式进行颠覆。[①] 全民主播时代已经全面来临,

---

① 廖祥忠. 从媒体融合到融合媒体:电视人的抉择与进路[J]. 现代传播,2020(01)

截至 2021 年 6 月,我国网络直播用户规模达 6.38 亿。全民主播时代对主持人提出了更高的要求。网络直播的一次性、互动性、实时性等特点也对主持人快速反应能力及随机应变能力提出了挑战。

即兴表达、临场发挥、应对突发事件实质是对选手快速反应能力的考察。而在这背后则是文化底蕴、专业水平和多次实践经验的支撑。在这三个大赛中,通过赛制的设置对选手的即兴、临场发挥的能力以及应对突发事件的能力进行了综合的考察。如在主持人大赛中,第一赛段除了自我展示环节之外还有 90 秒即兴考核环节。在总决赛中,新闻组设置换位辩论环节,文艺组设置"串讲"及化解节目突发状况环节。在扎实基本功的基础上对选手的临场反应能力、口语表达能力有了更高的要求。在主播有新人中,第一赛段同样设置了现场对决环节,以脱口秀、演讲、辩论、配音等形式进行即兴一对一的现场对决;在复赛则增加了新闻突发事件的编排,其中突发事件包括:新闻提词器失灵、突发急稿播报、突发情况新闻跟播播报、突发情况新闻时长控制;在总决赛中则对选手应对突发事件的能力进行了考核。而在上海大学生主持新人赛中,比赛的终极环节要求选手以大赛提供的党史文物、红色地标为素材,进行两分钟的即兴演讲。从赛制的设置中不难发现,快速的反应能力和随机应变能力是选手们征战比赛场的重要法宝。

(二)业务诉求:采访、谈话与写作的能力

在疫情期间北京卫视节目女主持人采访钟南山院士因全程摆拍微笑惹争议,遭众多网友的吐槽。主持人原本是在疫情关键时承担向观众普及防疫知识,了解疫情情况的角色。可频频献丑,也对主持人采访能力的培养和重视敲响了警钟。

主持人的核心功能是把人和信息有机的组合在一起,产生一种新的理解方式、解读方式和表达方式。而采访与谈话是主持人获得信息的一种重要途径。主持人的采访和谈话能力也是主播有新人赛事考核的一项标准。选手"实战演练",进入真实工作的场景,深入到 2021 电视剧品质盛典的现场,采访影视圈的优秀艺人。同时,邀请嘉宾在演播室里录制谈话节目。此外,上海市大学生主持新人赛中的"现场采访"环节也是决赛的亮点,选手与评委嘉宾程璐和潘涛进行面对面的模拟采访,考察选手的语言表现力和临场反应力。

纵观当下高校的播音主持教育可以发现,全国少之又少的高校有设置采访、谈话节目相关的课程,各个高校对此类课程的关注度并不高。白岩松曾说,不教采访课的新闻系怎么能叫新闻系呢?确实如此,采访能力是媒体人必备的技能和专业素养。当下主持人采访和谈话一次次的露怯足以反思此类课程设置的必要性。也正如杨澜所说如果主持也有求生欲的话,采访应该是主持人求生欲的最重要的一个培训方向。

(三)"四力"需求:实战能力的培养与关注社会问题

在 2018 年 8 月召开的全国宣传思想工作会议上,习近平总书记提出宣传干部要不断增强脚力、眼力、脑力、笔力,努力打造一支政治过硬、本领高强、求实创新、能打胜仗的宣传思想工作队伍。届时对传媒人提出了新的"四力"要求。媒介天翻地覆的变化引发了全民主播的潮流,忽如一夜春风来,千树万树梨花开。传统的媒介分工已不再适应社会的需求,对主持人独自呈现信息的能力提出了更高的要求,独立完成制作、拍摄、剪辑、报道等环节对主持人提出了新的挑战,真正实现媒体人"采编播一体化"。主持人大赛注重全面考核参赛者的复合能力,强调实战能力,特别设计了"走出去",置身新闻第一现场的实战环节。"走出去"下基层的实地探访,来检验参赛选手的脚力、眼力、脑力和笔力,考察选手的选题意识、策划能力和播讲技能,通过实战筛选出的选手愈发接近对于媒体从业者掌握"采编播一体化"综合技能的目标需求。[①]

在主持人大赛中,冯硕深入西藏戍边军营,辗转多地将战士对亲人

---

① 高贵武,薛翔. 融媒体时代节目主持人的专业面向——兼议《中央广播电视总台 2019 主持人大赛》的启示[J]. 新闻与写作,2020(02)

的思念带回家乡，"脚力"强劲；刘妙然在 2022 北京冬奥会赛场，捕捉备战奥运会工作者、运动员的令人感动的瞬间，"眼力"独到；梁婧用一张月饼券讲清楚了什么叫"资产证券化"，颇具"脑力"；主持人的"笔力"则更多地体现在口语表达上，蔡紫对古建之美的讲述，有跨度、有深度、有温度，笔到口到，真挚感人。① 同样，在主播有新人中，新闻赛道的复赛要求每两位选手进行一对一的挑战。每位选手从节目组提供的新闻片库中挑选出若干新闻，去现场采集、报道、策划新闻，独立完成编排、稿件串联撰写等工作。此外选手还需要根据采集的新闻在演播室完成新闻播报以及面对突发状况应急处理。李泽鹏实地探访上海上门助浴服务，为高龄且行动不便的老人带来便利。用"脚力"关注社会问题，宣传社会服务；孔钰钦用独特的"眼力"实地采访武汉医护人员，从樱花小切口展现疫情无情人有情的大主题；田尹男用清晰的逻辑讲述了长征五号火箭、嫦娥五号从发起到着陆的过程，"脑力"十足，展现出清晰的思维能力；钟瑞奇用幽默生动的语言对风滚草进行了解释，如使用了"不是地球要脱发，是风滚草要发芽。"等诙谐的语言，突显幽默风趣的"笔力"。

可以看到，无论是从选题的设置，还是选手自备的内容展示，皆聚焦社会问题。关注社会现实，弘扬与传播社会所崇尚的价值观。

（四）视野探求：国际视野与国际意识

从 1979 年赵忠祥第一次走出国门采访美国前总统卡特至今，四十二年过去了，在这期间传媒环境与国际环境发生了翻天覆地的变化。5G 技术推动下的大连接、大数据、多场景、多终端的媒介环境改写着跨文化传播的图景。② 在四十二年后的今天，中美主播跨海约辩再一次引人深思。主持人刘欣对战美国主播表现出的睿智与端庄，不失礼貌

① "2019 主持人大赛"：与新时代同行，为中国梦发声［J］. 徐树华，林阳. 电视研究，2020
（04））

② 史慧琴、丁韬文、崔潇. 提升讲好中国故事的实践效度—以"一带一路"为视角的观察
［J］. 青年记者，2019(36)

又以不偏不倚的态度赢得了全世界的掌声,成功的阐述了中国立场,表明了中国态度。正如杨澜所说,如今需要的是具备国际视野,对时代有真切感知的主持人。廖祥忠教授也表示,当下需要培养能够应对未来媒体挑战、驰骋于国际舞台的新闻传播人才。① 可以发现在主持人大赛与主播有新人大赛中也增添了国际视野。在主持人大赛中,评委的安排方面,由国广英语中心主任王璐、央视外语频道副总监丁勇与中国国际电视台(CGTN)主持人刘欣担任大赛的专业评审;大赛的考题方面,刘欣作为出题人,以《环球瞭望》节目作为考题,让选手围绕中国文化与世界文化的交流展开论述;同样,选手邹韵来自 CGTN,在国际传播领域摸爬滚打多年;而主播有新人大赛在评委方面也不乏国际声音,由已访问过全球 700 余位人物、极具国际视野的主持人杨澜担任。从"面向话筒"到"面相大众",从"立足国内"到"走向国际",这些转向既暗含着主持人在功能和责任上的扩充深化,又体现了主持人在传播格局和舆论引领上的重要作用。

三、对培养播音主持人才提出的要求

习近平总书记多次强调,要"不忘本来、吸收外来、面向未来"。指出了新时代推动文化建设的思想方法和工作方法,为坚定文化自信、不断铸就中华文化新辉煌、建设社会主义文化强国指明了前进方向。这也给传媒行业带来了新的启发,以"不忘本来、吸收外来、面向未来"为基石,对培养主持人才提出了新的要求,激活主持人人格化传播的新价值,引领传媒行业的新风尚,发挥主持领域意见领袖的新作用。

(一) 不忘本来,专业能力要求

当下,无论技术怎么变化,"不变"的只有扎实的基本功。扎实的专业能力才能应"万变"的技术,才能追赶的上新媒体的日异月殊。扎实的专业能力亦是播音主持的"本"。鲁景超说夯实播音主持专业学

<hr />

① 廖祥忠. 创新新时代传媒人才培养,打造新时代一流本科教育 [J]. 中国高等教,2019 (05)

生的基本功训练是立业之本。① 主持人缺乏扎实的基本功如同无源之水，无本之木。工欲善其事，必先利其器。扎实的基本功、较高水平的有声语言的表达是主持人基本也是最根本的素质。专业能力包括声音的弹性、语言表达、字词的精准、发音的规范、即时的反应等。而有声语言表达包括发音准确、吐字清晰、声音圆润、生动且富于变化。②

纵观三个大赛，皆在比赛的第一个环节均对选手的基本功进行设置自我展示环节考核。在主播有新人中，柏璐瑶模仿多个人物百变、传神的声音，获得了评委们的一致好评，突显出扎实的基本功。同时，上海大学生主持新人赛对自我展示环节有了更高的要求，有了主题的限制，需要围绕每年赛事的主题呈现一分半钟的主持片段。此外，上海大学生主持新人赛在第二赛段设置的"读字辨音"环节，这也是历届决赛考验主持人普通话基本功的经典环节。由此可见，对专业基本功的考察放在首位，打牢基础至关重要。若基本功不过关则在第一关就会被淘汰。

反思播音主持的教学，应紧紧抓牢学生的基本功训练，扎实的专业能力如同金字塔的最底部，只有打牢基础才能一步步向上升级，最终培养出意见领袖式的高水平人才。在这个过程中，需要反复多次的练习，运用刻意练习的实践方法，不断提升大脑的适应能力，不断打磨字词、声音，不断提升即时反应能力，才能以不变应万变。

（二）吸收外来，素养要求

主持人拥有了扎实的专业能力，打牢金字塔的地基之后，接下来进一步的提升就要聚焦于文化素养。言之无文，行而不远。肚子里无"货"，光凭嘴上的技术走不了太远的路。这里的货是指真材实货，即知识的储备。正如白岩松所说，主持是技术，人才是内容。纵观这三个

---

① 鲁景超. 传媒变局对播音主持人才培养的影响和要求——基于对中国传媒大学毕业生的问卷与访谈[J]. 现代传播（中国传媒大学学报）,2016(04)
② 吴郁、曾志华. 播音主持专业人才培养研究[M]. 中国传媒大学出版社,2009

大赛,我们发现,没有一定量的知识储备的选手无货可表达,心有余而力不足,难以过五关斩六将,登上最后的舞台。相反,具有广阔知识面的选手,面对考题不慌不忙,将储备的知识信手拈来,在舞台上能够得到更多的肯定,获得更高的分数,赢得更多的掌声。知识的储备并非一朝一夕,而是长年累月学习的结果。正如张颂老师所说,广播电视作为信息的集散地、知识的汇集处、社会的联结点,要求从业人员必须具备较高的文化水平、较宽的知识面。①

播音主持是一门交叉型的学科,集新闻学、传播学、文学、美学、艺术学、心理学等学科交叉在一起的学科。在培养播音主持的学生时,若光把目光停留在播音主持本身的专业课,是远远不够的。所以要吸收外来,这里的外来,是指除了播音主持自身的知识之外的知识与信息,包括相近学科的知识、中国历史、社会学、管理学等文科,也包括大数据、人工智能等工科和理科。,当下的传媒学科专业,从纯文科和艺术学习走向文工交叉、艺工兼修,文艺工打通进而走多学科融合的新文科、新工科和新艺科的发展道路。② 白岩松曾说他在培养研究生的时候,大概有八、九个月的时间让学生关注历史,包括对专业相关的历史,也包括对中国历史的学习。历史的学习至关重要,正如习近平总书记在中国共产党成立一百周年大会上所说,以史为鉴,可以知兴替。我们要用历史照应现实,才可以远观未来。

(三)面向未来,政治意识与传播要求

在打好金字塔底部和中部之后,培养金字塔顶尖的主持人究竟需要具备哪些能力?首当其冲的是喉舌意识,做好播音工作,首先要有一定的政治觉悟和较好的思想修养。③ 主持人应自觉树立政治意识、具

① 张颂.中国播音学(修订版)[M].中国传媒大学出版社,2003-(42)
② 廖祥忠.未来传媒:我们的思考与教育的责任[J].现代传播(中国传媒大学学报),2019(03)
③ 广播电影电视部政策研究室:《当代中国的广播电视》编辑部.梅益谈广播电视[M].中国广播电视出版社,1987

备讲政治、讲好中国故事的能力。正如张颂所说,传媒人需要站在无产阶级的党性和党的政策的立场上,把握国内外形势的发展变化和人民群众的思想实际。①

主持人是否能够坚定的选择与党同生死共患难、自身的发展与祖国的发展是否一致、是否能第一时间反映人民的需求。在这三个比赛当中,选手们树立了喉舌意识,讲述了中国故事,其中既有家国情怀戍边故事,又有关注老年人上门助浴的故事,还有见证中国速度的高铁司机的故事、深入冬奥场馆的故事、讲述上海援鄂第一人钟鸣医生的故事等等。不难发现,在这三个大赛中,无论是选手自备的内容还是赛制设置的选题都关注国家发展,关注老百姓的衣食住行。大赛也考察了选手的喉舌意识、讲政治的能力、讲好中国故事的能力。

除了喉舌意识、政治素养之外,对中国传统文化的宣传也是主持人需具备的能力。"人心惟危,道心惟微;惟精惟一,允执厥中。"这十六个字是儒学乃至中国文化传统中著名的"十六字心传"。所传达的是人心变化莫测,道心中正入微;我们要真诚的保持惟精惟一之道,不改变、不变换自己的理想和目标,最后使人心与道心和合,执中而行。而人心与道心在中国的传统文化中一以贯之,也应将其宣传与弘扬,主持人应将中华之境界凝聚在一次次的主持之中,播音主持教育也应将此理念贯穿至教育体系之中、课堂之中,弘扬真正的道心,抑制私欲的人心。以道观心,以心证道,与万物合而为一,为中华之文明留下了逍遥之道心。②

无论从政治素养角度还是从传统文化角度,当下对播音主持人才的要求归根结底是讲故事的能力,讲好中国故事的能力。提高对播音主持人才政治意识的培养、增强其对传统文化的学习和领悟,才能传播好中国声音,讲好中国故事,做党的新闻事业的接班人及代言人。

---

① 鲁景超.关于播音主持人才培养模式的思考——写给"纪念人民广播播音七十年"[J]现代传播(中国传媒大学学报),2011(04)
② 吕泓霄.论中国传统文化两个内核:儒骨与道心[J].知识文库,2018(14)

通过对比分析三个大赛的赛制看播音主持教育的着力方向,从主流媒体、地方媒体及高校的角度和立场皆对主持人提出了新的要求与标准。从参赛选手、选拔人才的标准和赛制设置方面看出三个比赛的异同之处,折射出新时代社会对播音主持人才的新需求;总结三个大赛分析当下传媒行业对主持人传播能力的四方面新追求,分别是即兴反应能力、采访与访谈能力、实战能力和具备国际视野能力。以习近平总书记所提出的"不忘本来、吸收外来、面向未来"为基石,从专业、文化、政治方面对培养主持人才提出了新的要求,扮演好主持人讲好中国故事、传播中国声音的角色,激活主持人人格化传播的新价值,引领传媒行业的新风尚,发挥主持领域意见领袖的新作用。

(作者李子彤系上海体育学院传媒与艺术学院 2022 级博士研究生,朱俊河系上海体育学院传媒与艺术学院副教授)

"大播音"理念下"听说读写"关系
在播音主持教学中的再思考与再探索

高　珊

人的一生需要不断地学知识、学文化、学技能,学习的途径主要通过"听说读写"来实现。中小学是培养听说读写能力的奠基阶段和关键时期,因此听说读写四种能力的训练,在中小学语文教学中经常被提及,但我们发现,在大学播音主持教学中却很少被提及,如今再次重提"听说读写",有其深刻的必要性和重要性,也有其明确的理论依据和现实需求。

一、"大播音"时代,重提听说读写

从一定意义上说,大学播音主持专业学习也是语文学习的延伸,是对母语学习的深化。"大语文"教学理念是"大播音"教学理念的基础和依据,"大播音"教学理念又是"大语文"教学理念的延伸和深化,是将"听说读写"综合能力培养进行专业化、系统化、课程化、应用化的深入探索。

在语文为王的时代,"大播音"教学理念让我们重新思考"听说读写"之间的关系,重新探索"听说读写"之间优势互补、对流转化的方法和途径,使"听说读写"的综合训练回归本该一直存在的母语课堂——播音主持课堂。可以说,语文水平直接影响播音水平和教学水平,好的播音教师首先应该是一名好的语文教师,因此,播音主持教师要努力将播音课上出"语文味儿"。

二、听说读写四者关系

叶圣陶先生曾说:"听是用耳朵读,说是用嘴巴写,读是用眼睛听,写是用笔头说。"可见,听说读写紧密相连,互相连通,实践中根本无法将它们完全孤立和割裂开来。听是说的基础,读是写的基础;听和说是口语表达,读和写是书面表达。听和读是信息输入,都为了解别人的思想;说和写是信息输出,都为了表达思想,让别人了解。没有输入,就没有输出;没有了解,就没有表达。

"听说读写"贯穿于语文教学和播音教学的始终,离开"听说读写",教学将无法开展。播音主持教学,应以有声语言的艺术创作及其口语表达为教学的主线和重心,注重"听说读写"的整合,实施听说读写"一体化"教学,促进知识与能力、过程与方法、情感态度与价值观的整体发展。这是人的言语生命发展的需要,也是"大播音"教学的本质要求。

三、播音主持教学中"听说读写"的现状分析及其本质

之所以在大学播音主持教学中重新将"听说读写"四种能力同时提及,是因为在实践教学中,这四种能力并未得到同等重视和均衡发展,存在明显的短板和缺位。即便在中小学语文课堂中,"听说读写"虽常被挂在嘴边,但也仍普遍存在"重读写,轻听说;重书面语言,轻口头语言"的问题。而在大学播音主持教学中,也存在"重读说,轻听写;重有声语言,轻文字语言;重艺术表达,轻口语表达;重口头表达,轻笔头表达;重形式表达,轻思维内涵;重技巧、轻能力;重套路、轻创新"的普遍问题。

大学播音主持教学再次将"听说读写"综合能力的训练重新重视起来,既是"固本扶正",即让播音主持课堂回归"大学语文"课堂该有的样子,围绕"有声语言"这"一个中心"和"思维训练与思想育人"这"两个基本点",开展一系列"听说读写"综合训练,体现"真语文"的价值追求;同时也是"守正创新",即在传统播音主持教学基础上,打牢专业根基,着眼综合能力,紧跟时代发展,开拓教学思路;勇于挑战,踔厉创新,使学生形成扎实、优化的知识结构和技能结构,养成良好的思维习惯,使语言和思维成为播音教学的支点,使学生"得法于课内,得益

于课外",甚至得益于终身。

四、播音主持教学中"听说读写"的特殊性

1. "听"字当头

之所以"听说读写"以"听"字当头,是从听、说、读、写四种能力形成的过程而言的。听和说先于读和写,而听和读是输入,说和写是输出。教育心理学家研究发现,人在日常交往中对信息的接收,听占45%,说占30%,读占16%,写占9%。这一连串的数字告诉我们,人有近一半的时间在听,三分之一的时间在说。因此听说读写是"听说为先,听字当头"。播音主持艺术是"口耳之学",即以"说和读"为核心,但"说和读"均以"听"为前提和基础,因此"听力"尤为重要。

播音主持教学中的"听",区别于人们理解的生理层面的"听",而是建立在学科理论基础上的、以"有声语言"为专门研究对象的"专业"的、"刻意"的听,是一个不断地吸收、分析、理解外界信息,进行积极思考的过程。

2. 介于口头语言和书面语言之间的"说"

播音主持中的说,是介于口头语言和书面语言之间的一种"言说"语体,是二者的优化组合。既"接地气"又不乏庄重严肃,既具有生活气质又不乏艺术气质,既有意义、有意味又不乏有意思、有意境的语体形式。

播音主持中的说,有时是有文字依托的说,如民生新闻播报、演讲、节目主持等,这里的说,不是机械地背诵,不是简单地发声,而是让无声的、平面的文字幻化成有声的、立体的、富有灵魂的生命体;有时是无文字依托的,如即兴口语表达,这里的说,是具有清晰思维痕迹的说,是说者一路思考着说出思考,同时听者一路思考着听出思考,并触发独属于自己的思考和感悟,这才是人类口语交际的初衷和最高境界。

3. 广泛阅读,让阅读成为习惯

学习播音主持的人都应该努力做一位"杂家",应该具有深厚的文化底蕴,应该通过广泛阅读,拥有与本专业相关的文学、心理、艺术、美学、哲学、政治、经济、社会、法律等多学科知识。

当今的多媒体时代,播音主持专业广泛阅读的范畴也进一步延伸,从阅读媒介而言,除了书本阅读,还有图片阅读、视频阅读,以及"耳读";从阅读形式来看,从专注阅读、精读外,还应有随时随地的泛读。一方面是为了提高识稿能力,另一方面是为了在潜移默化中增强语言敏感度,并使阅读成为习惯。

4. 注重用"笔头"说——写

从现实情况看,播音专业的学生,往往说得多,写得少,长此以往,导致写的能力下降,还经常造成口语表达逻辑不清晰、用词不准确、观点不深入等问题。因此,播音主持教学应高度重视学生动笔"写"的能力。

播音主持教学中"写"的内涵和外延有其独特性。从内涵而言,这里的"写"不仅仅是为了单纯"写",更多是为了"说",如:写一篇演讲稿,写一篇现场报道,写一篇主持词等,目的是为了说出来让大家听,具有口语化特征;从外延来看,播音主持教学中的写,除了记课堂笔记、写学习心得、抓吐字发声和语言表达的瞬间感悟,还包括自己从图片、视频、音频中看到、听到、感受到的有价值的信息点,还包括为了提示和引导即兴口语表达而写的关键词、提纲、思维导图等。总之,播音主持教学中的"写",不仅为了"向外表达",还为了"向内自省"。

五、播音主持教学中"听说读写"综合能力的训练方法

1. 巧用循环链,打通对流通道,使"听说读写"有机融合

播音主持教学要以"有声语言"为核心,围绕更好地进行艺术表达和口语表达而进行"听说读写"的教学设计,"听"和"写"需尤其重视。需要强调的是,这个"听"是只用耳不用眼,是闭目倾听,排除其他干扰,充分训练和发挥耳朵的功能。听完一个故事、新闻事件、演讲后,要求学生去转述、复述、概述、讨论、辩论,用"说"倒逼"听",用"输出"倒逼输入。

听读结合,最有效的方法就是"跟读"。可边听边"跟读"优秀播音

员的新闻播报、朗诵经典作品、优秀口语作品等,"跟读"时,要既听整体,又听细节;既听"术",又听"道";既"模听""榜样"声音,又"监听""自己"声音。

被世界公认的效率最高的学习方法——费曼学习法,其实就是一种主动的"读"完之后"说"的刻意练习,强调把读后所学"讲"给别人听,讲出来、讲清楚才是真正属于自己的知识。

"听说读写"任意两者之间都可以发生紧密的联系,但这四者之间并不只是以两两组合的方式发生关联,任意三者或全部四者,在播音主持教学实践中都可以根据教学内容巧妙地找到它们之间的对接点和循环链,这就需要教师运用智慧、热情和创造力还学生一个高效、丰富、有趣的真正的"大播音"课堂。

2."刻意练习",将"听说读写"训练任务化。

"刻意练习"法则是由美国学者安德斯·艾利克森研创的,其核心观点就是在好的导师指导下,走出自己的舒适区,有目标、有计划、有方法、有反馈地练习某项技能,坚持刻意练习,保证足够强度,并且专注投入,这样"新手也可以成为大师"。

"听说读写"综合能力作为播音主持专业学生的核心素养能力,并不是一触即得的,需要进行"刻意练习"。我们教师应当当好学生"刻意练习"的导师,将"听说读写"的"整合训练"和"分项训练"进行精心策划,使其目标化、任务化、量化。

如:央视主持人王春潇做的二十大的现场报道,十分值得学习和借鉴,可作为"听说读写"综合训练的优秀范本。播放第一遍,教师刻意让学生闭眼听,听完梳理报道的层次结构,用关键词做提示,并落在笔上;第二遍,进行"拉片式"随听、随停、随讲、随记、随讨论的方式,师生共同分析细节,包括内容构建、语句逻辑、句式特征、语气、节奏、重音、停连,以及语言形式背后的情怀与格局;第三遍,刻意"用眼阅读",观察主持人的眼神、表情、动作如何与现场环境、道具和报道内容自然和谐;最后,让学生放下笔纸、不看手机,去刻意"模仿",刻意"复述",然后教师进行点评与反馈。教师即兴的精准、细致、独到、一针见血的点评,也会给学生起到示范引领作用,榜样的力量不可估量。

3. 将"听说读写"融入各种具体情境,使播音课堂有声、有色、有趣、有味

播音主持教学中的"听说读写"训练,应从丰富多彩的生活中充分挖掘训练材料,并采取有趣的形式艺术地展开训练。如:随机播放一段音乐,小组成员根据音乐即兴完成一段脱口表达,还可加大难度,要求小组成员进行内容接龙,以锻炼学生的团队合作以及应变能力。又如:根据学习、生活中常见的不同口语表达场景,如:会议发言、面试、竞选、主持、新闻发言、日常生活交际等,进行具体场景的口语表达。另外,辩论是"听说读写"的综合表现形式,是训练学生听说读写能力的有力手段。课堂因辩论而"亮",因"辩论"而"活",因"辩论"而"美"。

4. 由"叫"学生表达,到"教"学生表达,实现"对话型"教学

"听说读写"实质上都是一种对话活动,"听说读写"能力实质上都是一种对话能力。"对话型教学"是变"叫"为"教"、变"注入式"为"主体式",为学生的创造性思维提供广阔的自由空间,实现学生由知识向能力、能力向潜力的转化。

如:教师给出学生提供口语表达所需观察的图片,给学生一定的观察、思考时间,然后计时,进行口语表达。"对话型"教学最重要的体现就是反馈和评价,教师要对学生的口语表达做精准、细致的点评,并就具体问题给出改进方案,还要总结学生的共性问题,给予宏观指导,教给学生读图的方法,如:如何观察图片的主光区和余光区,如何推测图片的拍摄视角、如何观察图片的色彩和光感、如何观察图片中人物或事物的细节,如何打通"五感"进行想象和联想,如何找准关键点查阅资料、挖掘图片背后的故事等等。学生看完、说完,教师评完、教完,学生再看、再说、老师再评、再教,这样就真正实现了"对话型"教学的效果。

5. 以思维训练为核心,学用思维导图

"听说读写"这四种能力之间,"思维"是他们之间的桥梁,教学中

应将"听说读写"有机结合，在思维能力基础上促成四种能力间的迁移转换。"思维"虽存在于人脑中，较为抽象，但却可以通过一些方式将思维痕迹外化和形象化，"思维导图"就是最好的形式。思维导图是由各层级关键词组成的图文并茂的思维工具，来协助记忆、增进创造力。它不仅能帮助学生总揽全局，掌握总体框架，还能显示细节，迅速跟踪定位某一要点。

总之，在"大播音"理念下，播音主持教学应将"听说读写"一体化训练融入"文化自信"、"语言运用"、"思维发展"、"审美创造"等学科核心素养上，使学生全面发展。愿"听说读写"综合教学回归本该属于的播音主持课堂，以助推播音主持艺术的育人新格局与新境界。

（作者系天津师范大学新闻传播学院播音系副教授）

自媒体视域下的主持人多维度培养思考

张大鹏

多年以来,大家对播音与主持艺术专业的教育充满关注和思考,其中一个重要命题是主持专业的主学科是什么?或者说主持艺术的创作手段、核心素养究竟是什么?此外,还有诸如播音与主持的内涵之争,主持人中心制是否能够实现等等追问。在答案尚无定论之时,新媒体和自媒体的迅猛发展改变了传播样态,使得之前的很多争论顿时失去了意义。我们需要面对新环境、新问题和新挑战。

所谓的新传播样态有广义和狭义两个概念。狭义的"传播样态",指具体的艺术形式,如传统的广播、电视、电影,新媒体中的微电影、短视频、短剧等等。广义的传播样态则至少包含三个要素:传播主体、传播媒介、传播受众。正是这三个要素作为核心变量在影响着传播样态的变化,从而体现为媒介环境的变化。

传播主体,也就是传播者,是信息价值与情感价值的主要制造者和发布者,是三者中的核心变量。落实到具体的节目生产,也就是该节目生产传播过程中涉及到的所有工作人员,其中播音员主持人是所有生产者中最容易被注意、被包装、被传播的部分。播音员主持人的人格化形象是传播链条中的终端呈现形式,也是传播主体的核心符号。但目前播音员主持人的专业环境和媒介生态与之前大不相同,创作方法和创作状态也迥然不同,对他们的管理、激励和培育更需要与时俱进。比如对他们的职业定位,某种意义上来说,不应把他们视为内容生产流水线上的一个作业工人,而应成为一个价值要素,成为生产与运营的重心或者中心,成为一个具有多元创造力的主体。

传播媒介,是指具体的艺术形式,这是最大变量。电视依然是影响力最大的传播媒介之一,但电视本身却遇到了市场难题。而未来几年内,受市场疲软、资本紧缩、消费不振等大市场环境影响以及 AI 技术的蓬勃发展,传统媒体的生存环境会更加困难,高度依赖原有体制机制的播音员主持人将不可避免地受到冲击。

传播受众,是三个变量中的最大推力。目前,传播受众呈现出四个主要特点:时间碎片化、审美多元化、体验个性化、评论粗鄙化。比如,观众既对艺术质量有追求,希望节目内容质量高;又希望播音员主持人能突破传统、具有"网感";既希望能看到老同志的沉稳大气,又希望听到新的声音;既希望能够保持传统媒体的权威性和庄重感,又想看到播音员主持人最个性化的一面。"我太难了"是传媒工作者的共同心声。受众分化严重、观点多元,这为我们的艺术创作带来了正反两方面的影响。

总之,我们现在面临的是一个媒介多元、受众分化、竞争加剧的新环境,这对于一线工作人员和高校教育工作者来说都是一个严峻挑战。

笔者在上海戏剧学院主持专业工作,主要从事《语音发声》和《电视新闻播音》教学,同时参与了大量新媒体数字音频和短视频节目的生产制作。教学、科研以及实践的同步推进,为我观察自媒体提供了一个新视角。根据 2023 年上海戏剧学院教务处教学质量办公室对毕业生的统计和访谈显示,2019-2022 年间,上海戏剧学院主持专业的毕业生中从事自媒体工作人数,占毕业生总数的近 1/4,其中 1/3 属于自主创业,每一个自媒体工作者平均带动就业岗位 4 个。同时,内容生产数量、平均收入水平明显高于传统媒体,参与的工作环节也拓展到了全产业链条。笔者通过大量实践和调研后认为:播音与主持艺术教学在进入传媒新时代之后,不应再局限于单一的艺术教学,而应该是一个由艺术、技术和商业三个维度构成的综合教学体系。其中,艺术是根本属性,技术是生产工具,商业是重要保证。在新媒体时代,三者缺一不可。

目前,开办播音与主持艺术专业的高校的教学主体都是围绕艺术能力进行的,所谓的差异化办学是在艺术风格上有所差异,对技术和商业维度的关注普遍较少。

首先来看技术。各高校的课程体系和培养方案中对技术内容的关注比较少。但科学技术的每一次进步,都会带来媒介市场的巨变。从文字到广播,到电影电视,再到5G网络,还有未来的元宇宙等等,传播技术的改变,必然带来传播形式的改变。信息的爆炸其实是传播渠道拓宽的表现,看似爆炸增长的新信息绝大部分不过是旧信息在新媒介上的重新上演或集中出现而已。面对同样的一则信息,我们的课程会告诉同学们在广播和电视两种不同媒介中应该如何制作;即便都是在电视上,那么在新闻和社交节目中该有何不同,也许还会告诉学生在不同的平台上,同样的信息该如何根据平台调性进行传播。但暂时还没有看到有学校在进行web3.0时代的布局,探讨在 AR、MR、XR 等技术条件下如何创建主持人形象,如何进行现实与虚拟的模拟互动? 智能语音以及数字人、中之人的驯化如何实施? 当区块链技术已经可以为我们的数字资产正式确权后,我们应该如何评估主持人的核心价值?如何定位主持人参与生产的方式方法? 可以说,我们对播音与主持艺术的研究整体落后于媒介技术的发展,主要是探索在既有媒介上如何做得更好。

商业思维教育则是播音与主持艺术教育更大的短板。原本的人才培养模式非常简单,我们培养的学生掌握了播音主持技能、进入传统媒体后,终于成为了他们梦想成为的播音员、主持人,同时也成为了庞大传播体系的一个终端环节,甚至仅仅是一个岗位、一个员工。而这个庞大的体系如何运营、资金怎样流动,用户能否维护等等,很多播音员主持人一无所知,既没有客观工作需要,也没有主观意愿,更没有机会参与其中。于是,校内校外,学生普遍对商业逻辑缺乏认知,甚至认为这不是播音员主持人需要掌握的内容。然而,当播音员和主持人以这样的姿态进入自媒体后,就成了跛脚鸭。实际上,商业思维的欠缺是大部分传统媒体工作者向自媒体转型时的最大障碍。自媒体要求创作者、制作者、运营者合而为一，艺术、技术、商业三个维度几乎是一股脑摆在面前。可传统媒体习惯了细化分工、坐等上游环节的到位服务后，很多工作者连基本的投入产出比、利润计算方式、用户运营、发行渠道等等都不甚了解，常常是"拔剑四顾心茫然"。

我们不能要求立志从事自媒体工作的学生只关注艺术水平，生产的内容叫好不叫座，这就没有发展动力；我们也不能要求学生为爱发电、无问东西，这种悲壮的审美形态在市场环境下难以为继。自媒体要求创作者本人就是一条完整传播链条，因此，我们有必要弥补学生的技术和商业思维短板。比如，进行自媒体创作时，学生最先面对的守门人是数据算法，也就是说，我们的第一观众通常不是一个个具体鲜活的人，而是一台机器和它的计算逻辑。算法会帮我们按数据运算结果贴标签、按细分赛道进行推送、按受众反馈决定曝光量、按商业收入决定合作方式。不同平台的算法各有差别，但底层逻辑全都一样。不懂得如何闯过算法这一关，不懂得怎么观看后台的核心数据指标，再好的内容恐怕都会打水漂了。懂得了算法逻辑后，上传时选择什么样的标签、如何确定自己的有效受众、如何对受众进行私域运营、话题的选择怎样才算贴近受众、节目改版有没有时间窗口等等具体的操作问题接踵而来，而这些操作技巧大都要在艺术创作基础上，参考技术和商业因素。大数据其实助推了文化创作领域的马太效应，资源向头部不断集中。目前各传播媒介、细分赛道的头部作品并不代表最高的艺术水平，但却具有良好的商业逻辑，或者在二者之间取得了良好的平衡。

补足学生的技术和商业短板的途径可以有以下三点：

第一，课程建设。在专业必修课和选修课中引入《人工智能技术概论与发展趋势》《媒介管理与运营》《品牌研究》等理论型和混合型课程，同时配套相应的实践要求。

第二，实践机会。通过工作坊、培养通道、产学研项目和学生实践基地等方式，让学生进行项目制实操。如上海戏剧学院主持专业与中央广播电视总台下属的新媒体平台云听、上影集团、科大讯飞股份有限公司、阿莱集团、松江融媒体中心等的合作,通过组合型课程、实习通道,使得大量学生在毕业前充分接触了一线工作需求,掌握了实操技能。比如2018级毕业生参与运营大型多媒体舞台剧《国士》;通过与学习强国的合作,让学生完成从策划到内容生产再到上线运营的全流程实践;通过对2022级新生的系统调查和沟通讨论,建立了针对音频市场的魔都电台播客群、针对短视频商业孵化的"艺术上海"等实验项目。

第三,比赛引领。形成大学生创业创新活动氛围,鼓励学生参与创作和运营。"互联网+"大学生创业大赛是打开学生思维与视野、熟悉媒介市场环境、提高综合素养的重要渠道。目前,上戏主持专业通过教师带队和辅导,连续获得上海市二等奖和国家级金奖。

当然,还有诸如项目申报、委培共建等方式进行人才培养,方式的创新不是问题,关键在于专业本身的推动力量需要形成。实际上,上戏在这方面已经进行了一些探索和尝试。

综上,我们不应再把播音员主持人定位为广播电视内容生产过程中的一个作业工人,而应成为一个价值要素,成为一个具有多元创造力的主体。同时,也能促进播音与主持艺术的教学内涵不断拓展,在行业的生产过程中起到真正的引领、推动作用。上戏主持专业也将继续遵循"品行正、基础厚、技能精、实践强"的高层次人才培养目标,践行习近平总书记"人人皆可成才的"的教育理念,实现科学、教育和人才三位一体的创新发展,为国家培养更多懂中国、知世界、善传播的意见领袖。播音主持专业的明天一定会更美好!

(作者系上海戏剧学院电影学院副教授、博士、硕士生导师)

学科理论研究

新媒体环境下主持传播者的胜任力考察

——基于参与式文化的研究视角

高贵武

就在几天前,央视正式对外发布了 2023 年《主持人大赛》开始启动的消息,这为我们播音主持人才培养的研究和教学提供了很好的研究对象。我基于上一次(2019)的《主持人大赛》,根据其在网络上的反映情况,通过分析一些网民在评论发言过程中间的弹幕关键词,来对新媒体时代主持传播者的胜任力考察,做一点分析。

播音员、主持人的能力问题之所以引起学界、业界的关注,与时代的变化、行业面临的状况以及危机压力有关系。对于包括播音、主持在内的社会许多行业而言,"焦虑"这个词是怎么都离不开。一方面,传统媒体的进人入口收缩,新媒体门槛降低,非专业的人士进到这个行业,增加了从业人员的多元化倾向,也对专业的发展和趋向形成了一定的影响。另一方面,媒体的环境也发生了变化,过去提到主持人的时候都是指"节目主持人"。但在新媒体的环境里,无论是社交媒体,还是新媒体的环境中,很少有人会说"节目"这个概念,节目概念的弱化和消失自然也会对其背后所关联的节目主持人造成一定影响。

这种焦虑当然也与技术环境的发展,特别是媒介最新技术的行业发展有关,比如数字人、虚拟偶像在大量的诞生,而且其市场占比和市场前景也已经显示出非常强劲的竞争力,这都对我们专业人才的培养提出了要求。今天探讨的核心问题是在这样的环境之下,播音主持专业的学科发展或者人才培养的核心竞争力到底在哪里? 这其实也是播音主持作为学科和专业在面向全社会或者面向全行业进行专业知识输出时所面临的问题。

《主持人大赛》举办过很多届,为什么2019年的大赛更引人关注?一是距上一次举办的时间较长。二是因为是在以上提到的问题和形势下举办的。在这样的环境下,传统媒体的主持人大赛是否能够像以前一样引起大家的关注或者引起大家对于行业的关注?

我想很多人应该都是带着这样的疑问来观看2023年《主持人大赛》的。这次《主持人大赛》不仅又创造了收视的高潮,甚至成为了一种文化现象,引起了各方面的关注和讨论,更重要的是引起了网民的关注和讨论。这样一个传统媒体的行业从业者,在新媒体的环境中间居然引起了数字原住民的关注,也从另一个侧面反映出这个行业在今天环境下的地位和价值体现。因此这无疑是一个非常好的研究案例。

基于以上原因,我的研究借助这个案例,考察传播者行业的职业胜任力。从科学角度来讲,职业胜任力的方法可以有行为实践访谈、组织专家小组讨论、问卷的调查。我选择的案例虽然和常用的这三种方法有一点点不同,但是这个案例仍然给我提供了非常好的契机。在节目播出的整个过程中,网络社区对它进行了广泛的讨论,这在某种程度上也具有小组讨论的特点。在新媒体的环境中,传播最重要的特点就是用户由原来的被动变成主动,甚至成为传播者和生产者,在已有的研究视野中,往往称之为参与式文化的一种体现。在变得主动之后,与过去相比,受众的要求有什么新的变化?其中的原因又是什么?传播由过去传者本位发展成受者本位的情况下,如何展开评价受众的要求变化?带着这些问题,本研究进行了相应的数据收集和整理。

首先,通过中央电视台主持人大赛在腾讯播出的节目,选择了12期进行弹幕抽取12000多条样本,经过数据的清理,最终选择了6000多条进行分析。在分析的过程中间也进行了一级指标、二级指标和三级指标的划分,围绕专业的特点,从语音发声、口语表达、形象造型、思想素质、文化素质和临场驾驭能力等其他方面进行编码。经过数据分析发现,口语表达在主持人的职业能力中间依然是最受关注,比如"神仙打架"等词汇经常出现在弹幕和讨论区。口语表达的形式、内容、技巧等关注度的不同,在某种程度上体现了受众"逐本舍末"式的能动性选择。从传播的角度来讲,教师对学生培养总是从形式和内容的角度做分析和引导,这中间预判内容为王的思路,在网民的反映中也关注到这一点,但因为网民本身的特点,似乎对于形式的东西关注度会更多一点。

其次,节目主持人社会关注度高。研究发现,在新媒体的环境之下,数字原住民还会关注传统媒体的主持人,并在他们中间有着非常强的影响力。但同时也出现一个新的特征,网民对于主持人的关注出现了某些"轻娱乐化"的网络特征,他们会关注以上提到的形式方面的东西,同时也关注到在传统的传播者看来是一些细枝末节的东西,甚至会体现出来一定的娱乐性,体现出较明显的"轻娱乐化"特征。分析过程中发现,受众对新闻节目主持人和文艺节目主持人的界限保持着清醒的敏感,他们对这两者的身份有清晰的认识。同时,他们对于两类主持人的混搭流露出浓厚的兴趣。例如,新闻节目中出现娱乐的特征,或者娱乐的节目中间体现出对于新闻的勾连,会让他们更感兴趣。网民对于主持人外在条件的关注,也体现出网民在关注主持人和行业与重外在、轻娱乐化的特征一脉相承。网民对主持人还是能够根据媒体的属性,对庄重、权威、信赖有着很高的要求。

在以上几类指标中,我们发现语音发声仍然是主持人胜任力的重要组成部分,行业的基础性、根本性的东西仍然是核心竞争力之一。另一方面,也说明现在的网民对专业核心力的专注和理解,表现出一定浅表化的特征。主持人的文化素质能力也受网民的关注,比如文化素质占 75.1%,学历占 85.3%,基本集中在名校、硕士和博士之间,这也体现出受众网民对于播音主持职业能够具有这样的学历或者文化素质的赞许,也就意味着某种肯定。

通过数据分析发现,在新媒体的环境之下,主持人的发展走向出现了与以往不同的特征,在浅观察或者重观赏的环境之下,外显化的职业能力更为关注和凸现。高频词图标再一次凸现出主持人群体的影响力,呈现出明显的"二八法"的分布,知名主持人的品牌影响力更加明显,打造真正的品牌是奠定同业竞争的有力条件。在今天的媒体特别是融媒体或者超级记者、超级媒体的发展中,对主持人能力的多方面,特别是对于新媒介的主持人来讲,国际传播方向上的特征和能力逐渐显现出来,也得到了网民的关注。

当然,我们也要理性地看待受众通过弹幕体现出来的对这个行业的评价、希望、认知和意见。在过去传统媒体环境下,受众是不可见的,于是对受众的意见往往都是从专业的角度去做的主观的臆测和主观的判断,但在新媒体环境中,受众不仅是可见的,也是主动的,甚至是参与到整个传播的过程中,对传播产生直接的影响,会一定程度上左右传播的进程和做法。这种现象,也在一定程度上为传播了提供了重要的依据和参照,提供了一种与受众沟通的便利。但我们也要理性看待以往专业研究发现在网民评价中没有得到重视的现象,我们专业的发展始终是由专业的精神或者专业趋向所决定。在新媒体时代,发展更是一个专业倡导和受众之间不断寻求职业共识的问题,不可能像以前那样完全凭着对于受众的主观臆测来传达给受众,这样不会被受众所接受。另一方面,也不能一边倒,完全满足受众的需求,甚至迎合他们的需要,这也不是作为专业的传播者所应该采取的趋向和态度。

当然,这些发现对我们专业、行业的发展和影响,以及在媒体与受众之间到底居于什么样的地位或者影响,还需要进一步地接受检验或者进一步追踪考察。

无论是传统媒体还是今天的新媒体时代,主持人都扮演着口语工作者的角色,意味着口语表达和语音发声所代表的语言能力,始终是行业能力的重中之重。在以往的教育中,教师在这个方面投入了非常大的精力。在今天的媒介环境之间,特别是媒介技术的发展对于这个行业所要求的某些能力多多少少会出现质疑的声音,比如大家说这种标准的发声,是否可以通过技术的手段来替代。但我们的研究发现,不管以什么样的形式来呈现,口语表达中语音发声所代表的语音能力仍是行业发展中的重中之重,我们的教师和同学在这一点上要有这样的自信和坚定。

另外,从业者内心要有真正的秉持,虽然受到泛娱乐化的影响,但仍然要基于节目的调性,以及主流社会的审美标准,来探寻受众喜闻乐见的主持风格。这个行业的从业者时刻要提醒自己,虽然注意力之于经济不可忽视,但是在内容生产和传播中间始终不能忘记那些真正有思想的东西,真正有内容含量的东西永远都会受到尊重和喜爱的。

作为个案研究,本人的这次研究还只是一种探索、一个切面,从胜任力或者核心竞争力的角度来讲,这个问题远没有那么简单。1973 年美国麦克利兰从心理学的角度提出胜任力冰山模型的素质模型,大部分职业的胜任力是潜藏在水面之下的,我们能够看到的行为、知识和技能只是其中的一小部分。大家在考虑学科能力、素养发展的时候,一定不要忽略隐藏在水平面之下更多的胜任力的因素,这中间就包括潜能、动机、个性、品质、自我概念等等,这应该是行业在未来发展中不断地去探索追寻的目标。

以上,我的这些观察和发现,作为播音主持职业表层行为和技能的东西,可能会为我们的职业胜任力培养带来一定的参考价值,但是面对研究中发现的现象或者问题,我们也要持有更加理性的态度。从未来真正适应媒体的需要和自我价值实现的角度来讲,播音主持专业应该坚持重在培养人格,重在培养人的全面发展的角度来进行更多深入探讨,这也就是我们这次论坛题目中所指出的"守正创新"。

中国人民大学新闻学院博士生乔秀宏对本研究亦有贡献

(作者系中国人民大学新闻学院教授、博士生导师)

从"培育接受"到"创造连接"：
数字时代的电视文化转向

董　健

作为 20 世纪最强势的大众媒体,电视不仅是构成人类社会信息网络的重要一环,更是塑造全球文化生态的主要媒介动力。一方面,电视以生动、丰富的视听符号实现了对已有全部文化类型的兼容,成为一种具有代表性的"打包文化"(packaging culture),①令人类的生活体验和价值经验得以拥有更高程度的可通约性,使得一种真正意义上的"全球文化"的整合成为可能;另一方面,电视也全面介入了不同国家和地区的人的身份认同机制,以其自身的媒介逻辑对传统的身份认同维度(如种族、性别)进行了持续不断的"改造",为后现代意义上混杂、流动、交叉的身份创造话语空间,②极其有力地塑造了人类社会的总体文化生态。

电视文化的演进始终受到媒介与传播技术发展的影响,这种影响在特定的历史条件下甚至是主导性的。例如,美国电视史家曾深入探讨过肯尼迪和尼克松在 1960 年参与的那场著名的电视辩论,并将直播技术的成熟作为电视的媒介逻辑深度介入美国政治生态的基础条件,因为正是这种技术使得同时、异地的视听符号共享仪式具有了真正意义上的物质形式,并对社会进程产生了实实在在的影响。③ 戴扬(Daniel Dayan)和卡茨(Elihu Katz)则以"媒介事件"(media events)这一概念作为卫星直播电视与社会文化进行连接的主要机制,并指出这种传播形式通过"竞争"、

---

① Elfriede Fürsich, "Packaging Culture: The Potential and Limitations of Travel Programs on Global Television", *Communication Quarter- ly*, volume 50, Issue 2, 2002, pp. 204-226.

② Chris Barker, *Television, Globalization and Cultural Identities*, Open University Press, 1999, pp. 36-38.

③ Sidney Kraus, "Winners of the First 1960 Televised Presidential Debate Between Kennedy and Nixon", *Journal of Communication*, Volume 46, Issue 4, 1996, pp. 78-96.

"征服"和"加冕"三种"脚本"为社会事件赋予历史意义。[①] 这些讨论为我们从媒介技术的角度理解特定文化类型的生成和流通机制提供了有价值的理论参照,也为我们在新的技术条件下对电视文化进行反思、重述和再理论化打下了经验的基础。

进入 21 世纪,数字传播技术获得了长足的进步,新媒介传播应运而生。数字传播技术的诞生同时催生了数字网络技术,两者结合促成了新的数字媒介网络形成。数字媒体网络的诞生自然成为时代的宠儿,也成了新媒体诞生的起点。物理器件组成的网络信息系统,使人类的传播实现了重大革新,网络媒介迅速成为与电视媒介同样重要,甚至有超越电视媒介趋势的新传播方式。它一举打破了纸媒、广播电视媒介单向传播的固有模式,实现了非线性的循环传播,完成了传播内容多元化的使命。快速迭代的网络技术革命又进一步推升了互联网传播的强度,把曾经占据传播主流位置的电视媒介传播逼入困境。

移动数字媒体无疑已成为主流的传播平台,信息的交互方式比起过去更为即时、快速,分担了很多观看电视节目的视频功能。由于网速带宽的限制,虽然它暂时还无法完全替代电视的部分功能,比如观看高清直播电视节目等,不过,随着互联网通信科技的发展,这一定不再成为问题。传统电视平台如果能做好有机融合与转型,以不同的终端方式进行全方位传播,这不但是挑战,也是再次焕发活力的绝好机遇。

电视的深度数字化转型过程,对于电视从业者来说或许是机遇和挑战并存的新工作环境,但对于电视文化本身则不可避免意味着整个知识体系和价值内核的变动。从行业发展的宏观语境看,新的技术条件意味着新的商业模式乃至新的政治经济学,[②]进而也就带来电视文化在总体性社会文化版图中的定位及重要性的变化。而从构成文化自身的符号

① Daniel Dayan and Elihu Katz, *Media Events: The Live Broadcasting of History*, Harvard University Press, 1992, pp. 15- 17.

② Gillian Doyle, "Digitization and Changing Windowing Strategies in the Television Industry: Negotiating New Windows on the World", *Television & New Media*, Volume 17, Issue 7, 2016, pp. 629-645.

体系看,数字信息生态也明显放大了静态图像和短视频的公共能见度,①从而对电视文化的叙事和表现体系提出了彻底的革新要求。这些不同维度的文化分析,令我们在理解数字时代的电视文化时遭遇理论的贫困,一些问题亟待解决:数字时代的电视文化的本质内涵究竟是什么? 应当如何从技术自身的属性出发对其内涵进行适切的理论化? 从个体发展和公共利益的角度出发,我们又应当如何去建设、引领数字时代的电视文化价值? 这正是本文要解答的问题。

一、从技术到文化:一种可供性分析

学界对电视文化和传播技术之间关系的研究,存在着技术决定论、文化决定论和技术文化共生论三种主流观点。它们尽管对技术在文化变迁中扮演的角色的本质属性有不同见解,但其概念框架却是较为相似的,均认同特定类型的技术和特定类型的文化之间存在着可辨析且有解释力的关系模式。②具体到当下的语境,既然"数字性"(digitality)是我们理解当下全球电视文化的主要技术条件,那么我们就不可避免要从数字技术自身的属性出发,对其可能产生的文化影响、培育的文化生态做出分析。对此,技术哲学领域的可供性(technological affordances)分析框架具有较好的解释力。

1. 可供性视角下的文化生产

所谓"可供性",意指技术可以令某种社会行为或实践模式成为可能的属性。这一概念最早出现于詹姆斯·吉布森(James Gibson)的《视知觉的生态学路径》(*The Ecological Approach to Visual Perception*)一书,其原始定义是"一个具体环境的可供性(affordances),就是它为动物提供(offer)的东西,它准备(provide)或供应(furnish)了什么,无论是好是坏⋯⋯它在某种程度上涉及环境与动物两方面⋯⋯它意味着动物

① Claudio Avendaño, "Television and Its New Expressions", *Revista Comunicar*, Volume 36, Issue 18, 2011, pp. 10–13.

② Max Weber, "Remarks on Technology and Culture", Theory, Culture & Society, Volume 22, Issue 4, 2005, pp. 23–38.

与环境之间存在着互补性（complementarity）"。① 这一定义是从生态学角度提出的，边界并不十分清晰，为后续的发展预留了巨大空间，吸引了很多学者对其做出阐释。

　　大约从 2000 年前后开始，这一概念被广泛运用于解释互联网技术与日常生活、日常文化的关系。研究者普遍认为，每一种技术都拥有自己特定的可供性，这些可供性"限制了（文化）被书写和阅读的方式"。② 在媒介研究范畴，这一概念多用于描述特定技术类型所具有的文化偏向，以及这种文化偏向可能培育或激励的新的文化形态。可供性分析框架将文化视为技术发展的后果（out-come），并尝试从一种总体性（holistic）而非线性（linear）的逻辑路线去阐释特定文化得以生成的机制。③ 有研究指出，数字媒体具有固续、复制、延伸、检索四大可供性，正是这些技术属性塑造了互联网时代的"情感公众"（affective publics），令文化开始以跟以往截然不同的方式与大众连接。④ 此外，也有学者在研究中发现，数字技术极大地动员了人的文化能动性，从而使得文化生产日益成为一种循环往复、协同性、反复自我更新的"再生产"机制；在这一机制下，传统文化权威被消解，文化生产的形式要素变得日趋重要，新的身份政治亦在大众参与的文化生态下形成。⑤

　　这些研究尽管关注的侧重点不同，但大致达成了三方面的共识：

　　第一，技术不是文化生产和消费的工具，而是文化的类型（genres）和生态（ecology）得以形成的形塑动力。这也就意味着我们必须以超

————————

① James Gibson, *The Ecological Aproachto Visual Perception*, Houghton Mifflin, 1979, p. 127.

② Ian Hutchby, "Technologies, Texts and Affordances", *Sociology*, Volume 35, Issue 2, 2001, pp. 411–456.

③ Lucas Graves, "The Affordances of Blogging: A Case Study in Culture and Technological Effects", *Journal of Communication Inquiry*, Volume 31, Issue 4, 2007, pp. 331–346.

④ Zizi Papacharissi, *Afective Publics: Sentiment, Technology, and Politics*. Oxford University Press, 2015, pp. 39–44.

⑤ Gina Neff, Tim Jordan, Joshua McVeigh-Schultz and Tarleton Gillespie, "Affordances, Technical Agency, and the Politics of Technolo- gies of Cultural Production", *Journal of Broadcasting & Electronic Media*, Volume 56, Issue 2, 2012, pp. 299–313.

越工具论和功能主义的观点看待技术在文化和社会变迁中扮演的角色。对此,罗贝托(Ramon Lobato)对跨国流媒体电视平台的分析颇具代表性。在他看来,应当以一种近似分析"国家"的视角看待数字电视文化影响,因为流媒体技术之于电视文化而言并不仅仅是传统电视内容的新型分发渠道,而且是"令视觉文化的符号得以流动的动员性资源",其最终使命在于"塑造新的文化地理学"。[①] 这一视角对于我们理解新型数字电视机构具有重要的认识论意义。换言之,只有将技术视为一种新的文化感知和文化版图的培育者,而非既有文化元素的传递渠道,我们才能真正在技术和文化之间建立有效连接。

第二,数字技术主要通过建立新的交换(ex-change)和交流(communication)的方式来重塑文化生产的主流机制,进而重塑人在文化中形成的关系以及社会在文化中形成的结构。这就是说,数字技术是通过制造多元类型的"连接"方式来实现对文化生态的重塑。以"连接"而非"接受"为主轴实现对于新的文化的有效组织,意味着研究者要形成一种有别于传统信息生态下"单向传导"的线性模式的理论化方式,将文化生产视为一个循环往复进行意义交换的过程。在电视研究领域,这种理论化方式意味着我们要时刻在"多平台环境"(multiplatform environment)这一重要技术特征观照下把握电视文化的属性和走向,在具体经验研究中厘清电视文化的意义是如何在不同平台和人以及不同平台之间的连接中被不断生产和再生产的。[②]

第三,情感(affect)业已成为我们在数字时代理解文化本质的重要维度,文化的情感转向并不必然意味着文化的生成和流变正在走向理性的对立面,但情感的逻辑不可避免将极大左右着数字时代文化版图的形成。将情感作为理解文化的重要维度,要求我们在更大程度上突

---

① Ramon Lobato, *Netflix Nations*: *The Geography of Digital Distribution*, New York University Press, 2019, p. 13.

② Raymond Boyle, "The Television Industry in the Multiplatform Environment", *Media*, *Culture & Society*, Volume 41, Issue 7, 2019, pp. 919–922.

破启蒙主义思想框架约束,实现对于"理性—感性"和"主体—对象"二元体系的突破。在数字技术环境下,情感不再意味着"主体性的迷失",而被更多研究者视为一种"新形态的自主性",所以数字时代的主体性哲学应当是一种"交叠的"(overlapping)身份政治,它不再以排斥纯粹理性之外的精神因素来维系自身的"纯净"。① 海明思(Clare Hemmings)就认为,互联网对人群的动员不是通过诉诸理性或利益实现的,而是通过制造"情感不协调"(affective disso- nance)和"情感一致性"(affective solidarity)来实现;在数字时代,各种类型的文化生产都是通过分享和传递共通情感经验的方式实现的,这种文化变迁的模式并不必然导向理性或进步,但的确能够折射出政策和制度中的一些问题。② 正是在这一思路的支配下,包括电视研究在内的整个媒介研究迎来了所谓的"情感转向"(the affective turn),研究者需要清晰地看到"情感作为一种驱动力在促进新的连接方式在电视文化生态下得以形成的过程中扮演的重要角色"。③

2. 数字电视的技术可供性

广义的"数字电视"其实是一个物质和观念的连续体(continuum),其内涵中既包括承载信息和文化要素的数字信号(digital signals),也包括文本与社会进行互动的数字连接(digital connec- tions)。④ 因此,当我们使用"数字电视"这个概念时,是同时在本体论和认识论维度上对其加以理解。数字技术可供性(digital affordance)是指,在新媒体数字技术赋权的作用下,可以为用户提供更为丰富的内容形态和内容服务的可能。

① Ali Lara,et al. ,"Affect and Subjectivity",*Subjectivity*,Volume 10,Issue 1,2017,pp. 30-43.

② Clare Hemmings,"Invoking Affect:Cultural Theory and the Ontological Turn",*Cultural Studies*,Volume 19,Issue 5,2005, pp. 548-567.

③ Patricia Ticineto Clough and Jean Halley,*The Afective Turn:Theorizingthe Social*,Duke University Press,2007,p. 160.

④ James Bennett,"Television Studies Goes Digital",*Cinema Journal*,Volume 47,Issue 3,2008,pp. 158-166.

电视从"新媒体"转变为"旧媒体"的过程精确地体现了媒介理论家麦克卢汉（Marshall McLu- han）提出的"媒介定律"：技术的发展必然带来媒介的新旧更替，但旧媒体不会就此消亡，而是会以新的社会角色适应新的技术环境，并获得新的文化重要性。[①]

20 世纪 60 年代，电视在西方世界刚刚完成普及时，指向的是整个社会文化生态的转型：社会活动的主要单元由机构和个人明确转向"家庭"，并带来了传统清教主义的回潮；大众对感官信息的接受和处理开始与其严肃的社会及政治行为产生密切关联，进而招致政治的媒介化；媒介文化借助单一标准的直播卫星通信技术实现对"本地"的超越，并带来了一种全球性的美学标准形成。因此，电视的上述"旧角色"实际上加速、巩固了人类社会的保守化，令人类社会原本基于印刷媒体的理性、本地性、多元性的文化生态逐步让位于文化的标准化。

数字时代的到来结束了电视作为"第一媒介"的地位。表面上看互联网技术的崛起及其对电视文化生产和接受模式的"改造"是一个颠覆性过程，但实际上，电视的由"新"到"旧"开掘了这种媒介文化具有的更加丰富的可能性。例如，数字电视依托于各种类型的私人化终端实现对观众的触达，就在实质上动摇了家庭作为组织人类行为的霸权结构的合法性；而不同国家和地区所采取的差异性极大的信号和传输标准，也意味着电视图像和叙事的全球流通正在面临比以往更多的阻碍，进而也就破坏了卫星直播电视时代"不出格"的美学标准。[②] 所以，我们多少有些惊讶地看到："沦为"旧媒体的电视其实反而获得了新的社会角色，成为文化保守性的挑战者，并在总体上指向了更加多元的文化生态。

具体来说，作为新媒体的电视主要基于两重可供性获得其新的文

① Marshall McLuhan, et al. , "Multi-Media: The Laws of the Media", *The English Journal*, Volume 67, Issue 8, pp. 92-94.

② James Bennett and Niki Strange, *Television as Digital Media*, Duke University Press, 2011, pp. 120-121.

化角色。

首先,数字电视以数字信号承载信息和文化要素,意味着这些要素在传播和接受过程中几乎不会因外部环境的干扰而出现衰减乃至扭曲,从而使生产者的本意得以最大限度被完整传递,这就构成了数字电视的第一重可供性——"保真性"(fidelity)。这一属性对于数字电视文化生态的形成无疑具有重要意义:一方面,保真性放大了视听传播符号的清晰度和精细度,令图像和声音以更加生动和细腻的方式呈现在观众的审美体验中,进一步强化了电视作为一种感官媒介的本质属性,并培育出一系列新的美学样态,加速了电视在视听形式上的"电影化";另一方面,保真性也巩固了电视对客观事物的忠实再现功能,令数字时代的电视文化始终具有鲜明的纪实色彩和奇观效应,这无疑有利于拓展人的认知边界,在更大范围上实现对客观世界的去神秘化(demystifica-tion)。在社会学家库尔德利(Nick Couldry)看来,这是一个"必要的祛魅"过程:数字符号对"原始意义"的保护无疑有益于破除媒体机构讲述的种种旨在固化自身文化权威的神话,并显著提升大众的文化能动性。①

其次,数字电视文本与社会进行互动的数字连接则意味着一种多终端、多形式、多线程的连接体系,这种连接体系使得"电视机"这一"霸权性"的接受终端失去排他性的优势,进而也就令电视节目体系固有的时间表不再有意义——在固定时间、坐在固定的位置(如自家起居室)收看被时间表规定的节目不再是唯一的接受方式,甚至不再是一种重要的接受方式。用电视理论家阿曼达·洛茨(Amanda Lotz)的话来说:数字电视令每个人都有能力创造自己的时间表,进而也就赋予了每个人创造自己的审美历史的条件。② 我们因此得以归纳出数字电视的第二重可供性——"可控性"(maneuverability)。这一属性将在三个维度上对数字时代的电视文化进行塑造:在人类行为(hu-man be-

① Nick Couldry, "Inaugural: A Necessary Disenchantment: Myth, Agency and Injustice in a Digital World", *The Sociological Review*, Volume 62, Issue 4, 2014, pp. 880–897.

② Amanda Lotz, *The Television WilBe Revolutionized*, New York University Press, 2014, pp. 56–77.

havior)的维度,观众对电视节目的接受方式更加多元,进而也就创造出更丰富的介入电视文化话语的路径,电视场域内出现前所未有的"众声喧哗",促进了电视文化的多元性;在政治的维度上,电视文化的公共性色彩将因精英电视机构的衰落而极大削弱,电视文化呈现出"个人化"的转向,甚至在特定的社会条件下出现民粹主义的倾向;在历史的维度上,数字电视的属性和气质与传统电视呈现出明显的断裂,"数字性"对"电视性"进行持续不断的话语挤压,最终令数字电视的文化完全失去自身的历史,并融入漫无边界、无远弗届的"数字文化"之中,这也就不可避免地给电视文化的研究制造了认识论的困境——它究竟是电视文化在数字时代的新形式,还是全球性数字文化向电视媒介领域的延伸?

可以说,数字电视的上述两重可供性为我们描述和解释电视文化在数字时代的转型过程设定了基本的概念框架。在这一概念框架下,我们看到了数字电视在启迪情感、培育观念和再现事实等方面具有的巨大潜力,也看到了公共性的文化气质是如何在数字化带来的个人化信息和审美接受中受到激烈冲击的。电视文化在数字时代体现出来的新倾向,必然呼唤着对新的文化法则和文化分析框架的探索。对于研究者来说,一项重要工作就是把握电视文化从传统时代向数字时代转向的基础逻辑,并基于对这一逻辑的生发和完善,设想一种好的、理想化的电视文化生态。

二、电视文化转向的媒介逻辑

文化理论家阿尔泰德(David L. Altheide)用"媒介逻辑"(media logic)这一概念来解释当代全球文化转向的技术驱动过程。在他看来,媒介逻辑就是源于主导性媒介的技术可供性、旨在为人的日常生活与社会语境进行互动提供模板(tem-plate)的认知框架;正是在这一框架内,新的实践模式、社会关系和文化秩序得以形成。[1] 作为一种媒介文

---

① David L. Altheide, "Media Logic, Social Control, and Fear", *Communication Theory*, Volume 23, Issue 3, 2013, pp. 223-238.

化(media culture),电视文化的发展演进当然要遵循电视的媒介逻辑,而这种逻辑的内涵就来源于前文分析的数字电视的可供性。在这一部分,尝试从历史的和比较的视野出发,对电视文化从"传统"转向"数字"的媒介逻辑做出分析,并对这一转向过程的文化后果做出归纳。

1. 传统电视文化:培育接受

总体而言,传统电视文化是以"培育接受"为核心诉求的,这是经典传播学涵化理论(cultiva-tion theory)的核心内容。这一理论认为,电视对人的影响是一个潜在的、长期的、培养的过程;在电视营造的媒介环境中成长的人,会形成一种强烈受制于电视媒介逻辑的观念和行为习惯,并在总体上体现出一种代际的共性。[1]当然,涵化理论发展的最初动因是20世纪70年代美国青少年暴力行为激增,而这些青少年恰恰是伴随电视成长的第一个世代(电视机在20世纪60年代初期完成家庭普及)。理论家们尝试通过对电视涵化机制的剖析,实现对视觉化的暴力文化的遏制。但"涵化"思路的影响显然超越了这种功能主义的理论初衷,学界开始严肃关注电视对人的行为惯性(而非具体行为)的"培育"机制,以及这一机制在更为宏大时空中的作用方式。

相当数量以"培育"为关键词对传统电视文化做出的系统研究来自美学领域。例如,有学者认为,电视美学与其他类型美学最本质的区别就在于其将审美者的接受行为作为审美经验的主要源头,这也就意味着有关电视的美学感知主要来源于"接受"这一物质性的行为而非电视文本,[2]这是媒介逻辑影响乃至支配文化逻辑的一个集中体现。当然,源于媒介环境学派的主流观点在认可电视美学是一种"接受的"美学的前提下,对其展开了激烈批判,认为电视所培育的非文字的、非

---

[1] George Gerbner,"Cultivation Analysis:An Overview",*MasCommunication and Society*,Volume 1,Issue 3-4,1998,pp. 175-194.

[2] James Zborowski,"Television Aesthetics,Media and Cultural Studies and the Contested Realm of the Social",*Critical Studies in Televi- sion:The International Journal ofTelevision Studies*,Volume 11,Issue 1,2016,pp. 7-22.

线性的、感观化的文化接受模式破坏了印刷媒介所推崇的理性思维,将人的情绪力量合理化,因此电视美学实质上是一种"幼稚的失序"(an infantile disorder)。① 而另一些研究者则通过援引巴赫金等理论家的观点,将电视美学视为"民主的美学"在当代社会的代表,这是因为电视对"接受"行为的培育意味着其美学的发展方向是"促进受众主体性的自由",而不是坚持文本对解读者的控制。②对于电视美学的上述价值判断虽然在态度上截然对立,但其基本逻辑是一致的,即"电视的文化能量……首要来源于其对特定的接受模式的培育"。③

以"培育接受"为生成逻辑的传统电视文化不可避免具有一种媒介中心主义的(medium-cen- tric)思维方式,而人的主体性是被忽视甚至压抑的。其潜在话语是:人必须通过将自身转化为"观众"这一相对于电视媒介的对象化身份,才能够获得通过电视的中介作用与实现互动的渠道。事实上,"观众"(audience/viewers)这一表述本身就体现了文化身份的被动性和非个性化。对此,美国媒介理论家米罕(Eileen Meehan)有过深刻的论述。在她看来,传统电视文化的生成逻辑是以掩盖观众的主体性"丧失"为前提的;电视作为现代社会的霸权性媒介,其自身的文化结构与现实社会的真实文化结构是"同构的",两者的顺畅运作都建立在人的能动性服从于(媒介)规则的霸权性基础之上。④ 从媒介理论的角度看,这正是传统电视文化是现代社会中最具代表性的保守文化(conservative culture)的基本原因,其对"接受"行为习惯的培育必然是以既有的社会文化惯例为框架的——这也是针对传统电视文化的政治经济学分析具有强大生命力的原因,"电视文化始

---

① Jason Jacobs,"Television Aesthetics:An Infantile Disorder",*Journal of British Cinema and Television*,Volume 3,Issue 1,2006, pp. 19–33.

② Thomas Docherty,*Aesthetic Democracy*,Stanford University Press,2006,pp. x–xi.

③ Lynne Joyrich,*Re-viewing Reception:Television,Gender,and Postmodern Culture*,Indiana University Press,1996,p. 112.

④ Eileen R. Meehan,*Why TV Is Not Our Fault:Television Programming,Viewers,and Who'sRealy in Control*,Rowman & Littlefield, 2005,pp. 201–205.

终是与家庭伦理、公司资本主义和保守价值观同行的"。①

2. 数字电视文化：创造连接

数字电视的技术可供性决定了传统的单向传导式电视文化生态已失去对自身得以存在的技术条件进行再生产的能力，从而使得电视文化发展的基本逻辑开始从"培育接受"逐渐转向"创造连接"。

所谓"创造连接"，既指电视文本与接受者之间连接方式的日益多元化，也指电视文化正在塑造一种类型更加丰富、互动模式更加复杂的社会关系网络。因此，"连接"在这里既是一种实际的文化后果，也是一种抽象的文化范式。前文提到，与自身历史相割裂的数字电视文化正日益被淹没在全球性数字文化的汪洋之中，而源于"电视性"的话语资源远不足以支持这种文化保持独特性并与其他文化类型竞争，因此，对于数字电视来说，不断创造连接就成为其维系自身生存的必然路径。

从全球数字电视行业现有的实践来看，"创造连接"的文化同时体现在以下三个层面：

在文本层面，数字化及至智能化的节目分发机制令小众的审美趣味也能因汇聚成足够在商业上盈利的长尾效应得到满足，电视节目类型和节目内容模式出现繁荣的发展，受众也拥有了对电视文本进行再阐释和再创造的更加强烈的意愿，电视文化的参与性（participatory）成色日益鲜明。② 换言之，电视节目的生产在理论上不再需要取观众品位的"最大公约数"，类别繁多的连接方式使得哪怕是传统意义上最"冷僻"的文化形式，也能因精准触达目标受众而形成自给自足的市场，观众由此而摆脱了"大众品位"文本的束缚，其文化生产意愿和动力均得到了极大提升。这在中国网络电视剧所激发、培育的数字粉丝

---

① Philip Green, *Primetime Politics: The Truth about Conservative Lies, Corporate Control, and Television Culture*, Rowman & Littlefield, 2005, p. 150.

② Michael A. Stefanone, Derek Lackaff and Devan Rosen, "The Relationship between Traditional Mass Media and 'Social Media': Reali-ty Television as a Model for Social Network Site Behavior", *Journal of Broadcasting & Electronic Media*, Volume 54, Issue 3, 2010, pp. 508-525.

文化中得到了深刻体现,如《陈情令》这样根本无法在传统电视渠道播出的亚文化题材网络剧,极大地激活了原本封闭的粉丝社群的文化创造力,在整个社会的文化生活中产生了巨大影响。这种影响可能是建设性的,也可能是解构性的,这取决于研究者站在什么角度去评判;但从"不可见"到"可见",已经彰显了整个文化的生产逻辑的转型。

在机构层面,以 Hulu(由美国主要电视网合股成立)、芒果 TV 等为代表的新兴数字电视机构,或脱胎于传统电视网台体系,或与传统电视生产和评价体系保持着密切的亲缘关系,其对流媒体和大数据等先进视听传播技术的采纳,实质上扩大而非压缩了电视文化的消费者规模,在很大程度上解决了长期困扰传统电视行业的诸多问题(如观众老龄化),在空间的(spatial)和代际的(generational)两个维度上扩大了电视(视听)文化的影响。一项深入的案例研究指出,所谓的"Netflix 效应"体现在三个关键词上:青少年、沉浸式观看、按需点播——这实际上体现了数字电视对传统电视与社会之间连接方式的优化。[1] 青少年意味着观众的年轻化(因而也就意味着节目商业价值的提升),沉浸式观看塑造出更加深入人心的机构品牌,而按需点播则完全是一种有别于传统电视几乎完全依赖广告生存的新的盈利模式。因此,我们看到一个多少有些令人惊讶的现实:电视网/台逐渐失去影响力,但电视的文化反而变得更加强大。

在受众层面,人们与数字电视文化的接触和互动可以在多个终端实现,而不同终端往往对应着不同生活场景和不同私密程度,这就给了人们丰富而多元的接受选择,电视文化不再"必须"是一种与起居室和家庭关系紧密捆绑在一起的文化,而拥有了无穷的可能性。电视理论家格罗宁(Stephen Groening)将电视在数字时代的文化角色转变描述为"从'世界剧场里的一个盒子'到'全世界都是你的起居室'",就揭

---

[1] Sidneyeve Matrix, "The Netflix Effect: Teens, Binge Watching, and On-Demand Digital Media Trends", *Jeunese: Young People*, *Texts*, *Cultures*, Volume 6, Issue 1, 2014, pp. 119-138.

示出智能手机这种便携通信设备成为电视观看终端给电视文化带来的革命性影响。[①] 归根结底,面对数字电视对多元类型"连接"的创造,观众是最直接的受益者:他们不但将自身从传统的"媒介—受众"关系模式中解放出来,拥有了新的"行动者—网络",而且也在数字技术生态下获得了一种传统环境无法赋予他们的新型自由。

上述三个层面的文化转向,共同聚合为数字电视文化的基础媒介逻辑:在数字技术可供性的支持下,电视通过不断创造新连接的方式,锚定并巩固自身作为人类重要认知中介的角色,并在适宜的社会条件下实现内容、形式和美学的创新。而这一媒介逻辑制造的电视文化转向,也因"电视"强大的认知影响力而产生了显著后果。

3. 文化转向的后果

从目前全球电视业的前沿实践经验来看,从"培育接受"到"创造连接"的文化转向是以相当顺畅的方式实现的,这与其他媒介文化在数字化转型过程中经历的矛盾和撕裂截然不同。为何电视文化能够顺利实现这一过程?这与电视的媒介逻辑之间又有什么关系?

要回答这一问题,我们首先须看到这一文化转向完成的后果:全球电视业解决了积存多年的结构性问题,有效提升了产业效能,极速扩大了受众规模,并实现了以"多屏"为形式的"遍在式"可持续发展。正如有学者指出的:摆脱了"遥控器控制"的无谓战争之后,电视终于将自身从陈旧的"起居室权力结构"(the power structure in the liv- ing room)中解放出来,迎来了建立在每一个体能动性基础上的文化新生。[②] 而从上述后果中我们又不难得出如下判断:一方面,电视文化的数字转型其实顺应了电视媒介跨越自身发展障碍、优化全球行业结构、实现在新

---

① Stephen Groening, "From 'A Box in the Theater of the World' to 'the World as Your Living Room': Cellular Phones, Television and Mo- bile Privatization", *New Media & Society*, Volume 12, Issue 8, 2010, pp. 1331-1347.

② Ellen Seiter, et al. , *Remote Control: Television, Audiences, and Cultural Power*, Routledge, 2013, pp. 89.

历史条件下持续生存的需求,因此从"培育接受"到"创造连接"并非电视媒介被动进行的发展调整,而是全球电视行业以及电视从业者主动做出的集体选择;另一方面,电视文化的成功转型也得益于电视长期作为"第一媒介"所积累的雄厚文化资源,这种资源在适宜制度条件下可以迅速转换成新的观念和实践。并且,电视行业也具备承担试错成本的经济实力。① 我们要看到,无论在国营、公营还是商营体制下,电视及其设定的视听语言规范始终是个人和组织获取注意力文化资本的最主要途径,这种生存逻辑其实与数字时代的媒介文化没有本质区别,因此电视文化的实践者能够迅速适应数字时代更趋白热化的注意力竞争,并借助自己雄厚的历史积累顺畅地完成上述转向,赢得文化上的新生。

当然,我们对于电视文化从"培育接受"到"创造连接"的转向也要保持审慎的反思态度。连接的多元和个人化既意味着僵化的传统电视文化体系的破产,也意味数字电视文化的气质在总体上的反公共性。传统电视通过对特定品质文本的工业化生产来"培育"合乎主流文化规范的人的行为习惯和思维模式的机制,固然是一种电视精英将自己的价值观强加于大众的霸权,②但我们无法就此认定巴赫金式的个体狂欢在当下就是一种更优的文化选择——诺里斯(Pippa Norris)和因格尔哈特(Ronald Inglehart)的研究即表明,在当下的全球政治生态下,文化发展最主要的敌人是与威权主义相结合的民粹主义而非精英主义。③ 这实际上是很值得深思的。而且,更重要的是,"多元的连接"也并不必然导向多元的社会关系,因为在平台资本主义迅猛发展的当下,我们很难证明这些连接方式中哪些真的指向了新的交流模式,哪些又不过是在复制既有交流模式的同时,为跨国高科技公司对日常生活的

① Jeffrey P. Jones, *Entertaining Politics: New Political Television and Civic Culture*, Rowman & Littlefield, 2005, p. 187.

② Todd Gitlin, "Prime Time Ideology: The Hegemonic Process in Television Entertainment", *Social Problems*, Volume 26, Issue 3, 1979, pp. 251—266.

③ Pippa Norris and Ronald Inglehart, *Cultural Backlash: Trump, Brexit, and the Rise of Authoritarian Populism*, Cambridge University Press, 2018, p. 6.

数据殖民添砖加瓦而已。彼斯特斯(Patricia Pisters)即在其论述"数字屏幕文化哲学"的著作中指出,数字影像的文化所制造的其实是一种"错觉的接受"和"虚假的权力",数字技术将电视文化旧有的层级体系进行形式上的扁平化改造,令大众产生了一种自身获得与传统机构生态(如以公司为主要组织形式的数字媒体平台)分庭抗礼的能量的幻觉。① 这种盲目的乐观精神在更多时候成为公司逻辑的帮凶而非破坏者。这也提醒我们,在对文化的转向过程进行基于媒介逻辑的分析时,要准确把握媒介逻辑与商业逻辑、政治逻辑之间的互动关系。若非如此,我们的思考就会落入技术决定论的窠臼,出现非语境化的谬误。

三、理想的电视文化是什么?

什么样的电视才是好的电视? 这是很多电视理论家和研究者都会追问的问题。这个问题之所以必要,是因为电视在长期作为"第一媒介"的机构和文化定位中业已拥有超越自身符号和意义体系的影响力,成为人类认识外部世界的一般性中介环境。在某种意义上,电视就是外部世界,它不但为发生在世界里的种种事件赋予意义,而且也界定着我们对外部世界进行评判的价值和美学标准。正如电视理论家格尔顿(Kristyn Gorton)所指出的:好的电视"既要让人类情感得以在流行文本中得以彰显和抒发,也要让大众获得关于自己观察到的事物的美学和批判性判断"。② 电视文化研究和电视理论的发展,必须拥有一种明确的规范性面向——既有对实践范畴何为对、何为错的规范,也有对整个理论体系该如何想象和建构关于总体文化的"应然"面貌的规范。这应该既是电视研究学界的理论自觉,也是电视文化实践者的行为自觉。而我们对电视文化转向过程的描述以及对支配这一过程的媒介逻辑的分析,最终的落脚点仍在根植于当下的历史条件,设想乃至建构一

① Patricia Pisters, *The Neuro-Image: A Deleuzian Film-Philosophy of Digital Screen Culture*, Stanford University Press, 2012, pp. 75-83.

② Krystyn Gorton, "A Sentimental Journey: Television, Meaning and Emotion", *Journal of British Cinema and Television*, Volume 3, Is- sue 1, 2006, p. 72.

种更理想的电视文化。若非如此,电视文化理论乃至整个媒介理论都会因回避历史而陷入枯竭。

英国电视理论家达尔格兰(Peter Dahlgren)在一本影响力深远的著作中对电视文化的基本价值追求做出了归纳并赢得广泛的共识,本文对此持赞成态度。其中最重要的有三点:第一,倡导民主,即电视文化的发展应当致力于建立一种平等、普惠性的信息和知识生产体系,并在符号和价值层面为一种理想化的民主社会形态提供镜像。第二,塑造公民身份,即电视应当以优质、教益的内容为合格公民的行为和态度做出示范,潜移默化地引领大众向负责任的公民身份转型。第三,捍卫文化的公共性,即电视文化的发展应当始终以维护和合法化公共利益(public interest)为鹄的,在日常生产和流通实践中保持对资本和权力的警惕性。① 达尔格兰是在电视媒介影响力如日中天的20世纪90年代初做出上述归纳的,他的目标当然是对彼时英美电视文化的过度娱乐化、去政治化和商业化倾向进行批判;但我们不难发现,尽管整个电视行业已经全面迈进数字化的新时代,尽管全球电视文化已经顺畅完成了从"培育接受"到"创造连接"的历史转向,上述问题却始终存在于电视生态的机理中。无论中外,无论商营还是国营体制,电视仍首要是一种回避公共性议题、浮躁而琐碎、对既定社会结构缺少反思(遑论批判)的文化。这也就意味着,在数字时代设想一种理想的电视文化,仍然要不断回归电视研究(televi-sion studies)作为一种理论传统的"初心",将"重建公共性"作为文化建设的核心思路和终极目标,不断对数字电视种种隐含的"技术—文化偏向"做出批判性考察。

基于前文分析,本文认为,对于"重建公共性"的思路与目标,可以从三个方面进行理论探究工作:第一,我们要不断检视数字电视所创造的新连接形式背后的政治经济学,坚持以一种合乎公共利益(public in-

---

① Peter Dahlgren, *Television andthe Public Sphere: Citizenship, Democracy andthe Media*, SAGE, 1995, pp. 100–117.

terest)的文化标准,不断对再现电视生态的种种话语征候做出反思,尤其要看到跨国数字平台和公司资本主义在"新连接"形成中所发挥的多数时候是隐性的作用,并保持对新兴数字电视机构数据殖民倾向的警惕。第二,我们要继承传统电视时代的诸多行动遗产,"在数字化未来重新发明公共电视",①坚持在体制、机构和日常生产实践层面推动公共性理念对电视文化的深度介入,抵御个体化的连接场景中可能存在的价值虚无和民粹主义问题,倡导数字电视充分发挥其"多元连接"的技术优势,推动对重大社会问题的实质性解决。第三,我们要在理论建设工作中不断吸纳技术哲学和媒介环境学的前沿思想,在总体性、生态性的认识论路径上对全球电视文化进行反复理论化,以实现对功能主义和技术决定论的同时超越,探索建立真正有解释力的"技术—文化"电视研究理论体系。

有历史学家将电视称为"20 世纪人类最伟大的发明",②这固然是过于绝对化的"溢美之词",却也准确地揭示出电视媒介在构建集体认知、塑造社会关系、开创文化传统等方面扮演了无可替代的角色。电视及其代表的思维方式已经成为人类精神世界一个不可或缺的组成部分,这一现实并不会因数字时代的到来而改变。人类需要学会如何与数字电视和谐相处,通过对其进行浸润着公共性理想的话语和政治的"驯化",打造面向未来的"人—屏幕"文明。这项工作方兴未艾,有待越来越多学人付出经验和智识上的努力。

本文刊载于《上海师范大学学报》哲学社会科学版,2021 年 3 月。

(作者系上海戏剧学院电影学院副院长,教授)

---

① Mary Debrett, *Reinventing Public Service Televisionforthe Digital Future*, Intellect, 2010, p. 1.
② Gary Edgerton, *The Columbia History of American Television*, Columbia University Press, 2007, p. 117.

论音乐节目主持的问题和出路

渠　成

以时间和空间计,在全国范围内,音乐节目主持存在问题之多,且时间持续之久、影响范围之广,令人难以想象。

笔者从音乐节目主持人构成和培养、音乐节目主持人和受众音乐欣赏层次、音乐节目主持人素养构建和修养提升三个方面,尝试找出问题,提供解决方案,并提出未来发展的出路。

第一节　音乐节目主持人构成和培养

2015 年 7 月,广电总局公布截止 2015 年 6 月,全国县级广播电视播出机构及频道频率名录以及地级以上广播电视播出机构及频道频率名录。

据统计,全国县级广播电视播出机构共计 1998 家,地级以上广播电视播出机构共计 517 家(地级以上电视套数共计 1191、广播套数共计 2146)。

以此估算,目前全国在岗的音乐节目主持人数以万计。

一、音乐节目主持人的构成

音乐节目主持人的来源非常广泛,构成复杂。

概括起来,有这几个方向:

一、播音主持专业院校毕业

播音主持专业院校毕业是音乐节目主持人来源的主要方向。

从播音主持专业院校毕业的学生担任音乐节目主持人,最大的好处是语音面貌优良,声音经过专业训练,播音主持基本功相对扎实。

比如，从具备传统人才培养优势的中国传媒大学播音主持艺术学院、浙江传媒大学播音主持艺术学院、上海戏剧学院播音主持艺术专业等院校毕业的学生，进入中央和各地方广播电视台担任音乐节目主持人，在声音、语言和播音主持样态体验的把握上的优势非常明显。其中，不乏音乐爱好者，甚至有在学播音主持之初就立志将来当音乐节目主持人的学生。

这类院校毕业的主持人中，1987年从北京广播学院播音系毕业的方舟（播音指导，上海广播电视台播音主持业务指导委员会主任）是杰出的代表，被公认为音乐节目主持的典范。

二、音乐专业院校毕业

从音乐学院或综合大学音乐学院毕业的学生担任音乐节目主持人的也很多。上海音乐学院就出了非常多的、好的音乐节目主持人，比如作曲系毕业的韩磊、李嘉等。

从音乐专业院校毕业的音乐节目主持人，虽然在声音、语言上不占特别大的优势，但音乐专业理论和技能素养是他们的强项，甚至有些主持人还创作器乐四重奏这种艰深的四部和声作品。这部分人群的音乐专业能力是毋庸置疑的。客观地讲，广播电视台应该提高这个方向的人才引进占比。

三、非艺术类专业普通高校毕业

还有很多音乐节目主持人，从非艺术类专业的普通高校毕业（注：普通高校也可能有艺术类专业），学的是跟艺术无关的专业，但一样凭借自己的天赋和经过自己的刻苦努力，考入广播电视台担任播音员主持人，进而主持音乐节目。

上海广播电视台的林海，就是典型的例子。他毕业于华东师范大学旅游专业，但依凭从中学起就喜爱播音主持的热情、执着和天赋，大学毕业后，被上海东方广播电台录取，担任音乐节目主持人。期间，曾为著名歌手李泉演唱的歌曲作词。

作词，与写诗不同。写诗，主要是为了看，当然也会被朗诵，而成为有声语言;而作词,主要是为了听,除了讲究歌词的品位和意境,还特别讲究"腔词啮合"的技术,目的是为了非但让人听得明白,还啮合着旋律唱出来好听。而林海很好地做到了这一点,非常出彩!

四、比赛遴选

通过比赛遴选,也是广播电视台招募音乐节目主持人的惯常方式。

全国各地的广播电视台经常举办各种播音主持比赛,其中包括所举办的音乐节目主持比赛,目的就是遴选好的音乐节目主持人。上海东方广播有限公司一年一度的"明日之星"比赛,就是向社会发掘播音主持新人的非常成功的例子。播音主持新秀晓君、丁丁等,都是通过这个比赛脱颖而出,并且都担任了音乐节目主持人,目前干得风生水起、红红火火,节目收听率和市场占有率连续名列受访和被调查区域前茅。

在上海广播电视台举办的"名优新"播音员主持人评选中,晓君继荣膺首届播音主持新秀之后,又斩获优秀播音员主持人奖;丁丁更是蝉联十大名播音员主持人称号。

五、广播电视台内部挖掘和调整

广播电视台内部播音员主持人的岗位流动并非死水一摊,会根据其个人爱好、特长以及本人意愿,结合岗位需要和分工,重新进行选拔调整。很多播音员主持人在担任别的类型的节目播音主持工作多年后,转岗到音乐节目主持人的岗位上。还有很多从音乐学院毕业,但长期担任音乐编辑的人员,经声音、语言的培训,考核通过后,走上了音乐节目主持人的道路。

上海广播电视台东方广播中心经典频率的王萍,就是很好的范例。从上海音乐学院毕业的她,本来做的是音乐编辑工作,但经过上述的培训和考核,并依凭其出色音乐专业素养,成功地担任了音乐节目主持人。

六、社会公开招聘和个别选聘

各地广播电视台一直有通过社会招聘来选拔音乐节目主持人的传统,比如,有些工矿企业、大专院校广播台、电视台的业余播音员,具有基层广播电视播音主持的经验,具有、具备担任专业播音员主持人的愿望和潜质,经过公开招聘和个别选聘,被选拔成为音乐节目主持人的也很多。

七、社会兼职

还有一些歌手、音乐制作人、乐手、音乐教师等,经各地广播电视台筛选,其利用闲暇时间,定期或不定期地在某档或多档节目担任音乐节目主持人。

有些非音乐专业或职业的作家、诗人、社会名流,也会定时或不定时地担任音乐节目主持人,甚至听众或观众也有机会偶尔出现在这个岗位上。

以上是广播电视台音乐节目主持人来源的大致方向。当然,这并不能完全涵盖其来源。

二、音乐节目主持人的培养

音乐节目主持人承载着陪伴受众和润物细无声地影响受众音乐欣赏能力的任务。

这里的影响,既有正能量的影响,也有负能量的影响。基于此,对音乐节目主持人的培养方向的选择至关重要。

一、播音主持专业院校开设音乐节目主持专业

需要指出的是,播音主持专业和音乐专业是不同的专业,一般节目播音主持和音乐节目主持也是不同的岗位。虽然就目前而言播音主持专业涵盖了音乐节目主持专业,但如果仅这样考虑问题,则失去了专门开设音乐节目主持专业的动因。

独立的音乐节目主持专业的教学尚无定尺,其理论和实践罕闻研究和开展,目前只能两个专业都教都学,还没到明确地在教和学音乐节目主持专业的境地。这需要先解决从无到有的问题,再逐步摸索、完善、提高。

推而广之,每个学生的志向、爱好、意愿、能力不同,播音主持作为

专业公共基础课程而存在,其必要性和重要性不言而喻,但毕竟学生的择业岗位方向存在显著差异,因此,细分化的培养模式应当被提上议事日程,并应被认真设计、规划、执行。比如,可以在开设独立音乐节目主持专业的基础上,总结经验教训,择机开设独立体育节目主持专业、财经节目主持专业等等。

由于传播的内容不同,受众必然需要细分化的、具有专业知识和技能背景的主持人来承担传播任务,而不应由用"万金油"般千篇一律的传播方式以及专业知识和技能经不起深究、推敲的主持人来承担。

实际上,播音主持专业院校在教学过程中,也进行了主持方向的细分尝试,但并不彻底,没有旗帜鲜明地开设独立主持专业。

所以,可以考虑在具备传统人才培养优势的中国传媒大学播音主持艺术学院、浙江传媒大学播音主持艺术学院、上海戏剧学院播音主持专业等院校率先开设音乐节目主持专业。

开设此专业的方式方法可以灵活多样。

1. 全阶段同步教学

从招考伊始,即明确培养方向,让有志于此的考生清晰了解和明确把握未来择业岗位,从而有针对性地培养音乐传播人才。这种独立专业设置的目的,是全局、通盘地对学生进行播音主持和音乐专业能力训练,两种能力的培养同步进行,而非交叉进行。学生除了要满足声音、语言、形象等播音主持要求外,还必须具备较强的钢琴等器乐演奏能力,掌握基础乐理,视唱练耳达到一定水平,并且热爱音乐主持,择业岗位方向明确。

在课程设置上,绝不是主要教播音主持,请音乐教师补几堂音乐欣赏课那么随性和简单,而是对学生既进行播音主持专业的系统训练,又进行音乐专业理论知识和技能的传导和培养。

院校有既能教播音主持又能教音乐理论和技能的教师最好,如果缺乏,可以招聘从专业音乐院校毕业的人士教授音乐理论和技能课程。

万事开头难,但一旦形成规模和特色,播音主持专业院校培养播音主持和音乐节目主持复合型人才的优势将会极大地集聚、展现和扩散，对各地广播电视台的音乐节目主持而言，则打破了高端复合型人才匮乏的困局，最终受益的广大受众。

另外，由于两个专业相加的课程压力较大，对学生提出了很高的忍耐和相持要求。而坚持高标准、严要求的院校所培养出来的学生，将具备极强的播音主持专业和音乐主持专业的综合能力，毕业后必将炙手可热，定为各地广播电视台所垂青。即使以一般成绩毕业的学生，经过本科两项专业能力的训练，相较于目前在岗的音乐节目主持人的专业音乐素养，优势也相当明显。

2. 分阶段独立教学

这是播音主持和音乐专业教学不同步进行的模式。

开启这种模式，盖因复合型师资的缺乏，社会和传播界、教育界尚未形成音乐节目主持人才培养的共识，也缺乏紧迫感，只能分步到位。

这种模式的具体做法是：大学期间，学生在播音主持专业和音乐专业前后各学等长的时间，互不干扰，或前学播音主持、后学音乐，或前学音乐、后学播音主持。各学等长时间，并不意味着在学一个专业时对另一个专业的彻底隔离，而是可以在学本专业时结合另一专业相互借鉴、融会贯通。

采取这个模式，既是对师资缺乏和难以统筹安排的融通，也是对目前尚无独立音乐节目主持专业但各地广播电视台急需大批人才的妥协，聊胜于无，毕竟学生还是经历了两个专业的正规训练，综合能力不言自明。

以上两种做法，音乐专业院校亦可复制。如能这样，再好不过！

如果上述开设音乐节目主持专业的构想得以实施，通过经年累月的探索和积累，具备条件的院校甚至可以进一步开设针对性更强的诸如流行音乐节目主持专业、经典音乐节目主持专业、民族音乐节目主持专业等等，学生经过规范的播音主持和音乐专业的基础训练后，再精准地、细分化地学习不同音乐门类的音乐节目主持专业。相信，受过这种训练的学生毕业后,会被各地广播电视台疯抢。

二、不开设独立音乐节目主持专业的解决方案

就目前而言,具备、掌握开设独立音乐主持专业能力和资源的院校并不多。但这是否意味着别无通路? 答案是否定的。

1. 播音主持和音乐本硕连读

播音主持专业院校和音乐专业院校都可以考虑让学生在本科期间读播音主持或音乐,而在读研期间反之。

相较于"分阶段独立教学"的好处,是能夯实学生本科专业基础,进而在第二专业实现研究方向的定位。但前提条件是,这样的学生要具备学习两个专业的相当基础和潜质。

2. 播音主持和音乐就业后本硕续读

对于想要先就业的毕业生而言,可以在接受完本科教育后先就业,紧接着读研或工作一个阶段后读研。

这样做的好处是,先解决就业,再择时择机进一步深造。

这部分人既可以在职读研,也可以留职脱产读研。

这种模式下,学播音主持专业和音乐专业的先后顺序,可由学生自由选择。

三、广播电视台和院校联动委培

各地广播电视台和院校联动委培,可以采取两种方式。

1. 广播电视台保送学生

各地广播电视台认为具有、具备音乐节目主持培养价值和潜质的学生,可委托播音主持专业院校或音乐专业院校代为培养,接受正规教育,毕业后由各地广播电视台录用,担任音乐节目主持人。

以往的现实是,院校培养后毕业的学生,各地广播电视台未必觉得适用,而各地广播电视台认为具有培养价值和潜质的学生,却未必符合院校的招生条件。

学生的培养,应当以各地广播电视台的现实需求为导向,以受众的需求为出发点。所以,这样做的好处是打破学生由院校决定是否符合

培养条件的传统。

各地广播电视台可以与委培学生签订委托培养协议,约定培养目标、期限、不回委托培养单位就职的违约责任、赔偿金额、竞业禁止等条款,以确保学生毕业后回委托培养单位工作。

2. 广播电视台保送在岗主持人

各地广播电视台可以内部挖潜,被认为具有、具备音乐节目主持培养价值和潜质的在岗主持人,可以委托播音主持专业院校或音乐专业院校代为培养,毕业后回原单位担任音乐节目主持人。

这样做的好处是缺什么补什么,方向明确,针对性强。

各地广播电视台可以与委培员工签订委托培养协议,约定培养目标、期限、不回原单位就职的违约责任、赔偿金额、竞业禁止等条款,以确保员工委培结束后回原单位工作。

以上,笔者分析了音乐节目主持人的构成和现状,并提出了解决方案的构想。

因为音乐节目主持人传播的内容和方式必将影响受众对音乐欣赏的层次,所以,在此呼吁各地广播电视台、专业院校、音乐节目主持人、有志于此的学子和社会各界,要从音乐节目主持岗位工作的本质属性是传播,音乐节目必须传播音乐本身,主持人应当在其节目所涉及的知识和技能领域具备与任何专家坐而论道的能力的高度,来深刻领会和把握音乐节目主持人岗位工作的重要性。

音乐节目主持人唯其构建自身音乐知识、技能素养和提高文化艺术修养,才能引领受众欣赏层次的提升,才能对得起眼前的话筒和广大的受众!

第二节　音乐节目主持人和受众音乐欣赏层次

有人断言:"艺术的最高境界是抽象,抽象的最高境界是音乐"。

这话有点绝对,但也不无道理。

试想:图像画面看得见、摸得着;而音乐作为一种物质,随时间轴而流动,听得见,但看不见、摸不着,却能深深地打动你,让你产生情感的涟漪、心灵的共鸣、灵魂的震颤!

所以,世界上有那么多人喜爱甚至痴迷音乐。

喜爱甚至痴迷音乐,表明的是历来人们对音乐的取向和索求。

在录音技术尚未发明的年代,音乐的传播尚处在当面或当众演奏或演唱的阶段,欣赏音乐呈现为小众化特征。而随着录音技术、记录介质和播放设备的发明、创造、生产和逐渐普及,尤其是音乐作品可以通过广播电视等大众传媒传播后,情况发生了根本性的改变,欣赏音乐呈现出了大众化特征——欣赏音乐不再存有所谓的底层世俗和宫廷、贵族的趣味和气息,而是为大众所共享共有。

既然受众已经可以通过大众传媒欣赏音乐,这必然会牵引出对音乐传播者和受众的音乐欣赏层次的探究。

作为传播者的音乐节目主持人和受众的音乐欣赏分为哪几个层次? 弄清楚这个问题,是进行音乐传播的基础。

音乐(包括乐曲和歌曲,下同,特指除外)欣赏分三个层次。

这既跟每个人的需求有关,也跟每个人的能力有关。

其实,音乐欣赏三个层次间的边界有时是清晰的,有时是模糊的。如果再细分的话,又有介乎感官和情感、情感和理性欣赏的两个层次,共五个层次。为便于分析、理解和把握,本文没有作这样的细分,仅以清晰、明确的三个层次来分析和概括。

下面,让我们来厘清音乐欣赏层次的本质。

第一层次　感官的欣赏

所谓感官的欣赏,说白了就是好听不好听。每个人都希望听好听的音乐,这是客观需求。

就能力而言,听好听的音乐,对每个人的能力要求最低,甚或可以这么判断:每个人对是否好听的理解是不一样的,有人觉得好听的音乐,别的人可能觉得不好听。

当然,创作者希望自己创作的音乐被所有人觉得好听,但事实上极少有人能做到这一点,只有个别创作者的作品被世俗所广泛接受。

对绝大多数人而言,音乐好听就行了。

作为生活的附随品,音乐能使人放松心情,产生愉悦的感受,甚至一些重金属的歌曲能带来感官上的强烈刺激,这就足够了。

感官的欣赏,是所有人对音乐的最基本需求。

在此层次,音乐既有伴随性特征,也有专注性特征。

1. 人们在学习、休憩、劳作、移动时,有音乐相伴轻松而惬意,是再自然不过的事情;

2. 在听唱片、看音乐会、观摩影视作品等时,则注意力相对集中,感官刺激比较明显。

感官的欣赏,对作为受体的人,就欣赏能力而言没有特殊的要求,好听就行,感官愉悦即可。

这是普罗大众的音乐欣赏体验,闻乐而乐,率性而为——不必有丝毫的愧疚感,不需要刻意地朝第二、第三层次提升,顺其自然就好,开心满足则罢。

第二层次 情感的欣赏

情感的欣赏,需求迥然而异,并对作为受体的人的情感体验能力和音乐欣赏能力提出了更高要求。

能在音乐中感知、体察情感信息并与之形成交互共鸣的人,与其教育背景、文化程度、知识修养等,既有关系,也没关系。

拿摄影做比喻:摄影,无非主题、技术、构图。

主题,随着人年龄的增长和阅历的增加,自然与青涩年代不同。但也不尽然,有人很早就开窍了,而大多数人一生懵懂,一辈子低水平重复。

技术,要尽全力去学,是体现主题的保障,可以极大地拓展和丰富艺术表现的手段。很多人很有感觉,可惜不够勤奋,不肯钻研和磨练技术,到头来,就像绝大多数作曲家一样,自己写的作品,只能由演奏家去演奏。若能像肖邦、李斯特一样,既是作曲家又是演奏家该多好。

构图,就是追求形式美感。这当然可以后天训练。但坦白地讲,这有点天生——有人卓尔不群,有人寡淡无味。

撇开技术不谈,仅就主题和构图而言,的确有开窍和懵懂、卓尔不群和寡淡无味的分野,这就是一个人的"厚度和感觉"!

这就是本文所讲的在情感的欣赏中,与人的教育背景、文化程度、知识修养等,既有关系也没关系的原因。

相较于感官的欣赏,情感的欣赏更多地体现出专注性特征。

1. 听音场景的固定

一般而言,听音场景为汽车、居家、音乐厅、剧场、广场、体育馆、影院等。

汽车虽然处于移动状态,但听音场景是固定的。居家、音乐厅、剧场、广场、体育馆、影院等自不待言。

2. 听音意愿的主动

具有、具备情感的欣赏需求和能力的人,主动选择音乐作品和听音场景的居多。

就作品而言,情感的欣赏人群固然有在某个不特定场景偶然听到能引发情感共鸣的作品的机会,但大多数情况下,是主动选择音乐作品并预设具体听音场景,以满足听音需求。

3. 听音人群的特定

基于需求和能力的判断,情感的欣赏被框定和缩减为一个特定人群,虽然与感官的欣赏人群在某个时域有交叉,但整体而言,其集合明显小于感官的欣赏人群。

情感的欣赏人群,对世俗和艺术的领悟力、感知力、洞察力、判断力明显要高于、强于感官的欣赏人群,在对音乐的主动需求和所具备的欣赏能力上被感官的欣赏人群所涵盖,并且明显高一个等级。

这个人群的需求特征和能力特征,与感官的欣赏人群差异巨大。

1) 与生俱来的音乐领悟力

现实生活中,的确有一些音乐教育背景不那么优越的人,却具备先天的优势,比如音准、节奏的感觉相当出色。

中国绝大多数的歌手,不会演奏乐器、不识谱,更谈不上具备艰深的音乐理论知识,但音乐感觉很棒,唱来就是好听和感人,即是明证。

上海市律师协会副会长、著名律师王嵘先生,根本不识谱,更不会演奏乐器,音乐教育背景仅为中小学音乐课,但唱歌时音准、节奏的准确度和情感表现力堪比歌手。

2) 后天培养的艺术感知力

注意,这里的用词是"艺术",而非仅仅音乐。

一般而言,这个人群,要么受过良好的教育,要么家养滋厚,且自己喜欢文学艺术,甚至受过一些非专业的声乐、器乐训练,对音乐情有独钟、关爱有加。

对艺术的感知力,反作用于对音乐的欣赏力,是这个人群的优势所在。

3) 骨子里的音乐洞察力

这个人群中的前述两种人,都具备对音乐的洞察力,以此调集起和迸发出音乐欣赏中情感的因子,或浪漫或激越,或忧伤或愉悦。作者和听者通过音乐这个媒介,搭建起情感交融的抽象平台。

4) 情感满足的方向选择

这个人群普遍明白了这样的道理——音乐未必以世俗认为是否好听和用多么艰深的技法写就来衡量其艺术价值,而是以是否打动自己,并构筑起与创作者的心灵沟通和共鸣作为衡量标准。

这就是这个人群音乐欣赏的层次高于感官的欣赏人群的原因。

对普通人而言,具有和具备音乐情感的欣赏的需求和能力,成为一个有"厚度和感觉"的人,已经是人生的幸事。

第三层次　理性的欣赏

具备音乐理性的欣赏能力的人,包括具备专业音乐理论知识和技能素养,和虽不具备这些知识和技能素养,但具备深厚文化艺术修养的人。

如果仅从音乐创作角度而言,这是很小众的游戏,甚至其不够被框定为一个人群。

这主要是指音乐创作者、表现者、教育者。比如作词、作曲、编曲、配器、演唱、演奏、指挥、录音、混音者,以及音乐理论研究者、教学者等。

但如果从情感的欣赏人群中再抽离出一小部分人,两者则可以归并为一个小群体。

从情感的欣赏人群中被抽离出来的一小部分人,则是非音乐专业的文学艺术大家,以及各界别中具有很高文化艺术修养的人士。

比如,舞蹈家对音乐的感知和理解能力大多强于常人;文学家对音乐作品的铺排和呈示会另有一番体验;美术家音乐作品的色彩感同身受;企业家对控制和把握节奏颇有心得,等等。

这么总结——到境界的人比较容易理解彼此,就像电影《1900》中有句经典台词"你有好的故事讲,就一定有人听"。

那理性的欣赏,有别于并高于前两个层次的特征体现在哪里呢?

1. 摆脱单旋律的束缚

音乐是随着时间轴而流动的,这表明其一部分特征是横向运动,也即我们平时常说的旋律。

历史上中国民乐曲的显著特征就是单旋律,很少有和声,更不要提科学、系统的和声,通常在作横向运动,类似于坐标系当中的横坐标。

当代民乐队演奏的民乐曲,无论是老曲新编还是全新创作,基本上是作曲家运用西洋作曲技法作曲、编配,捏合起各种"个性特征鲜明"的民乐器,甚至为了补强历来没有低音的中国民乐,把倍大提琴都派上演奏根音的用场,但整个乐队依然发出不团结的、乱哄哄的声音。

不能否认作曲家的努力和贡献,更不是否定民乐。

但客观现实是,现在影视作品的配乐,大多不选择民乐队来演奏,而是用西洋乐队演奏,当中兴许会穿插一两件民乐器来演奏单旋律,以强调和凸显"色彩"。

这真的非常出彩!

现在民乐队主要的用场,大概发挥在了晚会、戏曲和曲艺以及各类红白喜事上了。

音乐既然有类似于横坐标的旋律(其实还有复调),那一定有类似于纵坐标的东西!

对,纵坐标就是和声。

著名作曲家、音乐制作人彭程先生说:"我听音乐,既听旋律,也听和声。而听和声时,仿佛一组组色块在流淌,流露出不同的情绪。如果是歌曲的话,这些和声色块,都是啮合着歌词的情绪的,或阴郁,或明朗,或感伤,或欢快,体现出作曲者的构思、修养、艺术价值取向。"

音乐的和声,营造的是情感和性格氛围,无论其进行、功能、色彩,都是音乐极其重要的组成部分,相比旋律,其重要性不遑多让。

其实,情感的欣赏人群,感知到了和声的存在,藉此产生了情感的共鸣,只是不知道和声是如何铺排和运用罢了。

这就是大多数中国人的通病和痼疾——只听旋律,不知和声!

中国人不主动听和声,也不会听和声,更不知道和声为何物,尽管在现当代,人们听音乐时客观地感知到了和声的张力和情感牵引力。

这和我们民族音乐承继有直接的关联。

不得不承认,历史上我们民族对世界音乐宝库没有特别大的贡献,这是不争的事实,也是极其难堪的所在。

这反过来证明,横坐标纵坐标、旋律和声兼顾,是何等的重要和关键!

2. 立体地审视音乐

音乐是由各声部组成的,不单是光有旋律那么简单。

举个例子,有很多人去卡拉OK唱歌,无论是业余的还是专业的,都会对非原版的伴奏非常不适应和不喜欢,前奏一出来或唱到一半,就有人会把伴奏掐断,改选原版伴奏继续唱。

什么原因呢?就是因为习惯了熟悉的伴奏版本,不愿意也不屑于尝试别的版本,这就是典型的原版依赖症。

这证明,人们不光喜欢所选唱歌曲的旋律,也习惯原版的伴奏,更证明,人们是在立体地审视音乐本身,尽管绝大多数人是无意识的。

对具备理性的欣赏能力的音乐工作者而言,他们在听音乐时,除了旋律、和声,更会分析如何配器,鉴别选用的音色,研究复调怎么进行,辨别根音走向,深究音色和音色撞击出的新音色,揣摩创作者整体铺排的构思,以及为什么确立这种音乐风格,等等。

这种立体思维,就不是仅仅钻在旋律是否好听、歌词是否能引发共鸣的微观世界里的人所具备的了。这种立体思维的好处是,能统领和驾驭音乐的神髓,宏观地、全方位地、多维度地审视音乐本身,理性地借鉴和吸纳其创作手法和养料,继而为我所用。

对非音乐专业出身但同样具备理性的欣赏能力的人来讲,不懂和声、对位、复调、配器等未见得是一件痛苦的事,相反,他们能调集自己的生活经历和人生阅历,统括自身的专业特长,融会贯通,在同一个高度感知和生发音乐欣赏的理性光芒。

3. 具备音乐创作和欣赏的大局观

非音乐专业的具备理性的欣赏能力的人,在各自的专业领域都有很好、很强的大局观。比如编舞,当一部舞剧的编舞任务交到他的手上时,他第一时间不是想舞蹈动作的编排和串联,而是急着甄选舞剧的作曲家。

再举个例子,张军领衔的新编昆曲《春江花月夜》,在拿到剧本之后,第一时间找的就是著名作曲家、音乐制作人彭程先生,商讨音乐架构,探讨创新的突破口。

舞剧和昆曲,都是大部头的作品,如果没有大局观,不牢牢地把控全局,最后的结果只能是音乐杂乱无章,支离破碎,毫无头绪,以失败而告终。

那,小到一首歌,是否就不需要大局观了呢?答案当然是否定的。这方面,作曲、编曲者最有发言权。

假设作曲、编曲由一个人担纲,则编曲的首要任务,就是依凭歌词所传递出的情感内核来决定歌曲的风格,到底是 POP、R&B 还是 JAZZ?这是首先要考量和确定的问题。

定了风格后,就要考虑歌手的自然音域和演唱音域,以及换声点,还有哪个音区唱起来最舒服而且效果最好,其实就是为歌曲定调性。

再之后就要考虑曲式,以决定歌曲的走向和长度。随后,要决定调式,到底是大调还是小调?是否要转调?怎么转?是关系大小调、同名大小调转调还是近关系、远关系转调?

接下来要选择音色,并决定用多少伴奏乐器来达到预想的效果。做伴奏时,还要考虑在有人声的段落把中频让出来,以免塞得太满而干扰人声。

还有很多很多的事情要做,个中的铺排腾挪,不那么简单,这里就不赘述了。

反正短短一首五分钟左右的歌,却麻雀虽小,五脏俱全,需要编曲具备非常好的大局观,才能创作出被人接受、喜爱的作品。

这仅仅是一首歌,尚且如此繁复,贝多芬、柴可夫斯基、拉赫玛尼诺夫、肖斯塔科维奇等伟大作曲家创作经典交响作品时,则更需要具备卓越的统领全局的能力。

所以,音乐创作,美,是追求和结果,而过程,则是计算。

音乐,无论恢弘、委婉、苍凉、凄清,都是听时的感觉,而创作的时候,想要达到听时的效果,必须通过运用和声、复调、对位、曲式、配器等技法进行艰深的、复杂的计算。

感性是结果,理性是过程。

说穿了,没有大局观和技术支撑的音乐,都是空中楼阁,摇摇欲坠。

而没有灵魂的音乐,用再高超的技法写就,也味同嚼蜡!

但前提都是,在创作前和创作过程中预判并牢牢把控结果。

这实际上就是音乐创作的大局观。

而理性的欣赏,同样需要具备大局观——预想音乐创作技法运用的可能,预判音乐情绪发展的脉络,锁定情感共鸣发生的交点,升华灵魂震颤产生的体验。

所以,音乐理性的欣赏的大局观,并非由音乐创作者独有,而是由具备这种大局观的能力的人共享,这对音乐创作和欣赏的心灵观照而言弥足珍贵!

我想用这段话,来总结这个层次的人群——音乐,有时可以缠绵悱恻,而有时可以金刚裂石。不管哪一种,震撼了心灵,就是了!艺术的最高境界不在美与否,而是沟通,这需要两个人攀过由书籍和生活垒砌的高山,探出头来,互相问一声——原来是你啊?!

以上为音乐节目主持人和受众音乐欣赏的三个层次。

唯其正确、准确地厘清和把握音乐节目主持人和受众音乐欣赏的层次,音乐节目主持人才可能依据自身的音乐知识、技能素养和文化艺术修养,根据受众的需求和能力,以作品为核心,以传播音乐本身为原点和支点,发挥好音乐传播的控制作用。

第三节　音乐节目主持人素养构建和修养提升

在传播的时间和空间上,音乐节目主持人自身音乐欣赏水准高低,必定影响着受众音乐欣赏水准的高低。

上文,笔者分析和概括了音乐欣赏分三个层次——感官的欣赏、情感的欣赏、理性的欣赏,以此作为下文的导引和基础。

结合音乐欣赏的三个层次,本文将反推和倒逼音乐节目主持人该如何构建素养和提升修养,以及该传播什么、如何传播。

本文所称的素养是指具备和掌握专业音乐理论知识和技能;修养

是指具备高度和深厚文化艺术境界。

一、感官的欣赏层次糟糕的底层现实

不得不承认，大多数中国人音乐欣赏水准较低。

形成这样的局面，既有音乐历史传统、音乐社会氛围的原因，也有音乐媒体传播的原因。

从音乐传播现状而言，音乐节目主持人扮演了怎样的角色？该担当怎样的责任？尤其该如何反省？

我敢断言，全国有些音乐节目主持人的音乐鉴赏水准甚至不及受众。

1. 低水平音乐欣赏层次

从全国范围来观察和考量，不在少数的音乐节目主持人的音乐欣赏水准处在第一层次——感官的欣赏。

典型的表现是，有些音乐节目主持人几乎不就音乐本身发表见解，这是因为他们根本发表不出见解，追求的是先播为快。

资源转化和实现优先是其典型特征。

基层，是受众感知和领受音乐的铺垫层和奠基层，在这个最关键的层面上和最广泛的的基础上，需要有引领者进行潜移默化的引导，使受众慢慢地对音乐有初始鉴赏能力。

可惜的是，处在感官的欣赏低端层次的音乐节目主持人，虽然肩负责任，可是并没有起到正面引领作用，比如，没有能力在节目中探讨一首歌曲好听在哪儿，怎么做到的？而仅是播放而已。

受众处在感官的欣赏层次不该被责备，而音乐节目主持人处在这个层次就很成问题。

这是各地广播电视台音乐节目主持人所处音乐感官的欣赏层次的普遍、真实、客观现状。

2. 传播方向恶性偏离

音乐节目主持人仅播放音乐而没有能力对音乐本身发表见解，不仅可惜,而且可悲,因为这和他们的岗位职责不相匹配。

而有些音乐节目主持人不仅可悲而且可耻——把时间、精力和有限的节目时段资源分配在窥探、搜罗和散布诸如某歌手与某人发生的绯闻上,且在节目中将事件的来龙去脉演绎得云蒸雾绕,扑朔迷离,仿佛其身临其境。

事实上,大多数音乐节目主持人与名歌手、音乐制作人、乐手等相互交流的资源稀缺,节目中讲的都是些捕风捉影、未经证实、从网络上批发的货色。

更可耻的,是有些尽管没有能力对音乐本身发表见解,但掌握和占有与名歌手、音乐制作人、乐手等相互交流的稀缺资源的音乐节目主持人,非但不关注和不潜心传播与音乐生成相关的讯息,却醉心于捕获音乐圈内的物是人非,随即在节目中添油加醋,肆意发挥。

最可耻的是,明明有能力分析音乐本身并发表见解的音乐节目主持人,不在节目中讨论音乐本身,却妄议明星绯闻,散布业界谣言,藉此作为在本时间、本空间提升其影响和抬升其地位的手段。

长此以往所形成的恶果是,当时、当地的受众习以为常——或嗤之以鼻,自守清规;或跟着主持人将绯闻谣言弥散漫布,判无定尺,变成流言集散地。

3. 传播取向趣味低级

现实是,全国有些音乐节目主持人在节目中所流露出的资讯杂质,与所传播的音乐没有呈现出正相关性。

在本该传播音乐本身的音乐节目中,音乐节目主持人非但没有这么做,还在节目中大肆夹杂其个人的日常行为、经历、体验和认知。

需要明确的是,与所传播的音乐相关的个人经历交代和个性体悟交流不是不可以,而是很应该。

但,分寸该如何把握,又该如何适可而止、点到为止?

有些音乐节目主持人在主持节目时,把低俗、庸俗、恶俗当幽默。殊不知幽默是溢出的智慧,诙谐、谐谑、风趣、滑稽等皆处在它的下端,能把后几个层级把握好已属不易,遑论幽默?!

4. 音乐节目主持人为何不传播音乐本身

但音乐节目主持人为什么会这么做呢?

如前所述,这既有能力的原因,也有认知的原因,还有取向的原因,更有趣味的原因。但除此之外,还有没有别的原因?

可以明确的是,有收听率、收视率作祟的原因!

更可恶的是,这或许跟广告创收、业绩指标相关联!

从另一个角度分析,也不能全怪这些音乐节目主持人,他们有压力在身,资源匮乏,又没受过基础、专业的训练,倚仗信口开河、信口雌黄将就着活下来、混过来已属不易,还能要求他们怎样?

所以,形成目前这个局面,责任在他们身上,又不在他们身上。

说在他们身上,是因为他们没有明确的目标、正确的方向,不清楚自己在干什么,也没有学习的动力,每天沾沾自喜、自得其乐,长时间地低水平重复。韶华易逝,尚不自知!

说不在他们身上,是因为传播机构没有作出目标明确的判断、方向正确的选择,在人才培养、选拔、使用上出现了偏差,在音乐节目首先应当传播音乐本身这个原则问题上不管不顾,放任自流,任由音乐节目主持人在节目中开无轨电车,散布小道消息,自我标榜,秀个人隐私。

一首五分钟左右的歌曲的 WAVE 文件大约五十兆,被压缩成 MP3 文件时大约 5 兆。长期听 MP3 文件的音乐,使受众分辨不清音质的好坏,毁了一代人的耳朵。

而如果一档音乐节目播出十年,一直不就音乐作品的生成和妙处进行传播,也同样毁了一代人本可提高的欣赏能力。

这绝非危言耸听!

仅此也就作罢,但当时、当地的环境,居然能容忍和接受这种传播的内容、手段和方式,这的确是传播和文化艺术的悲哀!

有鉴于此,要提高音乐节目的质量,首先应该从提高音乐节目主持人的欣赏能力抓起,所有的主持人都至少应当具备情感的欣赏能力。

传播机构必须制订培训、考核计划,有条理、分步骤地实施,重中之重是明确"音乐节目必须传播音乐本身"的原则。

二、情感的欣赏层次氛围的营造和把控

情感的欣赏,是有心之人的心灵对话。

对话的参与者,包括音乐创作者、作品、音乐节目主持人、受众。

创作者当中又包括作词、作曲、编曲、配器、演唱、演奏、指挥、录音、混音等等。

创作者的情感,通过作品传递;主持人的情感,也借助作品传递。被动的是受众,只能通过传播接受作品的情感信息,情感联系处于不对等、不对称状态,但这可以通过创作者和传播者研究受众心理和需求进行弥补、整合。

受众说被动其实也不被动,因为作品和节目也在被他们选择,受众可以选择通过广播或电视,也可以选择不同的节目,更可以不选择广播电视欣赏音乐,而是选择其他的途径,只是这个话题讨论的语境被限定在广播电视传播而已。

具备情感的欣赏能力的音乐节目主持人,是创作者、作品、受众之福——创作者的创作理念、作品的情感内核、受众的切实需求可以通过传播得到相互勾联,精准传递,相互影响。

而达到这个层次的主持人,一般已经在音乐圈和传媒界奠定了某种江湖地位,掌握了相应的资源可以被调集和利用,并以此服务于创作者、作品和受众。

具有、具备情感的欣赏需求和能力的受众,不是轻易可以被忽悠的人群,但有赖于并得益于同样具备这个能力,甚至具备更强能力的音乐节目主持人的传播,受众的需求能够得到切实的满足,能力能够得到逐渐的提高。

由于不是现场演唱、演奏,作品需要通过广播电视传播抵达受众,作品本身自然处于核心地位,但主持人更处于控制地位,想播谁的作品

就播谁的作品,想多介绍就多介绍,想一言不发便可三缄其口(在主持人处在感官的欣赏低端层次时,这倒是好事,省得听莫名其妙的絮叨)。

既然主持人处于控制地位,那该如何串联起创作者、作品、受众的情感脉络,并加以精心营造和精准把控呢?

1. 主持人对作品的理解至关重要

作品,是传播的核心。主持人唯其对作品有深刻的理解,才能进行精确、有效的传播。

这里所讲的理解,是指对作品所表达的情绪和流露的情感的理解。

主持人对作品的深刻理解,对创作者和受众而言都是好事——创作者会有遇到知音的欣喜;而受众则借助于传播,与自己听作品时的情感体验进行比对,确认自己是否得到准确的情感信息。

2. 主持人理解作品的方式和途径

音乐节目主持人当然可以凭借自己的听音感受,确认自己是否理解作品。但这是不够的。

更好的做法是,主持人充分利用掌握的资源,通过对创作者的采访,或者在聚会、活动时,了解创作者的创作意图,越详细越好。

有时,创作者的个人生活境遇和当时、当地的心态,也应该是主持人密切关注的焦点,因为这会影响作品的生成方式和结果。受众想通过主持人了解影响创作的因素也是合情合理的,只要在传播时不涉及创作者个人隐私和其明确不想让公众知道的信息即可。

就现实需求而言,创作者当然希望负责任、有水准的音乐节目主持人全面、准确、客观地了解自己,通过传播推销自己和作品,形成社会影响力和现实购买力;而受众不具备主持人掌握的资源,也同样希望通过主持人来代位了解自己想要了解的创作者,以利于更好地理解、欣赏、消费作品。两者并行不悖,互为依存。

从这个意义上讲,这也是主持人勾联创作者和受众情感纽带的绝佳方式和最有效途径。

3. 主持人音乐传播的本体介入和客体邀约

到了这个层次的音乐节目主持人,对何为传播及如何传播已经有了清醒的认识,对该传播什么了然于胸,绝不会像处于感官的欣赏层次的主持人那样飞短流长,裸露小我。

但有些主持人在传播时往往呈现出本体后退的特征,不希望在节目中被受众窥探自己,也不屑于流露真实的情绪和情感,往往以客观、平和的语境中庸地推介作品。其实,这是对自己情感沟通和交互能力的浪费,有点可惜。

无论从情感体验和音乐欣赏角度考量,这个级别的主持人都具备了相当强的能力,和这个级别的受众一样,都是有"厚度和感觉"的人,都具备较高的修养。虽然都欠缺专业音乐理论素养,但这个人群不需要去分析曲式或和声,照样可以围绕作品和节目标定共同的品位和意趣。

所谓客体邀约,指的是主持人和受众共同圈定的作品集合。延展开来,被主持人和受众圈定的作品的创作者,当然不能超然度外。

物以类聚,人以群分,此之谓也。

既然是传播,尽管作品是核心,但作为控制者的主持人,则应在情感的欣赏层次适时、适度介入,把每档播出的节目,都情景化为私家听音室——音乐响起,创作者、主持人、受众都端着酒杯!

三、理性的欣赏层次传播手段开掘和境界提升

前文说的"音乐节目必须传播音乐本身",针对的是根本不传播音乐本身的人和事,并不是说要将音乐节目做成音乐理论分析课,或在音乐节目中通篇累牍地讲解艰深的音乐理论,这既无可能也无必要,那是音乐学院、交响乐团、歌剧院该做的事。

本文的本意是,在音乐节目中适时、适度地讲解能让受众能听得懂、记得住的音乐知识,潜移默化地帮助受众提高音乐欣赏能力。

1. 以音乐欣赏为导引的音乐知识集聚和积累

比如,在一个小时的节目中,假设播放八首歌曲,可以挑选一首歌曲,先播放完毕,再在特定段落回放,讲解"根音下行"的走向。

又比如,歌曲当中有句歌词特别忧伤,编曲配了"小六和弦",主持人可以告诉受众,因为这个和弦的特性是收缩的,非常阴郁,与歌词流露的情绪高度吻合。

再比如,如果有句歌词的情绪极度紧张,编曲配了"减七和弦",主持人可以告诉受众为什么要用这个和弦来营造紧张激烈的气氛。

如果音乐节目主持人够用心,这些需要讲解的段落都可以事先剪辑下来再回放,而不是全曲回放。

而根音走向、小六和弦、减七和弦,可以事先录音,用钢琴分别弹奏下行线和分解、柱式和弦,让受众听为什么根音要这么走,以及原位和弦的根音是什么;让受众在听和弦的时候体味选配这个和弦的必要性和合理性;更或者,另外配一些不至于错的和弦,让受众分辨它们之间的听觉和情绪差异,等等。

这样做的好处是,听懂了的受众以后听别的歌,同样听到一句忧伤的歌词时,可能会想起他未必还记得住名称的"小六和弦""减七和弦",而可能会想象和揣摩如果改配这个和弦的话,会产生怎样的效果?

还比如,关于曲式,有些歌曲有呈示部、展开部、再现部,但有些却不重复,不一样的旋律一路唱到底,这时,主持人可以告诉受众,这种歌叫"通谱歌"。其实这样机会俯拾皆是,就看主持人是不是在用心做节目。

这种讲解,不需要多,每档节目有一个点就足够。讲解时,越通俗越好,越易懂越好,而且要让受众觉得有趣。能否让受众一听就懂,还能记住,并觉得有趣,这也考验主持人的传播机巧和功力。

如果一位音乐节目主持人这样做节目做了十年,日积月累,十年后他的受众将会达到怎样的音乐欣赏水准? 可以这么说,会与听了十年主持人插科打诨、打情骂俏、装傻充愣、业界流言、明星绯闻、个人琐碎的受众形成云泥之分、霄壤之别,甚至,其音乐欣赏水准将远超处在感官的欣赏层次的主持人,如果受众中的某些人声音佳、语言好,甚至可以取而代之!

传播音乐知识,既需要音乐节目主持人具备这个能力,也需要有正确的传播方向,更需要有耐心和事业心。

仅就能力而言,这只有达到了理性的欣赏层次的音乐节目主持人才能实施。这样做的好处是显而易见的,我们一定要倡导具备这种能力的主持人努力去做!

2. 以音乐欣赏为导引的艺术境界培育和升华

传播音乐知识,只是帮助受众提高音乐欣赏水准的一个方面。另一个方面,是培养受众立体地审视音乐的习惯、增强大局地欣赏音乐的能力。

全国青年歌手大奖赛的比赛穿插了评委提问和评论环节,音乐专家、学者提问和评论的高水准自不待言。但大家注意到没有,余秋雨先生的提问和点评却别具一格,不同凡响,因为,他抽离和超拔了音乐本身,从更高的文化层面来探讨音乐,几乎每次提问和点评,都令人耳目一新,得益匪浅。

要跟余秋雨先生讨论作曲理论,他恐怕会退避三舍,但如果探讨音乐文化,他一定能让我们得到极大的启示,这就是音乐并非音乐工作者的专利的道理所在。

有个摄影讲座,标题是《摄影中的韵律》。

主讲人先播放带有浓烈画面感的音乐作品,比如《伏尔塔瓦河》、《马刀舞》、《在中亚细亚草原》等,让大家想象画面;继而,张挂出一幅摄影作品《雪中的师徒》,让大家想象音乐;随后,他结合画面,用巴伯作曲的《为弦乐而作的柔板》来诠释画面中和音乐里都存在的"泛音"。

接着,他沿着正空间和负空间;动力定型;唯一性、对世性、排他性;内心听觉和内心视觉;多元综合的美学高度和深度;摄影的机遇和挑战等的脉络一路讲来,每个段落都配音乐,来提示和证明摄影画面中一样有韵律存在,并教会大家该如何培养和把握摄影的韵律感。

这是中国第一次有人结合音乐来讲摄影。

笔者曾经问上海交响乐团大管首席演奏家刘照陆先生"您喜欢排练还是演出"？回答是"排练"。理由是，来自世界各地的指挥家会在排练时详细地讲解作品创作的历史背景，对正确、准确地理解和把握作品极有帮助；有趣的是，不同的指挥家对相同作品的诠释会有差异，琢磨、咀嚼这些差异并在演奏时体现，非常有意思。

笔者同样问过上海交响乐团首席小提琴演奏家朴英女士"到了您这样的演奏级别，最重要的是什么"？答复是"忠实地体现和还原作曲家的创作意图和初衷，而这些，在谱面上是没有的"。而要能做到这一点，需要多扎实的音乐素养和多深厚的艺术修养啊！

举这些例子的目的，是想分享一个理念——摄影并非摄影本身，音乐也非音乐本身，主持也是如此！

当音乐节目主持人抽离和超拔了音乐和主持范畴，不再局限于就音乐论音乐、就主持言主持的思维，用开阖自由的文化艺术心灵驾驭音乐和主持，节目的品位和境界不高才怪，受众的品位和境界不高也难！

长此以往，受众立体地审视音乐的习惯一定能被培养起来，大局地欣赏音乐的能力一定能得到充分地提高。

最后，笔者用这段话作为全文的结语——无论你从事绘画、摄影、作曲、赋诗，或者做点别的什么，当你有意无意间脱口而出"原来可以这样啊？"的时候，恭喜你，你进步了！当你滔滔不绝地舌战同辈或教诲晚辈的时候，恭喜你，你退步了！而当你满怀敬畏又内心坦荡地论剑前辈的时候，恭喜你，你飞越了！

自我，从来不是用来扛的，永远是用来超越的！

（作者系中广联播音主持委员会理事，全国主持人"金话筒"奖、中国广播影视大奖得主，播音主持高级职称评审委员会委员；中国摄影家协会会员，上海市摄影家协会理事，上海市作家协会会员，上海音乐家协会会员、流行音乐专业委员会常务理事；消费者权益保护法律专家）

从时代发展看主持人的核心竞争力

费　泳

全媒体时代的主持人该怎么培养？主持人的核心竞争力到底在哪里体现？我们恐怕还得先从"主持"到"节目主持"的定义开始说起。

一、从"主持"到"节目主持"的定义

《词源》中，把"主持"看作"掌管"的同位语。《辞海》中则专列条文进行了解释："1 负责掌握和处理。李渔《玉搔头·呼嵩》：'万岁出宫之后，外庭的事，既有许进父子主持，但不知宫内之事，付与何人掌管。'犹主张。杨涟《寄李本宁太史书》：'比如事主持定，而事乃可行。'①"由此，主持的含义中也就带有掌管和主张的意思了。可见，我们通常讲的广义的主持人就是泛指在各种活动、项目中负责掌握和处理具体事宜的人。他可能是某个活动的组织者和策划者，也可能是某个报刊版面的专栏负责人等等。

那么，狭义的主持人则专指广播电视节目主持人，我们简称为"节目主持"，"他们是在电子媒体中，以个人行为出现，代表着媒介群体观念，用有声语言、形态能动地操作和把握着节目进程，直接、平等地进行大众传播活动的人。②"

确切地说，不管是广义还是狭义，"节目主持"掌管的都是传播活动，他们是传播活动中的组织协调者，调控得当就能达到活动预期的目标。节目主持人主持节目的过程也是调控节目的过程，一方面是对活

---

① 《辞海》，第 2516 页，上海辞书出版社，2010 年版。
② 俞虹著：《节目主持人通论》，第 7 页，中国广播电视出版社，2004 年版。

动内容的活动流程的控制,另一方面则是对传播关系的调整,其中也包括节目主持人的自我调整。只是,有些节目主持人并不一定会掌管整个节目的运营,除非他(或她)是这个节目的制片人或制作人。也因此,有些优秀的节目主持人后来会发展成为节目的制片人和制作人,一跃成为这个节目真正的"主脑"和中心。

二、从播音员到主持人的转变

说起节目主持人的历史,恐怕要从播音员说起。"播音,是广播电视传播中话筒前、镜头前的有声语言(包括副语言)创作。①"在二度创作上,播音员要尽量去理解编辑的思想感情,不允许有过多的个性表达,播报时要字正腔圆,准确客观。除了报道国(境)内外重大消息之外,播音员还兼具发布官方消息的重任,所讲出的新闻内容均依照新华社、中宣部等官方传媒机构通稿叙述。播音员是稿件的传播者、转述者,并不能实现与公众直接交流的愿望。直到播音员在节目中,开始用"我"的称呼与观众进行亲切交流,才慢慢实现与公众直接交流的愿望。因此,从播音到主持的必经阶段是录播主持阶段和直播主持阶段。

二十世纪六、七十年代,"我"都消失了,现在,"我"是谁?"我"思考了些什么?"我"怎样说……无论是"一对一"、"一对众",还是"多对众"地与受众进行交流,对节目主持人来说都是一种挑战、一次考验。

据悉,1980 年还没有主持人这一说法,主持人是 20 世纪八十年代中期兴起至九十年代红极一时。正是在这样的时代背景下,上海戏剧学院审时度势,依托自身优势,在全国率先提出了"主持艺术专业"的理念,并于 1995 年正式设立主持艺术专业开始招生。

从播音到主持的这一转变是时代发展的必然,它的转型也是伴随着媒体自身的变革发生的。

三、从"节目主人——去主持人化——虚拟主播"的思考

面对 21 世纪又一个新的十年,媒体环境已经发生了巨大的转变,

---

① 张颂著:《播音创作基础》,第 3 页,中国传媒大学出版社,2011 年版。

报纸、媒体、官网、电视媒体之间的界限几乎完全消失,纸媒向音视频延伸转变,广播开始视频直播,电视开始台网联动,融媒体的传播矩阵已经构建起来。伴随着以提倡个性化为主要特征的 UGC(User Generated Content)兴起、自媒体的出现、新媒体技术革命的到来,节目主持人在节目中的作用也悄然发生着变化。拿近两年来的综艺晚会节目举例:节目主持人的地位正在发生着改变,他们开始由主人的身份转变为尊贵的客人再到以虚拟形象、角色身份的出现。可见,人们追求差异性、个性化、原创性、精致型的道路已经开始。那么,我们该如何培养融媒体时代到来的节目主持人呢? 他们的核心竞争力到底是什么? 如何来帮助他们尽可能地在校期间构建好他们所必备的知识体系?

我们先来看一则 2022 年的虚拟主播的招聘广告。

工作内容:

· 以虚拟形象进行视频节目内容录制和直播(大屏、小屏)以及参与线下活动等;

· 与团队一起策划短视频内容和直播内容;

· 日常社交平台维护,积极互动,成为一名品行兼优的虚拟偶像。

岗位要求:

· 女生,性格开朗擅长聊天,声线甜美(伪声也可);

· ACGN 文化爱好者及 B 站、抖音重度用户(加分项);

· 普通话二甲以上,会说上海话,有主持表演经历、有唱歌、舞蹈基础加分;

· 新闻、播音主持、编导、表演、教育等相关专业优先。

薪资待遇:

· 底薪 5-8k(五险一金)+项目绩效+直播提成。

这则 2022 年针对毕业生的招聘广告,至少给了我们两个信息:1. 不需要真人,但需要真人赋予其生命力;2. 地域目标明显,普通话水平已经不需要一级甲等与主持人上岗证书,却要它能说上海话方言。

显然,高校培养人才的目标是一个能真正全方位参与节目构思,和

图表虚拟主播（来源：一则针对 2022 届毕业生的招聘广告）

编导一起创造节目，具有独立思考、独特气质的个性化的节目主持人。

我很赞同殷谦在杂文《棒喝时代》中的一段话："主持节目是一种非常重要又极其高级的精神创造活动，不是随便什么人都可以搞的。主持人的才能是稀有的，而且他的道路是崎岖坎坷的，事实上从一方面说来该有多少条件汇合在这个才能卓越的人的身上：才智的客观性、严格的多方面的研究、对艺术的热爱以及深刻的感觉——这是公正无私的态度的源泉、不受外界诱引的本领，而从另一方面说来，这样的主持人担当的责任又是多么崇高。①"

1951 年春，中国的中小学在新学期开学的时候，领到了被称作《语文》的新课本，"语文"这两个字，此前在中国教育史上是从未出现过

———————————————

① 殷谦著：《棒喝时代》，香港中文大学出版社，2009 年 3 月版。

的,这两个字是叶圣陶老先生定下来的,按照叶老的说法就是,语文课要教给学生口头表达能力和书面表达能力,说出来的是"语",写出来的是"文",所以叫"语文"。我想,一个优秀的节目主持人必然要注意自己的日常积累和长时间的锻炼,毕竟,很流利的废话很少会有人愿意听。

路德维希·约瑟夫·约翰·维特根斯坦
（Ludwig Josef Johann Wittgenstein,1889—1951 年）

从"主持"到"节目主持"的定义,从播音员到主持人的转变,再从"节目的主人——去主持人化——虚拟主播"的思考,在技术赋能、观念创新、媒介高度融合发展的今天,我们也要谨慎工具理性主义在艺术领域对人的主体性过分地进行抽象化地拆解。毕竟,没有情感的交流,艺术将失去灵魂,节目主持人说到底还是要与人进行交流的。主持的是节目,交流的是一个个情感丰富而具体的人。节目主持人在融入时代、不断创造自己机遇的同时,如何避免"形象失态"、"语言失范"、"价值失衡"? 不断加强自身的核心竞争力、进行自身品牌化建设,说到底还是要回到最基础的"语"和"文"。哲学家维特根斯坦认为语言的边界就是思想的边界,只有不断拓宽自己的思想边界,主持人才能建立自己的世界。

四、新文科背景下播音与主持艺术专业人才培养路径探析

著名社会学家费孝通先生在1990年他的80寿辰聚会上提出了16个字:"各美其美、美人之美、美美与共、天下大同。"这是一代大家提出和认识不同文明之间关系的一种理想,是基于中华文明内在精神的话语表达,也是对未来世界的一份美好期许。各美其美,就是各自展示各自的好;美人之美,就是各自都看到别人的长处;美美与共,就是你好我好大家好;天下大同,就是协同的最终目标:要想成就自己就要先成就别人,成就别人就是成就自己。今天,我们聚集在一起,共商未来播音与主持教育事业之大计,我觉得恰好可以引用费先生提出的这16个字,来表达我们对新百年,新征程,播音与主持艺术人才培养模式探索的一种期待。

90年代中期,随着中国广播电视事业的迅猛发展,各省市电视台纷纷崛起,行业对主持人的需求大幅度上升,北京广播学院率先开始在播音系培养播音人才,上海戏剧学院电视艺术系也于1995年6月24日正式开创。我校电视艺术系成立之初,播音与主持艺术专业的名字叫电视编辑(主持与采访),括弧里的"主持"两字,让上戏成为中国高校第一个开办主持专业的本科班,1995年面向全国招生,第一个本科班招收20名学生,这20名学生毕业后几乎近一半成员都在京、沪两地发展,他们在传媒领域的工作成就获得了业内人士和观众的高度肯定,如上海广播台(SMG)的主持人有陈蓉、吉雪萍、周瑾等。随着国家广播电视事业的繁荣发展,我校在27年的播音与主持专业教学的过程中,又陆续培养了一批又一批播音与主持专业人才,如董卿、朱桢、王冠、百克力等。2007年前后,"在中国,已有200所左右的高等院校开设主持人教育专业或专业方向,平均每年开办10家。"①这个数字可以说是爆发性的增长,一方面预示着社会对主持人才的需要,另一方面也是播音员和主持人这一职业本身借助媒体亮丽的平台而获得社会广泛

---

① 孙祖平著:《忽悠主持》,上海文艺出版社,2009年4月第1版,第6页。

关注。然而,进入网络时代、新媒体时代、自媒体时代,播音主持专业毕业的学生如今真正能从事播音员和主持人岗位工作的概率却又是令人担忧的。如果毕业就面临失业,那又该如何来解决这个问题?全媒体时代,面临新百年、新征程,作为曾经在一线工作,后来又在行政、教学岗位上工作的教师,我主要有以下三点思考,跟各位分享:

1. 说好普通话仍为专业之基础

播音员与主持人说到底就是用普通话说好话,说好普通话。这是我国自有电台、电视台以来一直遵循的播音基本原则,播音员和主持人的上岗任务就是为党和国家做好宣传工作,播音员和主持人的作用首先是喉舌作用、桥梁作用①,而我们教师的基本任务也是为党育人、为国育才,培养好合格的播音员和主持人,首先就应该在语言上把好关。一口标准的普通话,不仅能为稿件准确地传情达意,而且在传播过程中,也能让受众轻松地获得资讯。

(上图为中国第一代播音员:齐越)

---

① 费泳著:《节目主持人的表演元素训练》,文汇出版社,2015年5月第1版,第15页。

另外,讲好普通话,用普通话讲好话,这里面也有艺术性与表现力的要求,这些都是播音与主持专业学生必备的功夫。这也是中传、上戏等学校这么多年来坚持学生"早功"的必要性所在。

2. 练好一技之长仍为竞争之根本

我们常说,把我们最擅长的做到极致,你便能成功。然而,真正能做到极致的人并不多,这里面有多种多样的原因。如果说,在本科院校教学中,学生在各个课堂和各种活动中的优秀表现,教师能及时发现,并不断激励他们、给予他们机会,帮助他们成长,这不仅对这个学生,对其他学生也有榜样的作用。尤其在艺术院校,每个学生都有各自的艺术特长,如何充分调动他们的积极性,在第一时间发现他们的潜能,并加以引导,利用学校艺术平台和宝贵资源一起助力他们成长,这也是我们教师的责任和使命。海伦·凯勒如果没有她的老师安妮·沙莉文的理解、鼓励和启蒙教育,她将不会成为美国现代女作家、教育家和社会活动家。如果没有肖晓琳老师的推荐,当时还在北大读研究生的撒贝宁就不会走上主持人的道路。如果没有嘉兴市文联艺术研究所的袁军和他的爱人李老师的启蒙,董卿也不会取得今日的成绩。如果没有人民教育家于漪甘为泥土育春花,她所在的语文组也不会出现 7 位全国特级教师……总而言之,学生的核心竞争力也将是他与众不同之处的开源地。我们如何在校园里善于发现学生的潜能,并帮助他们成长,这将是每一个老师对待我们学生因材施教的课题。

3. 打造具有先进思想传播力人才是培养之目标

2021 年 12 月 3 日,在中国人民对外广播事业创建 80 周年之际,习近平总书记向中央广播电视总台发去了贺信。

习近平在贺信中指出:"80 年来,在党的领导下,对外广播事业弘扬光荣传统、不忘初心使命,宣传党的主张,全面宣介中国发展,积极讲好中国故事、传播好中国声音。"

习近平强调:"希望你们不断开拓创新,加强国际传播能力建设,打造具有强大引领力、传播力、影响力的国际一流新型主流媒体,为实现中华民族伟大复兴的中国梦,推动构建人类命运共同体作出新的更大的贡献。"①

由此可见,打造"具有强大引领力、传播力、影响力的国际一流新型主流媒体",必定需要一流的具有传播力、影响力的播音主持人才。总书记的贺信虽然是给对外传播工作提出的殷切希望,但从贺信中,我们深切感受到了这也是给我们整个传播事业遵循发展规律提供了重要的指路明灯。如何把总书记提出的各项要求传播好,这是所有传媒人共同的使命与担当。在传播人才培养方面,我们要积极地创建话语体系,在思想上、方法上、策略上,全面发力,用受众听得懂、感兴趣、能共情的语态语势讲好中国故事,传播中国好声音,为推动构建人类命运共同体,作出我们的贡献。

记得中央电视台《东方时空》的制片人时间说过的关于选择主持人标准的一段话:

"我们要找的主持人,是能够有自己想说的话,也就是本身就具有思考的能力和语言表达的能力,重要的是前者,自己有一定的思想,这是我选择主持人的一个重要标准。"②

主持人是个杂家,什么都要懂一些,正因为这一点,我们要尽早地打通通识教育的门槛,拓展学生在经典阅读、人文素养、跨专业选修、跨界拓展、创新创业等方面视野,让更多的学生享受更广更博的资源。虽然,网络世界资源丰富,但是,类似抖音、快手、小红书的资讯,比你还快,比你还准,有些消息扑面而来,无法阻挡。如果在通识课程上不让学生吃饱喝足,学生将会在网络世界、虚拟世界里巡游、沉迷,现实世界反倒成为他们的虚拟世界。此话不是危言耸听,现在许多孩子大都是"夜猫子",你在睡觉的时候,他在网上冲浪;你上课时,他开始犯困。因此,如何在现实世界,在校园里安排更多吸引学生的通识课程,引发

---

① 新华社:《习近平致中国人民对外广播事业创建 80 周年的贺信》,2021 年 12 月 3 日 18:04

② 汪继芳、李幸:《身在幕后》,江苏文艺出版社,2002 年版,第 49—50 页。

他们的思考,指引他们仰望星空,鼓励他们保证每天有两三小时的读书时间,有可能会给他们打开一扇天窗。就拿哈佛大学举例,他们的学生一年要读 120 本书左右,他们的图书馆是 24 小时开放的,他们平均每人每 3 天要啃下一本大书,每本几百页,还要交上阅读报告。那么,我们的大学生能否做到这些呢? 这是很令人期待的。

先进思想传播力的获得,不仅是通识课程的打通,坚持以习近平新时代中国特色社会主义思想为指导,继承发扬优良传统,而且做到专业课程与学生实践等活动的广泛结合。如辩论、演讲与口才、历史人文、哲学心理等课程、各剧社演出活动、演出比赛的组织和其他兴趣的培养也相当重要,让他们在辩论中开拓眼界,在阅读中拓展思维,在实践中知道肤浅,在失败中,越挫越勇,不断训练、不断参赛、不断看书、不断进取。如此这般,他们总能在一个领域的某一个点上会寻找到自己的方向。

随着全媒体时代的到来,社会对播音员和主持人的要求也水涨船高,假如我们能练好基本功、强化内功,再突破一技之长,相信我们培养的人才一定能有竞争力! 通过声音艺术、言语表现艺术讲好中国故事。协同是一种平台思维,有了平台,协同的每一个对象就能找到自己的位置、实现自己的价值。各个高校,每个个体,既要协同别人做好自己的工作,又要协同帮助别人把自己的工作做好,所有的工作朝着共同的目标努力迈进,这样的协同可能就能实现在播音与主持专业教学领域内的“各美其美,美人之美、美美与共、天下大同”的美好愿景,为国家的播音专业,主持岗位培养更多的优秀人才。

(作者系上海戏剧学院电影学院播音与主持艺术系主任、副研究员、博士、硕士生导师)

守正创新,讲好中国故事

——从董卿的《朗读者》谈开来

吴洪林

《非常1+6》——节目主持人的专业性

我们都知道社会上流传着这样一句话:专业的事情要交给专业的人去做;

我们也知道有这样两个与"播音与主持艺术"相关的社会组织:中国高等院校播音与主持专业教育协会和中国电视艺术家学会主持人专业委员会。

何为"专业"?

《新华词典》中解释:专业是指人类在社会科学技术进步、生活生产实践中、用来描述职业生涯某一阶段、某一人群用来谋生、长时期从事的具体业务作业规范。简而言之,专业是指职业人从事具体业务的作业规范。

那么,什么是节目主持人的专业?

主持人必须首先要建立起全新的"双专"意识理念,这"双专"意识理念就是指主持人要具有专业的技能和专门的知识;

"专业技能"的涵盖就是指主持人对节目的话题、场面以及自我的驾驭能力;

"专门知识"的涵盖就是指本频道内容的专项知识及其主持学理的结构知识。

之所以把"专业技能"与"专门知识"作为"双专"意识的理念提出,是因为在现实实践中存在着跛足的现象和认知上的误区。

关于"双专"意识中的——专门知识

我们的主持人习惯了把本该正常存在的专门频道,误称为专业频道,一代代地接过来,一波波地传下去,其结果有碍传授双方的传播之道。

我们应该知道:由于窄播理论的诞生,不同的频道依据定位而选择了各自播出的内容门类,如财经类,体育类,生活类,这就成了观众所看到的不同内容门类的频道,这就是"专门频道"。

我们更应该知道:"专门频道"的主持人要拥有这个频道的"专门知识",这是必须的;但由于"专业频道"的误读,我们的主持人往往把"专门知识"当成了主持人"专业"的全部甚至是唯一,这就成了误区。

主持人应拥有的主持学理的结构知识,包括"播音学"、"主持学"、"新闻与传播"以及文学、英语、哲学、美学、心理学、社会表演学等;

主持人应拥有的本频道内容的专项知识,比如体育频道的"田"与"径",大球与小球,音乐频道的古典与美声、民歌与通俗等。

需要强调的是:专门频道≠专业频道。

同样强调的是:从严格意义上讲主持人的专业频道是不存在的。

关于"双专"意识中的——专业技能

从哲学层面上讲,一个倾向会掩盖另一个倾向。正由于把"专门知识"当成了主持人专业的全部,而完整意义上的"专业"在主持艺术实践中变成了缺失,甚至缺席。

而今面对被网络培养的口味刁钻、思维不走寻常路、注意力又易于分散走神的受众,我们传统媒体培养的主持人,如果只靠字正腔圆和少的可怜的思想与见识,实在难以征服观众的人心。

而今面对多屏时代融媒体的主持人,如何让节目做得好看爱听,如何让节目做得更有吸引力、感染力、征服力? 我们确实应该花大力气"补课",否则我们的传播力与影响力便力不能逮,等于将网络空间拱手相让于形形色色的网红们而自己无所作为。

需要强调的是：新闻与传播教育是从美国起步并以其为国际潮流，1908年世界上第一个专门的新闻传播科系——密苏里哥伦比亚大学新闻系在美国成立，直到1996年美国有了近500所学校开设了新闻与传播学院，其培养目标已从"新闻专业"转向"传播通才"。

同样强调的是：当下中国的传播学院面对着一个共同的话题，那就是新传播环境下播音与主持艺术专业教育新变化！艺术教育的新变化就是由"知识传授"转向"能力塑造"。

——传播智者、沟通高手，网络达人，引领时代风气，把握时代脉搏，与时代同频共振，这就是媒体新时代播音与主持艺术专业培养与追求的新标高。

专门知识是智能的基础，专业技能是成功的阶梯。专门知识支撑着主持人专业技能的底蕴，主持人专业技能引领着专门知识的传播。主持人既要有专门的知识，还要有专业的技能，两者缺一不可。

——这就是"双专"意识理念的学术意义与实践意义之所在。

主持是门艺术 但绝不是主持后面加上了"艺术"这两个字就自然而然的变成了艺术。

艺术是需要创造的，艺术创作是需要专业功力的。

叶昌前教授曾指出：不能说具备了一两门知识就可以做主持人，或者说以是否具有这些专门知识来衡量主持人的水平，这个理论的误区如果不打破，就不可能对主持人有客观和公正的认识。[①]

艾丰先生又强调，节目主持人的优势并不只在于有广博的知识，更确切的说，这些知识对于主持人来说，主要是起沟通工具的作用。[②]

各门艺术同出一源，其区别就在于每一门艺术的特定表现方法：

驾驭是主持人内部的组织与掌控；

演播是主持人外部的表达与沟通。

---

① 《电视研究》1999年第二期。

② 艾丰：《话说电视节目主持人》，文化艺术出版社，1989年版，第163页。

驾驭与演播是同体共存的,现场驾驭与现场演播是主持艺术在"双专"意识支配下的两大行为表现,也就是说由"专业技能"、"专门知识"而构建成的"双专"意识理念,在"主持"这门"艺术"创作中的行为表现就是"现场驾驭"和"现场演播",这就是主持人的专业行为表现。

专业技能"强"则现场演播"精";

专门知识"懂"则现场驾驭"活"。

需要提醒的是:这两大行为的相互关系是"双专并用"的;

更要提醒的是,这两大行为表现的专业标高就是"传必求通"的现场演播和"串能激活"的现场驾驭。

要你主持人干什么?!说白了,要您来主持,这节目就变活了,就让人爱听爱看了。

北京外交学院的前院长吴建民先生曾说过:会说话的国家与不会说话的国家大不一样,沟通不完全是一种知识的体现,沟通更多的是一种天赋和能力,而这种能力也是一种生产力。

"传必求通"的新标高就表现在——主持人在现场演播中,必须追求演播的沟通,主持人的传播是在大众传播中糅合人际传播而表现在口语传播上,传必求通就是要直指人心,直入人心,这样沟通了,主持人与受众便心心相通了;

"串能激活"的新标高就表现在——主持人在现场驾驭中,必须把驾驭的节目激活,串联是主持人驾驭节目的外部特征,主持人串联在一个个板块中,一个个单元间,一个个场面里,主持人让串联起来的整场节目产生新形象,让串联起来的整场串词富有高神韵。

那些只串不联的,生硬串联的,胡乱串联的,让观众觉得惨不忍睹;

那种四平八稳的,苍白平淡的,与内容不入调,与节目不合拍,让观众于心不安。

节目一经主持人串联就激活了节目,让老百姓爱看。

节目一经主持人传播就沟通起受众,让老百姓爱听。

定位是首位;

纲举才能目张。

"传必求通的现场演播"与"串能激活的现场驾驭"是"双专并用"的、是"双专"意识理念中的一个纲,一个"双专并用"的纲之举在节目主持创作中将引领这六个"双管齐下"的目之张。

双管齐下(1):$\begin{cases} 要腹有诗书气自华 \\ 要口有语智吐莲花 \end{cases}$

中央电视台主持人董卿成功主持了《诗词大会》和《朗读者》后,报上、网上都用了苏轼的一句诗句来点赞,"腹有诗书气自华",比喻只要饱读诗书,气质才华自然横溢且高雅光彩,难道能熟读唐诗就能在节目主持中有精彩的驾驭吗?难道能背诵宋词就能在节目主持中有精美的演播吗?对于节目主持人而言,还要对上另一句话,这就是"口有语智吐莲花"。

主持人在说话,老百姓也在说话,凭什么要听你主持人说话?!

著名哲学家王充曾这样说过:"口则务在名言,笔则务在露文,高士之文雅,言无不可晓,指无不可睹"。

著名戏剧家老舍曾这样说过:"我们应该有点石成金的愿望,叫语言一经我们的手就变了样儿,谁都能说,谁都又感到惊异,拍案叫绝。"

我们常说当主持人难,难就难在你是否拥有了主持的文才,你是否拥有了演播的口才,这可谓是难上加难。

——这就需要主持人的语智,这语智就是主持人"通智言慧"的语言活动。

智慧是一种辩析判断、发明创造的能力,是文化进程中独创的执行力。

主持人在流程中的流畅当属正常表现;

主持人在语流中的语智才是非常表达。

《美国脱口秀》一书中说到:"在美国那个信息过剩、娱乐过度发展的国度,人们并不缺信息和娱乐,而最关心的是什么?谁在说?说什么?怎么说?只有那些'快嘴'才会让老百姓感到可乐、只有那些'名嘴'才会引发老百姓的兴趣,只有那些'大嘴'才会让老百姓感到可信,只有那些'秀嘴'才会让老百姓感到可亲。"

如果有三大电视网播报同一题材内容的新节目,假设这三家电视网的规模相等,报道的准确性的广度又相同,那么是什么因素促使观众选择收看其中一个节目呢? 这就要看主持人的语智了。

——既要"腹有诗书气自华",又要"口有语智吐莲花"。在节目主持创作中,主持人要双管齐下。

双管齐下(2):$\begin{cases}要有高出半个头创作状态的艺术质感\\要有第三种语言口语传播的文学质地\end{cases}$

大家都知道演员在剧中的创作身份是角色,而主持人在主持艺术实践中的创作身份便是节目的演播主人。

从严格意义上讲,主持人不完全等同于演播主人,主持人是一个职业的具体行当,演播主人是一个艺术的创作身份,这种创作身份,具有固定性,尽管主持人要跟观众面对面、心贴心,但在创作中必须要有"高出半个头"的创作状态,这样才能成为节目流程的主导者,节目节奏的主控者,节目沟通的主宰者。如果没有建立起"高出半个头"的主人身份,那主持人在主持艺术创作中,便使节目失去了艺术的质感。

从传统意义上讲,语言分书面语言和口头语言,而白岩松先生直言不讳的说:"我一直认为,我是第三种语言系统。"白岩松先生一直以为的第三种语言系统,也就是一种介于书面语和日常口语之间的言说体,要把日常生活口语与书面语言这两种形式的优点进行有选择的组合而产生有机性的融合,这就是言说体的"两合"特征。

把抽象的语言变成形象的,把静止事物变成活动的,把内在心里的活动变成外观可见的,这就是口语语体所具有的"三变"特征。主持人要拥有第三种语言系统,就是要拥有"三变两合"的语体用语习惯。"高出半个头"的创作身份就要说出属于这第三种语言的高出半个头的话,正如语言大师钱谷融先生所说:"正是语感中的能捉摸不到的高性才使得言语活力取得了文学的质地。"

——既要有"高出半个头"创作状态的艺术质感,又要有"第三种语言"的口语传播的文学质地,在节目主持创作中,主持人要双管齐下。

双管齐下(3):$\left\{\begin{array}{l}\text{要有话筒前会说善问能评的言语组织的技能}\\\text{要有镜头前会看善动能走的空间处理的技能}\end{array}\right.$

主持人在操持节目流程的创作过程中,具体表现在两个方面:一方面,主持人在话筒前要具备演播言语组织的技能;另一方面,主持人在镜头前要具备演播空间处理的技能。

从口语传播的完整意义上说,它是由言语的组织和口语的表达这两个方面所组成,口语表达就是吐字发声,声情并茂,而言语组织就是遣词造句、妙语生辉,因为两者的关系就是有力的言语组织出有效的口语表达。

演播空间是主持人工作的场所,那属于电视节目主持人的"空间"又在哪里呢?

说白了——与摄像机面对面就是电视节目主持人的演播空间。

作为一个电视节目主持人要想在节目中与摄像机建立关系,在这面对镜头的演播空间处理中,让呈现在荧幕上的画面对受众产生吸引力、感染力,这样所产生的节目主持人的形象才能被观众所赞同,所喜爱。

演播言语组织与演播空间处理两者的关系是互为关联:

主持人话筒前的言语组织是在镜头前的空间处理中所进行的动态表达;

主持人镜头前的空间处理将使话筒前的言语组织更富有了演播的活力。

一个主持人的会说善问能评,便是一个主持人在话筒前的直接表达,也就是如何会说话,如何善提问,如何能评议;

一个主持人的会看善动能走,便是一个主持人在镜头前的动态处理。也就是如何会看镜头的对象感、如何善于让身躯动起来的态势语言、如何在空间背景中呈现出带关系的走动感。

演播言语组织是主持人在话筒前流畅中的心智的触发；

演播空间处理是主持人在镜头前是流动中空间的占据。

——既要有"话筒前会说善问能评的言语组织"，又要有"镜头前会看善动能走的空间处理"，在节目主持创作中，主持人要双管齐下。

$$双管齐下（4）：\begin{cases} 要把有意思的话题做得有意义 \\ 要把有意义的话语说的有意思 \end{cases}$$

主持人的工作千头万绪，而绕不过去的一条就是每期节目的选话题，做话题，说话题；

每一期节目都有新的话题，每一次采访都有新的嘉宾。节目期期做，采访次次问。为了避免老生常谈，落入俗套，为了避免浮光掠影，留于其表，而让节目做得富有新意，让采访不断问出富有新意的话题；要在叙述中有精辟的议论，要在提问中有精准的追问，要在主持中有精彩的表现，那主持人就要把有意思的话题做得有意义，要把有意义的话语说的有意思。

可以说，互联网时代的知识是基本配置，现在任何知识都可以轻而易举迅速获得。更重要的是，当今主持人做节目要从"知识"向"智慧"迈进，如何有意思？如何有意义？如何在有意思和有意义之间转换，这就是做节目的大智慧。

主持人有魔力把现场的嘉宾与观众，原来拘谨的变得不拘谨了，原来讲不出话的能讲出很好的话了，原来没有意思的语言显示出有意思来了，原来直入的过程变得闪发光彩，生气勃勃了，而观众也常常被他主持的场面所感染，被吸引到情境中去，感到贴近和亲切，由认同而产生心里极大的心理愉悦把话题沟通地兴致勃勃、心心相印，把问题组织的趣味盎然，引人入胜[1]，这就是"有意思"与"有意义"转换间的魅力之所在。

---

[1]　江俊绪语引自《叶惠贤主持艺术论集》，上海三联书店，1992年版，第32—33页。

——既要把"有意思的话题做得有意义"、又要把"有意义的话语说的有意思";在节目主持创作中,主持人要双管齐下。

双管齐下(5):$\begin{cases} \text{要用信息能量强的词语去表达} \\ \text{要用信息能量强的画面去表现} \end{cases}$

谁都知道,医生与病人是医患关系,如果医患关系搞不好那就会带来意想不到的麻烦。那主持人与观众是什么关系?说话人与听话人存在着一种"传授关系"。一个是传播信息的人,一个是接受信息的人,如果这种传授关系搞不好,那就同样会带来意想不到的麻烦。

这种传授关系有两大特征:首先,传者总是在有限的时间给别人留下美好的第一印象,而受者总是在最短的时间想得到最重要的,也是最有用的信息。

对于传授主体的主持人来讲,该怎么办?那就是要用信息能量强的词语来表达,要用信息能量强的画面来表现。如何来感受信息能量强的词语呢?我们来听听这样一段话:

余秋雨先生对谢晋大导演进行评析时曾说过这样一段话:"如果将 20 世纪分成前后两半,要举出后半个 50 年中影响最大的一些中国文化人,那么即使把名单缩小到最低限度,谢晋导演的名字必在其中。"

而我们的主持人立马回应说上这样一句话:"余老师未评价任何一部作品的高下,而谢晋先生的人品伟大却尽在其中。"

话语中"作品"接应"人品"、对话中"尽在其中"对应"必在其中",让人当场获得强烈的感受,而事后又留下强烈的印象。

实践证明:用信息能量强的词语,不是在于词语叠加,修饰拗口、句式冗长,刻意装扮"亚学者"状,信息能量强的词语恰恰是让人"听得进","记得住","传得开","用得上"。

主持人对内容精准选择要有——角度、力度与温度。

主持人对表达精炼组织要有——共鸣点、共振点和共享点。

如何获得信息能量强的画面呢?

首先,这电视节目的信息和思想是通过画面而呈现在观众面前的,那么信息结构的立体性已成了电视媒体在传播过程中的一个重要课题,电视节目信息的立体性,将要求最佳声画组合,如何自如的运用素材图像、同期声、画外音、音乐音响、字幕、图表、特技等综合化传播符号,对呈现在画面中的信息做全方位的再现,这种涵化后的综合符号的程度越高,电视画面的符号总体特征就越有特色,越发鲜明。

再之,这电视节目往往有三条串联线,这就是主持人与人事叙述线,情理议论线以及场面娱乐线。

主持人娱乐手段的运用,有音乐、舞蹈、戏曲、小品、物件选择、道具设置、悬念铺排、情节故事、风趣语言、游戏活动等。场面娱乐线这些手段的运用,将决定着节目形态的吸引力与出彩性,这也是主持人用信息能量强的画面的一个厚实又富有活力的表现。

——既要用"信息能量强的词语去表达",又要用"信息能量强的画面去表现",在节目主持创作中,主持人要双管齐下。

$$双管齐下(6):\begin{cases}要让没有刻画痕迹的形象形真而圆\\要让出于完整个性的神韵神和而全\end{cases}$$

每当问及中央电视台主持人崔永元主持过什么节目时,大家异口同声的说是《实话实说》,这是事实,但这种回答至少给我们带来两种思考。

其一,崔永元先主持《实话实话》,后又主持过《小崔说事》、《电影传奇》、《小崔说立波秀》、《谢天谢天你来了》以及上海台的《东方眼》,这先后六个节目,为什么大家异口同声都记住了《实话实话》?

其二,这六个节目的时间跨度,大概有 20 年,按常规,人们应该回答离时间最近的节目,为什么回答的恰是离时间最远的《实话实说》呢?

按理说,崔永元的《实话实说》节目是做得好的,那以后理应越做越有经验,越做越好,为什么观众认同的恰是最早的节目做的最好呢?

主持是门艺术,艺术是需要创造形象的,那么,从深层艺术的角度来讲,什么是严格意义上的节目主持人的形象呢?

用一种公式表示:

主持人的个体形象+节目的主体形象＝节目主持人的整体形象;这种整体形象的最高呈现就是节目主持人的个性演播形象——崔永元在《实话实说》中他成功地创造了整体融合的节目主持人形象。

历来谈论和研究成熟的艺术形象不外两个方面:一是内在的成熟,一是外部的成熟。

形真而圆的标准就是说表现的形象真实饱满且没有刻画痕迹。

神和而全的标准就是说不仅传神且所传之神是充分而完美的。

电视节目主持艺术的融合形象是主持人与节目"你中有我,我中有你"的融合,这种融合的形象是属于整体的,既是表现的艺术,又是表达的艺术,或者说是整体的表现表达的艺术。这种整体形象的融合是富有生气的。形象的表现要富有生气,语言的表达要富有生气,或者说富有生气的语言表达呈现出富有生气的形象表现,这种整体与生气就是个性①。

个性是主持人魅力的核心,语言是主持人个性展示最重要的手段,整体形象的表现是靠主持人个性化的演播状态所体现的,所以说,电视节目主持艺术是一门创造出主持人与节目整体融合的个性演播形象的艺术。

个性就是优秀事物的稳定性。

如今的主持人已经深切体会到,受者并非被动而是在积极地选择信息,其传播的过程就是一种富于情感的积极的认识过程,面对不同电视台的同类型节目,受众很可能会因对不同节目主持人的好感而选择频道。

电视造就了越来越感性化的受众,而受众的感性化造成对电视形象的追求:谁的魅力过人,谁就更吸引人,谁的魅力有过人的长久性,谁

---

① 朱国庆:《艺术原理》,中国美术学院出版社,1994年版,第203页。

就更有吸引人的长效性。

值得提醒的是：能够得到观众称赞的主持人，以至达到无可替代的主持人便是最棒的，最有能力的电视节目主持人便是电视节目主持艺术最形象的成熟体系。

值得思考的是：一旦这些主持人离开节目，一旦这些成熟的个性演播形象消失，随之节目便黯然失色以至节目的艺术生命跟着消亡，这就是电视节目主持人创作融合的成熟艺术形象的哲理。

值得肯定的是：一个电视台不可能人人都是主持大家，但一个成熟的电视台必须要有各类各路领军的主持大家，领悟电视节目主持艺术的真谛，去终极追求那成熟艺术形象便一波波地成长起来，一个个地成熟起来。

既要有"让没有刻画痕迹的形象形真而圆"，又要有"让出于完整个性的神韵神和而全"。在节目主持创作中，主持人要双管齐下。

"双专意识"的理念，涵盖"专业技能"与"专门知识"两者的关系是缺一不可；

缺一不可的"专业技能"与"专门知识"在节目主持创作中的行为表现是"现场演播"与"现场驾驭"。

现场演播与现场驾驭这两大行为表现在节目主持创作中的标高呈现就是"传必求通"与"串能激活"。

应该说明的是："传必求通的现场演播"与"串能激活的现场驾驭"在节目主持创作中的两者关系是"双专并用"的；

再要说明的是：双专并用的"传必求通的现场演播"与"串能激活的现场驾驭"是双专意识理念中的一个纲；

更要说明的是：一个"双专并用"的纲之举将在节目主持的创作中引领出六个"双管齐下"的目之张。

"非常1+6"的亮相，是节目主持艺术高点的一种提炼，一种概括。

"非常1+6"的表达，是面对知识与技能，艺术与专业的一种整体梳理，是一种合规律的核心理念；

一个双专并用是个"纲",是主持艺术专业的行为表现；

六个双管齐下是个"目",是主持艺术专业的展现方法；

这就是纲举目张。

在"双专意识"理念中,"双专并用"的行为表现与"双管齐下"的方式方法将呈现出节目主持人与主持人节目"双全齐美"的主持理想。

中央台白岩松、撒贝宁做到了；

北京台悦悦,上海台何婕做到了；

江苏台孟非,湖南台汪涵做到了。

——现象级、教科书级的《朗读者》节目的总制片人,总导演,主持人董卿的艺术实践就是一个经典的案例,又是一个完美的佐证。

《特别七层塔》——主持人节目的创新性

在搞赛、搞笑、搞闹节目霸屏的态势下,在过度娱乐,高度同质,强度奢华节目的环境中,在正能量不足,价值观不正,审美情趣不高的氛围里,董卿以总制片人,总导演的身份,主持亮出了既属于电视的又属于自己的《朗读者》节目。

《朗读者》返璞归真,回归电视本体

《朗读者》正本清源,寻求艺术神性

静态美中尽显动态朗读魂

《朗读者》是董卿用"非常 1+6"构建了一座"特别七层塔"

塔层一:一个朗读亭的设置,既开放了节目户外沟通的大门,又降低了参与节目的门槛,如同海选一样,增厚了读者资源。一个在排着长队静候朗读的真实镜头,一开头就引人入胜,一开启就拉开了《朗读者》节目的序幕而产生观众的兴趣感。

塔层二:两块共六人各六分钟的采访室,以及供《朗读者》当众表现的朗读厅的"厅中有室"、"门里有戏"的大布局,似磁铁般贯穿着整档节目而产生观众从头到尾、从外到里的期盼感。

塔层三:三种在演播大厅中的站姿、坐姿与跪姿的采访样式及朗读样态,让场面处理得高低有别、错落有致,而让节目在流程中呈现出一种层次感和立体感,使得观众在朗读欣赏中始终保持着一种愉悦感。

塔层四:四种角度的反拍、侧拍、正拍以及大俯拍的镜头,如此反复而又重叠的聚焦在主持人迎接嘉宾、陪伴嘉宾、从采访室出门亮相,像明星走红地毯似的慢镜头处理,加之每段采访结束时压轴必用的神来之语"我们去朗读吧",骤然增强了走在朗读大道上的仪式感与朗读传播行为的崇高感,愈发产生受众到《朗读者》节目现场跃跃一试的参与感。

塔层五:五个上场门的前后左右方位的运用,让一个剧场大门口,两个楼梯进口,一个观众席入口,一个采访室的进出口,拓展了演播厅空间中的空间,而呈现了主持人与六位嘉宾及嘉宾群出场的新鲜感,同时又让前前后后众多的亮相富有了递进性的视觉张力,让观众面对变化多端的朗读空间,在心理上保持着一种好奇感。

塔层六:六位名人与普通人的朗读者的相间安排,让朗读变成了载体,让采访引出了故事,既让普通人的朗读感动人,又让名人的朗读吸引人,让名人与普通人的故事震撼人、鼓舞人,更让朗读艺术既雅俗共赏、又雅俗各赏,让受众在观赏中、感受中获得一种满足感。

塔层七:七个节目的包装元素综合运用,表现在对片头、片尾、片花、标识、宣传片及演播室内外空间与主持人静动态的制作和选择上,节目包装成了《朗读者》节目形态的识别系统,也是《朗读者》节目最鲜明的表现特征而成了《朗读者》节目的符号感。

我们同样看到,主持人为每期节目的主题词,演绎着每期节目不一样的又精心设置的、富有艺术性的片头;

我们同样可以看到,世界一流钢琴演奏家与具有特色的吉他演唱者的片尾,以及片尾中六位嘉宾的经典诗句的排列回放;

主持人精心穿着雅致而略带飘逸的淑女套装,穿梭在采访室、观众席、朗读厅的动态身影属于构成了《朗读者》节目气质的流动亮点;

主持人诚心把广告语"行有道达天下",用在每一轮的嘉宾环节之首,开场在说,收场又说,其广告语的含义,与社会广为流传的"读万卷书,行万里路"有异曲同工之意,既兑现了广告合约又起到了推广广告语的妙用。

朗读时,画中画的读本在自动翻卷,重点线在同步游画,就在这嘉宾用情朗读时,更吸引受众用眼阅读,这匠心独到的风格画面在节目中重点重复呈现而成了《朗读者》与阅读者声声入耳,心心相印的标识经典。

朗读时,文房四宝,书桌茶椅的小道具设置,与大书楼背景墙的交替对应更换,让内外空间的景区组合互为借景而表现出属于节目特有的一派浓烈的书卷气;

这些富有创新性的节目最外部的表现特征,形成了识别系统,使节目呈现出属于《朗读者》独家拥有的整体鲜明的形态感。

董卿在《朗读者》节目中,对空间处理认同得高,感受得深,表现得美,从而体现出在流动中对空间的占据,也只有这样才能证明主持人有了真正驾驭空间的演播力。

一位资深的老教授曾这样说:"电视对主持人的要求不仅仅在于审视敏感的高低,情绪强弱的把握,节律齐散的处理,流程张弛的驾驭,还要看他能否在荧幕上开拓一块空间,看他在这块空间中,怎样经营那属于自己的天地,看他在这块空间中,怎样去感受收视者的心灵,又怎样去沟通人类活动的舞台,当他在这块荧屏上站住了脚,并以新的形象开拓作为自己鲜明的标志而为观众所喜爱,我们才能够说,这位主持人具备了一个属于自己的真正空间。

董卿在《朗读者》节目中做到了。

一位曾经干过演员,搞过摄像,当过记者的电视节目主持人曾这样说过:"作为一个电视节目主持人,必须有驾驭你周围环境气氛的能力,如何在摄像机前得体的、主动的,不露声色地控制周围的情绪,以便更迅速,更准确的体现节目的原设计要求,这与记者的采访方法,谈话内容,一个动作,一个细节,都有着密切关系。应该说,这种驾驭现场周围环境的能力,源于舞台经验,运用到新闻采访之后,有了更鲜明的更实在的新内容,这对我后来当电视节目主持人所必须具备的驾驭整个节目的能力,是个很好的准备。

董卿在《朗读者》节目中做到了。

一位世界著名电视节目主持人在多种场合也曾这样说过:"确有一种占据荧屏的素质,你出现在荧屏上,就在控制着观众的注意力,一些一流的从业人员、一流记者、一流撰稿人、没有坐在主持人的位置上,也就是因为他们没有吸引观众注意力的特质。如果你有这种特质,突然间你就会成为新闻从业人员中更有价值的一个组成部分,为什么呢?因为,更多的人会收看你主持的节目,主持人必须在荧幕上经受检验,是否具有吸引观众注意力的魅力。"

董卿在《朗读者》节目中做到了。

朗读节目本属于静态之美,而集制片人、导演人、主持人为一身的董卿,神奇般的让《朗读者》在富有独特形态感的动态中,用占据荧屏空间的能力与吸引观众注意力的魅力尽显主持魂。

董卿用了20年修炼了节目主持人的"非常1+6";

董卿用了五年铸造了主持人节目的"特别七层塔"。

有人说,为什么当今观众都毫无痛感地望着主持人离去?是因为太多的主持人拿不出手;

我要说,一旦主持人拥有了"非常1+6"的多面手,那不仅是"拿得出手"而且是"要出手时就出手",全新造出一座又一座"特别七层塔"!

我们正迈进"全媒体"时代:全程媒体、全息媒体、全效媒体;

我们正推进"融媒体"的深度发展:台网并重,移动优先,迎接数字化、拥抱数字化。

浙江传媒学院金重建教授指出:"现代电子技术飞速发展,某种意义上改变了播音与主持艺术的创作生态,技术含量成为播音与主持艺术的创作价值的重要元素,但思想含量在创作活动中仍然起着提纲挈领的作用,同时失去艺术含量这个创作核心,将失去传播的感染力,只有创作主体、文本主体、接受主体融为一体,产生彼此间的共鸣,受众才能真正从有声语言和副语言创作中感受到节目的魅力所在,进而播音与主持艺术主体的创作价值才得以最终实现。①

守正创新,有容乃大。

文化学者余秋雨先生早年在"叶惠贤的主持艺术研讨会"上就指出:"我们的优秀节目受欢迎的原因很多,从根本上说,是由于观众看到了一种真正的电视文化,电视文化从某种意义上来说,是一种主持人文化,但愿我们的荧屏上能出现更多能充分发挥电视文化的优秀节目,出现更多富有魅力的电视节目主持人。"

著名的中国文艺评论家协会主席夏湖先生在看了《朗读者》第三季以后,在评论中指出:

自2017年,《朗读者》诞生以来,这档以"朗读"为名的节目,就自觉的把提高作品的精神高度、文化内涵、艺术价值作为追求,让人性的光辉烛照人心,如春风化雨般涵养和培育了无数观众的审美价值、审美习惯和审美取向,全新开播的《朗读者》第三季更上层楼,恰逢其时的在荧屏上树立一种可贵的审美风范。

夏湖教授又从审美的等级进行了评论:

《朗读者》给观众提供了一种精神审美、不仅仅是给人们提供思想的力量和道德的教化,更多的是一种审美的启迪,文学之美、生命之美、情感之美在这里相互融合,形成了一种震撼心灵的时代之美,是一件对我们这个社会、民族、国家意旨深远的事情,这在今天这个时代尤为重要。

所以,我们有理由以一种文化的自觉使传播成为一种独立的文化,而让观众看到一种真正的电视文化;

强化"双专"意识、强化"1+6"理念,而不是"弱化",更不是"矮化";

功到自然成,只有拥有了硬核的功力,才会有无尽的创造力,只有

---

① 2019年中国传媒大学出版社《中国传播研究》2期。

获得一个等级,才能在节目主持中游刃有余,来去自由。

有这样一句话:"无论是对美的创造,还是对审美观念和审美理想的展现,从传播的角度来看,都是人类活动的组成活动,换句话说,人类社会的各种艺术活动同时都是传播活动。"①

有这样一句话:"主持艺术的本质特点是传播性,这独特的艺术性为特定的传播性产生特别的沟通性,而让特有的传授关系更大化。"②

所以,我们有理由在主持艺术实践中,让一个个创造性的节目凸显着一个独树一帜的主持理论,并跳荡着一个独具匠心的艺术境界。

此时此刻,送上两句话作为结语:

新时代,我们用心传播中国声音;

新征程,我们用爱讲述中国故事。

(作者系上海戏剧学院影视学院原副院长、教授)

① 2010年东方出版中心《艺术与传播》。
② 2015年上海三联书店《主持艺术》第三册。

从当代大众审美形式需求谈中华经典诵读的艺术呈现方法

董 蓓

中华经典诵读是中华民族宝贵的精神财富,蕴含着中华民族的性格特征,对培养和塑造人的传统美德、精神境界具有促进作用。中华经典诵读作为传播中华文化的重要组成部分,在丰富精神生活、提升艺术修养有着不可取代的作用①。江苏省语言文字委员会响应党中央的号召,本着传承和弘扬中华优秀传统文化的目的,在近年举办了多场国学诵读巡回演出活动,并结合大众审美对形式的需求,运用多种艺术呈现手法,为观众带去精彩的演出,产生了良好的社会反响。应当认识到,中华经典诵读活动是一种艺术呈现,它包含了大众审美的众多需求,而大众审美的形式需求跟随时代变迁,发生很大变化。人们不满足于单一的艺术呈现形式,需要从多方面积极探索受众接受度高的中华经典诵读形式。

一、针对不同人群的演出文本选择工作

在前期的演出策划过程中,选择篇目是一个极为重要的工作。不一样的地域,不一样的受众,这些因素都会对篇目的选择产生很大的影响。

1. 低年龄段群体

中小学校是中华经典诵读活动的重要组成部分,中小学生的世界观、人生观、价值观等还在成长和变化当中,在选择篇目的时候,《论

---

① 夏海,品读国学经典[M].生活.读书.新知三联书店出版,2014-9

语》、《诗经》等蕴含人文基本素养的篇章成为首选。这些作品朗朗上口,文本简单易于理解,能够充分引导中小学生迅速地汲取国学经典篇章中有价值的知识,感受丰富的语言魅力,提高道德修养。同时,我们也会选择中小学语文课本中所推荐的经典篇目,这些篇目对于中小学生来说更为熟悉,在演出的过程中,容易调动中小学生的主动性和参与性,从观众转变为参与者,在享受演出的同时,积累自身的语言能力①。我们也曾选过一些具有特殊历史背景的作品,例如《赵一曼的信》、《长征赞歌》等,试图让中小学生在历史的氛围中体会历史人物的卓越精神。

2. 青年群体

在曾举办过的"拥抱新时代,壮哉中国梦"活动中,我们设置了"大国泱泱"、"砥砺前行"、"继往开来"、"伟大复兴"四个大篇章,在紧扣十九大精神的同时,充分考虑了受众对于诵读篇目的认知度和接受度。既有《蒹葭》这样朗朗上口,易于理解的篇目,也有《岳阳楼记》这样满怀诗人情感和政治抱负的篇目,避免通过语言难以理解和接受的篇目,将观众熟悉的篇目,通过舞台形象化的演出来让观众感受到不同于文本阅读的艺术享受。同时选择一定数量的符合社会主义现代化精神,蕴含深刻人文道德品质的作品,通过诵读演出进行推广,将更多更好的作品推向大众。

青年群体观众因为受教育程度不同、社会地位不同、审美需求不同,具有很强的个体性,但是在众多的个性特点的差异中,对于基本人文素养、道德规范的需求是有很强的共性的,在篇目的甄选时,正是以这种共性为基本,选取更有普适性,更易于推广的的篇目。

3. 中老年群体

中老年群体是比较特殊的受众群体:一方面他们的人生阅历和经验积累丰富,对于演出本身的审美要求较高;另一方面,他们的世界观、

---

① 王怀松,文言文诵读法古今谈[J].语文教学与研究,1998(4)

价值观和人生观有着自己独特的理解。面对这样的群体,我们把重点放在经典篇目,用不同的方式演绎和解读,着重于纯粹的审美享受和不同的经典解读。正所谓"一百个人心中有一百个哈姆雷特"——对于经典篇目他们有着自身独到的见解,我们致力于营造一个益于感受和思考的情境,让观众在观看的同时能够结合自身的经历沉浸其中。

二、从人物总体造型表现力入手,塑造表演团队的主体形象

在中华经典诵读演出中,观众所接收到的第一个舞台信息就是演出者的"主体形象"。这不仅仅是个人的形象,也是整个团队的形象,同时更是代表着中华经典篇章中的人物形象。"主体形象"是需要塑造和创作的,是由"本体形象"与"作品人物形象"交集而成的"舞台形象",从狭义上来说,包含着一个人的外貌、衣着、长相、妆容和衣着等等;广义来说,更包含着一个人所能发散出的气质、精神、魅力等等内在属性。一个成功的舞台形象的塑造,首先能够愉悦观众,给观众带来演出最基本的娱乐享受;其次能够更好地传递中华经典篇章中的主旨思想和内容,使观众沉浸其中,在潜移默化中带给观众启发和思考;同时,作为朗诵者本身,在塑造形象的过程中,能够更好地理解和剖析作品本身的内涵和意义。一个成功的形象也能够给自身带来自信和能量,更好地展现经典作品的魅力。

1. 团队人员组成

以由江苏省教育厅江苏省语言文字委员会主办的"拥抱新时代,壮哉中国梦"诵读会巡回演出为例,诵读者主要由经典诵读的研究者、电视台与电台的节目主持人、专业艺术院校的教师、专业艺术院校播音与主持艺术专业的学生组成,整个团队秉承着专业和踏实的态度。资深的经典诵读者,代表着团队对于经典诵读推广的学术基准,这是对团队自身,对观众的一种负责,也是对中华经典的尊重,同时也能更好的将研究者们的所得所获传递给广大受众。而专业艺术院校的教师,则代表着诵读这个艺术表现形式本身的专业性,唯有专业的,标准的语言传达才能最好的达到国学诵读推广于大众的目的。专业的教师,是团

队中语言乃至各种传播艺术形式专业性的保障,同时,多年的教育工作经验,在经典诵读的推广中,也具有很大的借鉴意义①。电视台和电台的主持人,无论是外部形象还是声音形象,都在广大的受众中具有很高的辨识度,一方面,长期的良好的银幕或者声音形象能为国学经典的推广增光添彩,成为经典诵读的"代言人";另一方面,也能够增加团队的亲和力,打破经典诵读在很多人心中固有的高高在上,难以触摸的印象。播音主持艺术专业的学生的加入,则为团队注入了更多的活力,给观众带来阳光、积极、青春的形象,展现出经典诵读的活力和积极向上的精神。

2. 服装与妆面

无论是在话剧、歌舞剧或者戏曲等等舞台艺术中,表演者的妆容服饰都是一个重要的美学特征,不同的色彩,不同的款式都能营造出独特的气氛和内涵,给观众带来更为直观的审美享受和内心触动。在诵读演出的舞台上,服装主要采用了中式改良的服装,女性多采用颜色素雅的纱裙,而男性多采用中式立领西装,在庄重严肃的整体中,也融入了东方古典的典雅含蓄。整体的造型过程中,秉承着尊重历史本身的时代特征、社会特征和人物特征的原则,在符合大众普遍的审美条件下,做出一定程度的保留和创新。在不同的具体篇目上,有着特殊的、更贴合经典篇目的服装,例如民国时期的学生装、八路军战士的军装等等,这些服装能够展现出表演者乃至诵读篇目的个性特点,营造戏剧化的舞台氛围,更好的帮助观众获得共鸣,沉浸在经典篇目的情境中。

在团队诵读者整体妆容上,主要采用清新淡雅的淡妆,对眼部、鼻子和嘴唇进行用浅色系的化妆品化妆,例如淡粉色的眼影。整体的设计要求勾画出表演者的面部特征,使得面部在舞台灯光下具有层次感,符合舞台表演的要求,观众能够清楚的看出朗诵者在诵读过程中的表情变化,同时又不能使得妆面具有"攻击性",即在日常中式古典妆容

① 付程,实用播音教程.第二册.[M].北京:北京广播学院出版社,2002-01-01

的基础上,进行轻微的舞台化设计,区别于话剧舞台的人物个性妆容,不过多的凸显个人特性和性格色彩。

3. 诵读语言形象

很多中华经典篇目因其创作的环境和年代不同,具有鲜明的时代特征,与现在的社会文化理念有一定的差别,在文本的阅读和理解上,对大众来说存在一定的障碍。在以在大众中推广中华优秀经典篇目的目标下,我们首先遵循的理念就是让大众更容易的通过朗诵者的语言来接受文本,理解其中的内涵。

在接触经典篇目的初期,要求诵读者深入的认识和理解作品,感受作品的情绪和意义,"朗诵是一种思想与个性、知识与情感、意识与经历相结合的有声语言行为",朗诵者要设身处地,触景生情,将自己代入经典篇目的情境当中,将情境中的感受转化为自己的情感①,再通过语言表达出来。在语言表达过程中,首先要做到语音标准,内容清晰明了,以观众能完整清楚的接收朗诵者的语言信息为第一原则。其次,整体节奏舒缓,避免过快的节奏、过大的信息给观众造成填鸭式的感受,让观众在舒缓愉悦的情绪中感受语言带来的艺术享受。语言的节奏变化贴近中国传统诗词的音律感,简洁凝练,声韵连绵,缓缓入耳②。

在整体的语言形象基础上,面对不同的观众群体,会有不同的细节设计。例如在小学中演出,会加强诵读的节奏感、韵律感和互动感,增强亲和力,调动小朋友的情绪和积极性。在面对年龄较大的观众时,则会降低语言的速度和节奏,保证信息的完整准确的传递,给予观众体会和回味的语言空间节点。

三、中华经典诵读听觉艺术呈现形式

中华经典诵读不仅可以让受众领会往哲先贤的智慧,还能给受众带来心灵的净化和熏陶。试想如只是简单的浏览文章,是很难对文章

---

① 张颂.播音创作基础[M].北京:广播学院出版社,1998
② 张颂.朗读美学[M].北京:广播学院出版社,2002

有全面的理解,更不会对文章中人、景、物、心理、情感等有真切的感受。中华经典诵读活动不仅仅有诵读一种形式,它还可以根据受众的不同需要,与吟诵、歌咏、器乐演奏等艺术相结合,为受众带来审美愉悦。

1. 吟诵

"吟诵,是汉文化圈中的人们对汉语诗文的传统诵读方式,也是中国人学习文化时高效的教育和学习方法,有着两千年以上的历史"。吟诵是中国非物质文化遗产之一,近几年有越来越多的人喜欢吟诵,因此,我们将吟诵与诵读相结合,组成了受众喜爱的形式之一。在《拥抱新时代 壮哉中国梦》中华经典诵读活动中,开篇《蒹葭》就用了吟诵与朗诵结合的诵读形式,为观众带来了一场不一样的听觉体验。"蒹葭苍苍,白露为霜。所谓伊人,在水一方",节目一开始,男演员坐在舞台侧方,将这篇《诗经》用吟诵的方式缓缓道来,并赋予人物感。紧接着,女演员带着人物感上场,将书中的诗经用诵读的形式呈现在舞台上,无论从服装造型到形象声音,都营造了一种美好的意境。诵读演员将吟诵和诵读的形式相融合,把文字立体的呈现在舞台上,使受众仿佛置身于蒹葭河畔,感受到了汉语言文字的魅力,达到传播国学经典的效果。《蒹葭》朗朗上口,是大家耳熟能详的篇目,通过诵读与吟诵相结合的方式,将观众带入到情境中使之身临其境。这种艺术呈现形式,既丰富了舞台表现形式,又提升了传播效果,结合国学经典优美的文字,使观众聆听和感受到了悠悠中华的深厚文化魅力。

2. 歌咏

"与吟诵相对应的还有歌咏。歌咏是一个汉语词语,意思是歌唱、吟咏,谓以诗歌颂扬。"古人用歌咏的形式表情达意的有很多,歌咏的形式对于中华经典诵读尤其是在青少年中的传播有很好的效果。在由教育部语言文字应用管理司、教育部港澳台事务办公室联合主办的2018中华经典诵读港澳展演活动中,因受众多为中小学生,故在《声律启蒙》这一节目的编排上,借鉴了中央电视台《经典永流传》节目中赵照编排的《声律启蒙》,采用了歌咏与诵读相结合的艺术形式。节目由五位学生诵读《声律启蒙》,之后再由一位学生用歌咏的形式把《声律启蒙》唱出来,"云对雨,雪对风,晚照对晴空……"舞台上用一遍普通话,一遍歌咏的形式将《声律启蒙》呈现出来,伴随着优美的旋律,受众在歌声悠扬中快速学会了《声律启蒙》,节目效果很好,得到了现场观众的一致好评。"车万育所作的《声律启蒙》是训练儿童应对、掌握声韵格律的启蒙读物。"之所以选用歌咏的方式,一是儿童对声音、旋律比较敏感,二是对对子是中华传统文化重要的形式之一,有着重要的地位和深厚的根基,因此将声律启蒙唱了出来,可以使学生更好亲近中华经典,感受中华文化的魅力。

3. 器乐演奏

随着时代的发展,人们接触到的艺术形式越来越多,而单纯的诗歌诵读未免有些枯燥,因此与器乐演奏等多种艺术相结合的中华经典诵读应运而生。器乐现场伴奏在当下的中华经典诵读活动中深受喜爱,从种类上大致分为两类,一为民乐,如古琴、古筝、琵琶等,回味悠长,一般适用于古诗词朗诵;二为西洋乐器,如钢琴、小提琴、大提琴等,典雅大方,一般适用于现代诗文的朗诵。在《拥抱新时代 壮哉中国梦》中华经典诵读活动中,第一篇章《大国泱泱》就采用了古筝、琵琶现场伴奏的形式,《出塞》《望岳》《行路难》《念奴娇 赤壁怀古》等经典古诗词,伴随着或悠扬、或高昂的民乐演奏,可以帮助诵读者更好地表情达意,无论是"国破山河在"的忧愁,还是"大江东去浪淘尽"的豪迈,借助民乐的感染力,也能够更好地将受众带入到诗文中的情景,民乐的古韵悠扬为现场受众带来了别样的艺术感受。第三篇章《继往开来》则选用了钢琴、小提琴和大提琴现场伴奏作为现代诗文诵读的配乐。其中《我为少男少女们歌唱》采用钢琴和小提琴伴奏的形式,为观众营造了一种梦幻、回忆的感觉,钢琴的悠扬和小提琴的轻快,构成了青春意境,使受众可以跟随诵读者在美好的情境中遨游,去感受那不可多得的甜美意境。而《祖国啊我亲爱的祖国》则是选用钢琴和大提琴结合的形式,诵读的前半段用钢琴伴奏,将观众带入到意境中,而后半段伴奏加入大提琴,它悠扬又厚重的旋律,给诗歌的意境增添了一丝忧愁和沉重,诵读者跟随着大提琴的旋律,全情投入,诗歌整体处理感人至深,诵读者与读者通过器乐和朗诵相结合的形式,达到心意相通,全场热泪盈眶①。

在中华经典诵读作品中,通过将音乐与语言相融合的表现方式,确实能够帮助受众感受更多国学的美,但需要注意的是,音乐和作品应相互匹配,具有气韵相通的呼应效果,保持一致和协调。如果两者在意境上南辕北辙,那就会起到反效果。

四、中华经典诵读视觉艺术呈现形式

大众审美形式需求多种多样,不仅有听觉上的需求,视觉上的需求也同样重要。从视觉的角度来说,中华经典诵读可以与舞蹈、书法、情景剧等艺术手法相结合,这种有机结合对国学作品在舞台上的呈现有着很大的辅助作用,尤其是古典舞和书法,它独有的艺术魅力可以增加人们对国学的了解和喜爱②。

1. 舞蹈

在中华经典诵读的活动中,根据作品内容,运用到诵读作品中的多为古典舞和现代舞,它们有其各自的风格形式,用于表现不同的作品,舞蹈这种艺术形式作为在诵读中的视觉补充,在一定程度上为中华经典诵读带来了更多的"色彩"。在《拥抱新时代 壮哉中国梦》中华经典诵读活动中,很多诵读节目都与舞蹈合作,如《序》中运用古典舞开场,营造儒雅、静谧的观看意境。在第一篇章中的《念奴娇 赤壁怀古》环节就用了与古典舞相结合的诵读形式呈现于舞台,舞者刚柔并进的舞姿,展现了征战沙场风流人物的英雄气概,与诗歌诵读融为一体,为受众再现了诗歌中的情景。在第二篇章《砥砺前行》中,用的则是现代舞,如《赵一曼的信》,在这封短短的遗书背后,凝结着一段民族大义、骨肉亲

---

① 姚文放.现代文艺社会学[M].北京:社会科学文献出版社,2007
② 王一川.大众文化导论[M].北京:高等教育出版社,2004

情和信仰追求的传奇,诵读者深情诵读,在舞台的另一边则是两位舞蹈演员饰演的一对母子,他们用现代舞的方式,将离愁别绪诠释出来。现代舞与诵读相结合,把面对生离死别复杂的情绪淋漓尽致地表现出来,让受众更真切地感受到母爱的炙热[8]①。

2. 书法

书法作为我国的国粹之一,在我国有着广泛的群众根基,"汉字书法为中国文化的独特表现艺术,被誉为:无言的诗,无形的舞;无图的画,无声的乐"。在由教育部语言文字应用管理司、教育部港澳台事务办公室联合主办的 2018 中华经典诵读港澳展演活动中,节目《墨语》将中国书法、古筝、古典舞与诵读相结合,受众可以透过演员的表演感受到中华传统文化的魅力。跟随着古筝琴弦的跃动,表演书法的演员手握毛笔,流畅自然地书写着"天行健,君子以自强不息;地势坤,君子以厚德载物。"书法完成之后,向受众展示书法作品,并介绍作品内容及意义,更直观的解读国学经典。"学生用自己的观察,自己的体验去感受、理解、认同书法文化,提升学习中国传统文化的兴趣,并促进综合素养内化提升②。因此,书法在中华经典诵读中的展示,让受众用自己的观察和体验去感受国学经典,有利于增强民族文化自信,提升观众的民族文化认同感。

3. 情景剧

中华经典诵读除了与舞蹈、书法这些为观众带来美的感受的艺术呈现形式相结合以外,与情景剧的充分结合也能够从视听觉运动觉上满足观众整体的审美需要。情景剧与诵读相结合,不仅有语言,还有人物、事件、情景等的表演,这种形式把文字内容转化为了表演,能让受众第一时间理解文中大意,看明白作者想表达的情感。在由教育部语言文字应用管理司、教育部港澳台事务办公室联合主办的 2018 中华经典

---

① 周宪.文化表征与文化[M].北京:北京大学出版社,2007
② 邵华强、金玉玲.走进传统 传承文明——"感受古代文明"书法文化体验特色课程的探索与实践[J].《江苏教育》(书法教育):2017,11

诵读港澳展演活动中,散文集锦《美丽中国》就运用了情景剧与诵读相结合的形式,展现普通话和经典散文的魅力。比如散文集锦里的《泰山极顶》,诵读者在舞台前方诵读,由两位同学在舞台后方扮演登泰山看日出的游人,表演的情景与散文中的内容交相呼应,形式新颖,既能让受众从听觉上享受汉语言文字的魅力,又能给受众带来视觉刺激与运动感受,以达到传播的整体效果。再如散文集锦里老舍的《过年》,不仅有诵读者诵读,还有多名演员扮演放烟花、贴对联的人,舞台呈现不再是单一的诵读,而是热热闹闹的节日氛围,为受众营造了全真的感觉体验,对受众理解文章有很大的帮助。

五、多渠道打造大众审美需求的中华经典诵读感受盛宴

无论是江苏省教育厅、江苏省语言文字委员会主办的《拥抱新时代,壮哉中国梦》中华经典诵读活动,还是教育部语言文字应用管理司、教育部港澳台事务办公室联合主办的 2018 中华经典诵读港澳展演活动,其新颖的舞台演出形式,演员扎实的专业基础,都受到了多方好评,引起了受众的共鸣。在当下媒体发展如此迅速的今天,想要更好地推进经典诵读,我们可以化整为零,将更多的优秀的经典诵读的演出以更"接地气"的方式,送到受众的面前,加强与受众的交流。

1. 多种表演形式的结合

在巡演当中,可以采用独诵、对诵和群诵等不同形式的朗诵方法,再加入一些中国传统的朗诵方法。例如在《诗经·蒹葭》的表演过程中,我们邀请了江苏省非物质文化遗产唐调代表性传人、苏州市诗词协会会长魏嘉瓒,加入了一段吟诵。在文本较为容易理解的《诗经·蒹葭》中,加入吟诵,既不会让人难以理解,同时又能丰富诵读的表演形式,将吟诵这种传统的读书方法推广给大众。

在《火烧云》、《我为少男少女们歌唱》、《秋歌》等作品的朗诵过程中,我们采用了钢琴、小提琴和大提琴等西方现代乐器的伴奏,在保证传统经典的内涵的基础上,进行一定的创新,实现传统与现代,东方与西方的美的融合。在《七律·人民解放军占领南京》中,则将诵读的场

景融入了戏剧的场景,通过现场的置景、战斗过程的舞台还原,使得观众在聆听诵读的同时,看到演员们饰演的战士浴血奋战,获得真切感受的享受,增强诵读的视觉感染力和冲击力。

2. 多种舞美形式的结合

现代舞美的快速发展,舞台演出形成了一种多态势、多维度的效果。舞美的效果,一方面能够帮助诵读者更好的在情境中塑造人物形象,充分地展现出经典篇章内容的地点环境,营造出符合内容的氛围;另一方面,舞美的效果能够丰富舞台形式,避免观众在观看的过程中产生乏味感,增强对观众的艺术感染力和冲击力。在巡演的过程中,我们充分利用了舞台的各种舞美效果,从灯光音响到置景,都在充分的解构经典篇章的基础上进行设计。我们在 LED 显示屏上制作了贴合作品本身的视觉效果,用来烘托气氛、营造情境,将文本的信息更加立体形象的展现在大银幕上,更好地帮助观众感受和理解。在《七律·人民解放军占领南京》的舞美布置中,制作了横贯整个舞台上空的两条巨大的斑驳铁链,通过电动设备进行升降和晃动,模拟真实的铁链,通过艺术化、放大化和符号化的方法将残酷的战场展现在舞台上,对观众产生了极大的震撼力。

3. 积极采用新型科技手段

推广中华经典诵读活动的方式有很多种,其中新科技手段应得到重视,积极采用新科技手段是时代的选择,也是必然的结果。在现有的载体模式下,围绕经典篇目、诵读技巧等等,由教育部、江苏省艺术基金项目等举办的中华经典诵读活动均展开许多线上互动活动,以音频、视频、网页、公众号等形式达成互动和交流,将演员排练的心得体会展示给受众,同时也能得到受众的反馈。这种形式既顺应时代又深得观众喜爱,拉近了受众与演出者的距离,也增加了受众对国学诵读的兴趣。在《拥抱新时代 壮哉中国梦》的首场演出中,采用了"大南京"APP 进行手机移动端的直播,这种直播更方便、更高效、范围更广。同时也应用了各种声光电的舞台技术,大屏幕的视频搭配,使得经典诵读的表现形式更为丰满,观众观感更为立体。当然,在今后的演出中,还有众多新科技产品可以尝试融入经典诵读的演出当中,例如 AR、VR 技术,全息影像技术,实体的置景等等,都可以使经典诵读的表现更为丰富。

4. 深接地气,营造大众喜闻乐见的诵读活动

"社会主义文艺,从本质上讲,就是人民的文艺。"现阶段中华经典诵读的传播范围较广,不仅在各大院校传播,各地单位、街道也积极响应,开展丰富多彩的国学诵读活动,但对于普通老百姓来说,现场观看高质量、高科技演出的机会并不太多。如何将经典诵读的推广范围继续扩大,纵向横向同时发展,成为了我们亟待思考的问题。在中华经典诵读的传播过程中,我们不仅要发展线上活动,也要重视线下活动,尤其是注重线下活动的多元化。通过各种丰富的活动,例如听写比赛,诵读培训等等,结合舞台演出这个载体,不断地丰富推广经典诵读的手段,营造大众喜闻乐见的中华经典诵读活动。

结　语

雅言传承文明,经典浸润人生,经典诵读也是社会文化的传承弘扬,不但有利于个人素质的提高,同时,精神的健康发展也是社会和谐、国家繁荣、民族复兴的重要法宝。中华经典诵读工程以立德树人、培育社会主义核心价值观为根本任务,以传承弘扬中华优秀传统文化、革命文化和社会主义先进文化为核心内容,以广大青少年、教师、家长和中华文化爱好者为基本对象,能够充分发挥语言文字在传承发展中华优秀文化中的重要作用。推进中华经典诵读,能较好地帮助人们尤其是青少年树立正确的价值观、人生观、世界观,并加深对社会的认识。

大众审美的形式需求可以为中华经典诵读活动增色添彩,同时,中华经典诵读活动的艺术呈现形式也反映着当下人们的审美需求,尤其是大众审美对于形式上的需求。在中华经典诵读活动中通过一篇篇经典的国学篇章,从知觉感受再到线下线上多种渠道,把演员和受众带入

了不同作者的视野,通过他们的视野去感受他们的心绪,真正地拓展了演员和受众的视野。通过经典诵读的优秀篇章,将历史伟人的光辉业绩与精神感染力再次展现在受众的面前和耳边。

在现今融媒体高速发展的时代,信息技术的发展日新月异,受众接受信息的渠道多种多样,单一的、单调的舞台表演形式,已经很难打动现在的观众。同时舞台声光电技术的快速发展,也使得舞台演出的表演形式日趋多样化,在经典诵读这一传统的演出节目中,我们要在前期统筹规划,融入多种的舞台形式,力求国学经典诵读这一活动更为丰富、饱满和引人入胜。

(作者系南京艺术学院电影电视学院党总支书记、教授、硕士生导师)

从动员到共情：
数字媒体时代主持传播的情感结构

战 迪

从上世纪 80 年代主持人角色在电视荧屏的闪亮登场到数字媒体时代主持人角色的淡化与泛化,中国主持传播在其 40 余年的发展历程中不断找寻自己的文化方位,并在语境化的过程中渐次被赋予崭新的媒介职责。从曾经的新闻工作者到今天的艺术化言语传播者,对主持人言语特征中多质性主调的匡正不仅是当代传媒文化的应有之义,也是主持传播批评研究中的逻辑起点与价值归宿。纵观主持传播的形态变迁,不难发现,无论是早期新闻节目主持中客观性与倾向性的张力系统,还是非新闻节目主持中情感动员到情感共情的理念迁移,抑或是当下国有媒体规约中的喉舌意识与社会化媒体语境中主持人个体形象"本真性"(Authenticity)呈现的博弈,情感话语永远作为重要的传播资源在媒介实践中或隐或显地被征用,然而,至鲜有深入的相关理论探索。近年来,随着人文社会科学领域经由语言学转向、文化学转向出现的种种突破与困局,情感转向逐渐成为中西方学人热议的焦点。这一研究路径与范式的火爆,不仅催生了诸多崭新的理论生长点,也为主持传播的批评理论建设铺就了一条启发性的研究通道。据此,我们可以在流动的情感生态中迅速锁定节目主持人的当下媒介价值,进而有力回应数字媒体语境下"主持已死"的时代叩问。

一、社会语境的更迭与主持传播的情感流变

援引于语言学领域的"语境"概念在文化学、人类学、社会学研究者的挪用、丰富、拓展过程中逐渐被注入崭新的内涵。比利时学者耶夫·维索尔伦认为,"语境不是一个含混的概念,因为语境本身是生成的,或者说语境还是主动建构的。这一建构过程——又叫'语境化'的过程——是可以在语言基础上追根溯源的。"①由于语境的锁定性、生成性、可建构性和可追踪化特质,对主持传播的批评考察,有必要定位于特定的历史、文化、政治、经济,乃至技术的语境下加以分析,这对领会、协商,乃至拒斥某种特定历史节点下的从业现象和演化样貌,具有不可替代的思辨启示,同时也有利于研究者减少分歧,凝聚共识。

从上世纪 80 年代高扬人文主义与终极关怀的激情燃烧的岁月,到 90 年代全民奔小康,"效率优先"的经济快车,乃至强调"公平""均衡""可持续发展"的 21 世纪,主持传播因时代语境更迭而催生的情感变迁脉络依稀可见。

1980 年代,满载着光荣与梦想的文化启蒙和破旧迎新的思想解放,成为了社会发展的主调,宏大叙事、科学真理、价值导向作为时代关键词引领着知识界应时而动,不断调整着历史的航道。吉林大学资深教授张福贵坦言,"八十年代是一个社会整体性的精神风貌,是思想与现实、政治与历史、领导与民众在人类理性和激情的基础上,实现少有一致的时代。"②时至今日,追溯与重返仍旧是文化界对八十年代的整体印象。也恰逢这一历史性的机遇,中国广播电视媒体迅速崛起,"主持人"这一称谓首次出现在中国观众的视野中。无论是 1980 年资深出镜记者庞啸首次以主持人的身份人格化、人际化地现身于《观察与思考》节目,还是新中国第一位女电视播音员沈力 1983 年在《为您服务》栏目中娓娓道来,抑或是 1983 年春节联欢晚会中跨界主持人的集体亮相,他们不仅缔造了中国主持传播的华彩开局,更不约而同地表现出家国同构的精神情感面貌。彼时的情感动员色彩尽管炽烈,但并不被大众所反感和排斥。时代语境赋予了整整一代人高度统一的国族情感基

---

① (比)耶夫·维索尔伦:《语用学诠释》,钱冠连、霍永寿译,清华大学出版社,2003 年版,第 87 页。
② 张福贵:《新世纪文学的哀叹:回不去的"八十年代"》,《当代作家评论》,2013 年第 1 期。

调,也逼催着主持传播在实现"四个现代化"的宏伟征程中骄傲地扮演着"喉舌"角色。

以经济建设为中心的指导思想在 1990 年代获得全面推广。新中国成立以来的"政治—伦理"型社会人文结构悄然间滑向"市场经济"的轨道。大众文化领域内商品经济的多元化取代了意识形态中心化取向,查尔斯·泰勒所言的世俗社会的反结构力量不断解构着既有的结构化社会秩序。学者王岳川不无感慨地谈到:"政治想象和文化想象终于让位于金钱想象这位后来居上者。"①然而,市场经济的全民造福梦想并未如人文学者所恐惧的洪水猛兽,相反,商品化、产业化的力量重新构造起令人兴奋的生产型、民主化、自由化的广播影视文化产业。90 年代初发轫于广播领域的"珠江模式"和"东广播模式",一改主持传播正襟危坐的宣教口吻,代之以明星主持的消遣娱乐功能;相应的,中国电视"家用媒体"的定位亦获得整体性认同,《正大综艺》、《综艺大观》、《快乐大本营》、《开心辞典》等综艺娱乐类节目粉墨登场,品牌主持人作为 90 年代的大众偶像呈现出"个性化、人格化、人际化、互动性"②的靓丽景观。倪萍、杨澜、何炅、李湘、王小丫等众多综艺主持人或温婉动人,或青春靓丽、或活泼幽默,带给大众轻松愉悦的情感体验。尽管有学者对这一时期主持人的语音面貌、话语策略、出场方式表达出种种不满,但这些苛责终究无法抵挡广播电视产业化高速发展中亿万受众的青睐与追捧。

新世纪的第一个十年,尽管互联网媒体强势崛起,但传统广播电视并未因此失去固有的阵地。交通广播、音乐广播中主持人的明星角色悄然转化为日常生活审美化的伴随式样貌;中央级电视媒体在捍卫宣传传统的同时,也大力引进西方成熟的节目模式,全力巩固自身龙头地位的同时,不断加大对主持人的宣发力度,从《央视主持人大赛》、《挑

---

① 王岳川:《中国镜像:90 年代文化研究》,中央编译出版社 2001 年版,第 5 页。
② 吴郁:《主持人的语言艺术》,北京广播学院出版社 1999 年版,第 6-8 页。

战主持人》《王小丫选搭档》等节目走出的主持新星与名牌主持人同台竞技，异彩纷呈。无可争议的是，时尚化、明星化、国际化的主持阵营再造了中国电视的辉煌，并不断将"球土化"色彩炽烈的情感系统糅入到传播链条中，满足中国都市化、现代化进程中大众日趋多元的情感需求；同一时期，地方头部电视媒体借助产业化转型的东风异军突起的过程中，强化了专业频道的区域性特色，其主持人团队也在此背景下展现出贴近生活、贴近群众、贴近实际的生活美学面相。

然而，在新世纪的第二个十年，随着数字媒体的全面成熟，新媒体凭借其"随时、随地、随意"的"三随"特性向传统媒体的"固定时间、固定地点、固定内容"的"三固"特性发起了激烈的挑战。在媒介环境的改造中，作为墙面媒体的电视逐渐让位于作为桌面媒体的电脑和作为掌面媒体的手机、平板电脑。相形之下，电视的仪式化生产和家庭情感共同体的凝聚效能似乎只能在相对逼仄的时空环境下才能得以实现。不仅如此，AI语音播报、虚拟主持人、社交媒体主播的突现对主持人职业来讲，俨然形成了一股强大的解构风潮，"长尾效应"所激发的产业奇观日益撼动着传统媒体主持人的生存、发展信念。"燃"文化、"萌"文化、"网感颠覆"、"交互式体验"培育了全新的大众文化光谱，更塑造出全新的口语传播流动的"共情化"情感氛围。

从主持人发展的时代变迁中我们不难窥见其情感脉络的变动不居，从宣教口吻中的情感动员，到国际化、流行化的时尚动感，再到"贴着地面办频道"的生活情感，乃至今天反传统、反秩序的后现代共情，"言由心生"的主持传播情感演进总是与时代发展的风向协同共振，应和着不同时代语境下大众文化潮流的变动不居，节目主持人台前的情感结构因之呈现出流动而非固化的状态。

二、数字文化的情感转向与主持传播的情感结构

近年来，数字媒体的概念渐趋覆盖了电子传媒的传统理念，媒介化社会伴随着数字技术的迭代更新而呼之欲出。相较于电子传媒的封闭式生产结构和标准化工业流程，数字媒体以开放式、"进行时"、交互性

的参与式生产模式赢得了大众的青睐。居"庙堂之高"的传统媒体无论如何竭力追求和打造"寓教于乐"的视听体验也无法彻底摆脱其与受众之间的"俯视"关系。于是，UGC、PGC、PUGU、MGC产品凭借其操控友好性、互动多样性的面貌在传媒艺术的殿堂中捷足先登。而主持传播再难以"高音喇叭"的气势统摄大众的情感世界，其中心化地位岌岌可危。

言及数字媒体的情感赋能，不能不探讨上世纪90年代以来发轫于人文社会科学领域的情感转向。事实上，早在十七世纪，荷兰理性主义哲学家斯宾诺莎就在其著名的《伦理学》一书中对情感问题就行了科学性阐释。他认为，笛卡尔时代所声言的身心二元论缺乏科学依据，人类依靠自己的所谓的"绝对理性"无法实现对身体的控制。而情感的产生亦和先在性的心灵问题存在着本质的区别。质言之，情感是人在成长的过程中经由不断的偶然性遭遇，在与外部世界的接触中逐渐形成的。也就是说，我们可以"把情感理解为身体的感触，这些感触使身体活动的力量增进或减退，顺畅或阻碍，而这些情感或感触的观念同时亦随之增进或减退，顺畅或阻碍"。① 在此基础上，斯宾诺莎提出了今天为我们所熟知的"情动理论"（affective theory）。该理论进而将人类所有复杂情感简化为三种元类型，即快乐、悲苦和欲望。人类其他情感类型均由上述三种类型叠加、分派、延展而来。斯宾诺莎以降，德勒兹、马苏米等学者对情动理论展开了深入的探讨，并不断将既有理论加以丰富和扩展。

事实上，与"情动理论"相关联却迥然有别的另一支情感研究力量是雷蒙德·威廉斯的"情感结构"（structure of feeling）。作为一位唯物主义哲学家，威廉斯充分继承了利维斯主义的文化研究立场和马克思主义的唯物主义立场。所不同的是，威廉斯不同意利维斯对精英文化观的坚守和马克思主义"经济—政治"决定论的简单化认知模型。他

---

① （荷）斯宾诺莎：《伦理学》，贺麟译，商务印书馆1998年版，第97页。

倡导大众文化的合法性,坚持以"共同文化"概念来弥合精英文化与大众文化之间的区隔,希图从"文化—社会"式复杂作用关系着手解决文化研究中的诸多争议。于是,他的情感结构理论就应运而生。"情感不同于观念,它是正在发生的鲜活的经验,而不是外在的观念、概念化的世界观和意识形态。但是随着它被公众普遍接受和认可,逐渐成为稳定的习俗,这时与该情感结构对应的文化就由新兴文化转化为正统文化"。① 威廉斯指出:"情感结构可以被定义为悬而未决的各种社会经验,这种经验与已经沉淀下来的(precipitated)、更显著更触手可得的社会语义型构(social semantic formations)相区别,大多数实际存在的艺术,其有效的型构总是与既有的明显的社会型构相联系,无论是占主导的还是残存的,而各种新兴的型构(哪怕常常表现为旧有形式的修正或者失调)主要是与作为某种解决的情感结构相关联。"② 结合情动理论的基本观点,我们可以发现,威廉斯所言的情感结构一方面强调情感的生成与流变是人与人、人与物、人与自然和社会环境相互触碰而形成的结果,具有唯物主义色彩;另一方面,情感并不是社会语境更迭的直观反映,而是与活态的社会经验息息相关,具有相当程度上的复杂性。

依循上述逻辑,数字媒体时代,主流文化、精英文化与大众文化的领地并非各自铁板一块。而是可以在情感流动的过程中得以融合共生的。因此,以情感逻辑的思辨方式取代文化圈层的界限将有助于我们深入探讨主持传播的媒介化意义和其应有的文化贡献。

就新媒体的发展进程我们不难发现,从门户网站到搜索引擎、社会化媒体、资讯客户端、个性化推荐平台,乃至专业化的视听服务平台和可以预见的混合型平台,人们终究是以自己的情感诉求而非技术操控为尺度而对信息、平台、传播主体加以选择的。如果说,主持人的传播,是在大众传播媒介下糅入了人际传播而表现出的口语传播;那么,大众

---

① 王庆卫:《文化唯物主义、共同文化与情感结构——论雷蒙·威廉斯"三条进路"对马克思主义文化观的继承与发展》,《中山大学学报(社会科学版)》,2018年第2期。

② Raymond Williams. 1977. Marxism and Literature. Oxford:Oxford University Press, P.134

传播的信息服务、人际传播的复杂深邃与口语传播的鲜活生动,将共同构成主持人的传播永恒的价值归宿。在特定的文化语境下,主持传播的宣教理想能够调动起全民意志的统一,型构集体主义的共同文化情感;但在后现代社会全面到来的今天,一元化的情感动员力量显然无法满足复杂多样的社会情感思潮。生产型消费者(prosumer)所倡导的交互式文化体验,在一个个流动的人格化传播节点的作用下夯实"个人—个人"的关系网络,因而"情感人—情感人"的传播模式被搭建成型。在媒介化社会全面转型的过程中,阵痛、失语、彷徨和无奈在所难免,权威媒体主持人的"离职潮"也并不难理解。央广主持人青音的自媒体频道《青音说》、央视主持人王凯的《凯叔讲故事》、曾经央视《交换空间》主持人王小骞的抖音号《王小骞家居生活馆》等数字媒体文化形式的火爆,绝不能被简单理解为平台资本主义的阶段性胜出,而应当令我们从都市化社会背景下"情感结构"的变迁维度加以缜密剖析。

三、数字媒体的场景混合与主持传播的情动赋能

事实上,早有学者对数字媒体的虚拟性特点进行了批判,并认为这种文化资源因个体化、匿名性和娱乐性等特征而缺乏传统媒体的真实性、客观性和权威性。对此,中国人民大学彭兰教授不以为然,她认为虚拟也是一种真实(an objective reality),作为一种客观化的社会实存,网络是现代人的一种全新生活方式。在虚拟社会这一"流动性空间"当中,尽管物理性的"在场"是缺失的,但心理性和"在场"却始终没有远离。因此,网络时空中的交流是实在的。基于此,我们可以发觉,主持传播的阶段性失语并不足为奇,其"中心化——去中心化——再中心化"的发展路径依稀可见。

在当下的媒体融合实践中,"场景"的混合性问题是一个不容忽视的逻辑起点和生产语境。无论是传统媒体对数字媒体的拥抱,抑或是新媒体积极介入主流媒体的宏大叙事产业,数字技术赋权使得媒介话语始终处于流动的状态之下。今天的研究者很难再用碎片化的新媒体和整合性的传统媒体对媒介形态加以区分。事实上,数字新媒体不仅仅

是对传统广电媒体的碎片化解构,作为一种整合性力量,数字媒体正在依托其"补偿性媒介"所独有的场景特点补充、整饬着传统媒体的不足,并将二者间的信息缝合成一件场景化的百衲衣。而生活化、日常性的情感传播,始终作为一种调和剂接合了不同媒介组织、平台、内容间的裂隙。

在信息生产层面,情感议题在生产流程中发挥着叙事性功能,将曾经隐匿于客观化信息报道之后的传播主体拉回到传播现场,赋予其情感劳动应有的命名权力;在信息文本层面,情感传播将信息内容与用户之间的关联度不断加强,唤起用户注意力资源的同时,感召其采取现实行动来践行社会使命。可以说,"数字平台和社交媒体的可供性显著地提升了情感的重要性。立足于此,普通民众日益提升的参与机会有助于我们反思新闻受众和新闻生产者之间的二元对立关系,并进一步推动着多种情感表达形式的产生"[①]。近年来传统媒体主持人试水新媒体的案例不胜枚举。中央电视台《新闻联播》的新媒体公众号《主播说联播》、央视主持人在疫情期间的直播带货、中国国际广播电台主持人段纯的微信公众号《公子故事会》、湖南卫视《新闻当事人》独家采访的抖音账号等等,都表明传统媒体主持人正在从"模拟人际传播"的姿态融入"真实人际传播"的情态。可以想见,传播场景的真实、虚拟之分已经不足以阐释主持人的出场方式、信息生产流程和传播效果的真实性与否,相反,主持人在解除物理空间与心理空间限定的基础上,打破了传授关系网络的束缚,"可以将现实空间中的弱关系(互动频率少)和弱连接(非直接关系)转化为强关系和强连接"[②]。

深圳大学常江教授认为,在数字技术可供性(digital affordances)和线上线下数字纠缠(digital entangle)的作用下,情感在数字文化研究中

① 凯伦·沃尔-乔根森、田浩:《数字新闻学的情感转向:迈向新的研究议程》,《新闻界》,2021年第7期。
② 彭兰:《新媒体用户研究:节点化、媒介化、赛博格化的人》,中国人民大学出版社,2020年版,第13页。

愈发呈现出显著的功效。他继而将媒介情感区分为实践情感、公共情感和理性情感三种类型。具体而言,以情感转向为切入口,我们可以发现,在混合场景中,情感议题已经可以被视为主持传播研究和主持批评中一种新颖而必要的理论范型,这一视角不仅可以充分支撑起主持人职业之所以不会衰朽的内在阐释力,也可以为主持人文化的研究建立起科学的分析框架;其次,对主持人情感传播技巧与策略的理论化是场景化理论的产物,也是节目主持理论创新的崭新生长点;第三,情感的作用与反作用,输出与反馈形成一种主持传播权力关系潜在的张力系统,此消彼长的多元情感体验赋予了主持传播以人格化力量,也凝聚起用户接受、妥协、拒斥的批判性面向。总之,混合媒体场景中的主持传播理应将"共情"作为理想的传播诉求,"打破将情感视为非理性的生物学冲动的固有成见,在生态性思维的统摄下构建新的话语体系"①。

本文原载于《中国主持传播研究》2022 年第 6 辑

(作者系深圳大学区域国别与国际传播研究院副院长,深圳大学传播学院副教授、博士生导师)

---

① 常江、田浩:《介入与建设:"情感转向"与数字新闻学话语革新》,《中国出版》,2021 年第 10 期。

虚拟演播室环境对主持人的新要求

——以主持人静态演播类节目为例

董冰玉

2015 年 3 月 5 日,国务院总理李克强在十二届全国人大三次会议上作政府工作报告时,提出国家要制定"互联网+"战略。3 月 9 日上午,工业和信息化部产业政策司司长冯飞表示,目前全球正在进行新一轮的工业革命,这轮革命的工具是互联网。而互联网+工业就是德国人说的工业 4.0。换句话说,"互联网+"成为了"新一轮工业革命的匕首"①。由此,"互联网+"战略的发展为全媒体时代传媒产业的发展注入了新的动力。在传媒行业中起到舆论引导、话题先锋的主持人,也悄悄地孕育着一场变革。

主持人这个职业最早源于美国。主持人是以他自己的身份,自己的语言借助屏幕向观众直接进行传播活动的人。② 美国基于优厚的经济基础和电视产业相对成熟的发展条件,催动了主持人这个职业的演进。随着融媒体时代的到来,主持人的概念似乎变得越来越模糊,直播产业中的"主播零门槛"、演艺行业中的"演而优则主",让方兴未艾的播音主持艺术面临着前所未有的机遇和挑战。

在《主持艺术》这本书中对主持人需不需要表演做出了一定解释,主持人不是演员,主持人也不是在表演。主持人的创作活动是一种演播状态,是拥有并掌握属于表演艺术的特质元素来支撑起当众的创作

---

① 中央政府门户网站:互联网+ 李克强的新工具 http://www.gov.cn/xinwen/2015-03/13/content_2833538.htm

② 陆锡初.主持人节目学教程.[M].中国广播电视出版社,2008.7(2):5

状态,在镜头前、话筒前完成每次播的主持任务。

而主持人的当众创作状态所要具备的艺术特质就包括四力四感:注意力、想象力、感受力和表现力,新鲜感、兴奋感、真诚感和自信感。这些特质与影视话剧演员的表演艺术的创作元素有着相同、共通之处。[①] 在以前的节目当中主持人可能并不怎么重视这些特质,但是在融媒体时代,主持人更注重人格化表现,演播状态的提升更能帮助主持人达到个性化传播的效果。那么什么是主持人在镜头前、话筒前的当众状态呢?

一、节目主持人的当众状态

每当主持人拿起话筒走到镜头前,一种新鲜感促使自己的注意力高度集中,一种兴奋感促使自己的想象力高速转动,一种真诚感促使自己的感受力充盈展现,一种自信感促使自己的表现力潜心涌动,这就是节目主持人在镜头前、话筒前需要呈现的当众状态,这种当众状态也是节目主持人的一种创作状态。[②]

在学界一直有对于"主持人需不需要表演"的讨论,显然主持人不是演员,他们有着本质上的区别,我们可以从以下几个方面对二者的职业特征加以区分:

表1　主持人和演员职业特征对比

	形象特征	本体状态	创作目的	传播目的
主持人	稳定	有我(我就在)	真事实播	传者和受者间的沟通
演员	多变(老少、正反角色)	忘我(我就是)	假戏真做	角色和角色间的沟通

---

① 吴洪林. 主持艺术. [M]. 上海三联出版社,2015,11(3):119
② 吴洪林. 主持艺术. [M]. 上海三联出版社,2015,11(3):119

可见,尽管主持人和演员有一些共同的创作特质,但从本质上来说主持人不是在表演,而是在演播。那什么是演播呢?

二、主持人的演播

演播是主持人富有动态过程的、有变化的、有发挥的当众性的播讲。一般来说,主持人的演播分为静态演播和动态演播两种。主持人以站坐姿为主的、现场不带观众群的节目演播样态就是静态节目演播,①本文将着重对该种样态中主持人的演播加以分析。

三、融媒体时代对静态演播主持人的新要求

(一) 跨屏互动式传播对静态演播主持人的新要求

随着2013年"新媒体元年"的到来,电视机逐渐成为了客厅必备但长期闲置的终端之一。而作为静态演播的代表形态——消息类电视新闻节目,因为头号敌人微博的存在,使得人们不用再受到"双规"(规定时间和规定地点)限制,可以离开3米远的大屏幕,转而追捧25厘米远的小屏幕,并且随时随地接收并发送新闻,进而分享感受和评论。尼尔森公司在2008年发表的研究报告显示,近三分之一的美国互联网使用发生在用户看电视时,这意味着新老媒体更多的是在分享注意力而不是在竞争。研究发现,使用互联网最多的用户往往是最积极的电视观众。

虽然新媒体对电视媒体有冲击,但除了冲击之外,各类新事物还是具有对电视收视行为的促进作用。就拿央视春晚大家摇红包的热情来说,吸引受众注意力的关键在于能否让新媒体和电视节目进行无缝嫁接,把电视节目当成产品、摇一摇当成形式,这种形态上的转变真正意义上实现了跨屏互动。在"碎片化"的传播环境中,消息类新闻节目中的主持人更应该调动内部的"真听、真看、真感受",外化到停连、重音、语气、节奏,从而带给受众新闻现场感的体验。

电视的特性是现场感。如果消息类新闻主持人不能用心去体验记

---

① 吴洪林. 主持艺术. [M]. 上海三联出版社,2015,11(3):126

者的视角、不能切身还原新闻当事人的感受,就会导致节目播出的效果出现两张皮——新闻是新闻、播讲是播讲。作为新闻与新闻间的串联人、引导者,主持人有责任去进行过渡,通过运用语气、基调、节奏等的变化来寻找与新闻现场相融合的心理情感运动状态,以达到声随情动、言为心声。

感人心者,莫先于情。主持人的播讲如何才能做到不简单地进行客观转述,而有机地和现场画面相融合呢? 这可以从两个方面来进行尝试:

首先,主持人的"真听、真看、真感受"来源于同理心。同理心(Empathy),又叫做换位思考、神入、共情,指站在对方立场设身处地思考的一种方式,即于人际交往过程中,能够体会他人的情绪和想法、理解他人的立场和感受,并站在他人的角度思考和处理问题。主要体现在情绪自控、换位思考、倾听能力以及表达尊重等与情商相关的方面。在既定的已发生的事件上,让自己进入他人角色,体会他人因环境背景、自身生理、心理状态,更接近"他人"在本位上的感受与逻辑。因为自己已体会"同样"的经验,所以也就更容易理解了当事人所处状态下的反应,以致理解这种行为和事件的发生。就算是自己的看法与人不同时,也能够理解对方在心理、情绪或行为上的反应,但能够理解并感同身受对方的反应并不代表是认同对方的行为。[1] 简而言之,就是主持人调动表演元素训练中的"本体创作状态"——"我就是",做到"忘我"地换位体验,尝试运用直接经验或间接经验去听、去看、去感受新闻记者或新闻当事人的视角,去观察、展现对方的态度、立场,做到与对方同喜同悲、同呼吸共命运。

其次,主持人"发乎于情","止乎于礼",就取决于能否"投入而不陷入",这也是融媒体时代对于主持人人格化表达的分寸感把握。主持人要确立个性鲜明、情感饱满但情绪稳定的传播身份,就需要固守好

---

[1]　维基百科:同理心 https://zh.wikipedia.org/wiki/同理心

"有我"("我就在")的灵魂地位,在客观转述新闻事实中,强,似斩钉截铁,弱,如和风细雨。

对新闻消息合"情"合"理",既直指人心又客观理性地陈述,是主持人的天职。有了内外部技巧支撑的主持人语言表达能力,还需要有与之相匹配的表演素养的辅助支持,才能适应虚拟演播室环境的发展。

(二)虚拟演播室环境对静态演播主持人的新要求

1. 虚拟演播技术的应用

近几年的全媒体交互演播室将虚拟三维技术运用到了新闻演播中,在演播室中形成虚拟空间,使信息传播更丰富。比如俄罗斯电视台在 2013 年的一次新闻直播中就把直播间变成了硝烟弥漫的战场。其逼真震撼的效果成了三维虚拟演播室应用的一个典范。(如图 1)2015年央视制作的《新闻 30 分》——"抗战影像志"将主持人"真实置身"于战争发生的新闻现场,带领观众"边走边看"。这些都预示着虚拟演播技术不再局限于个别节目,而是运用到我们原本认为应该严肃拘谨的新闻节目当中,从而增添新闻的观赏性和现场感。(如图 2)

图 1 俄罗斯电视台新闻节目三维虚拟演播室

图2　中央电视台新闻节目三维虚拟演播室

2. 虚拟演播室环境中主持人的四力四感

在虚拟演播空间中,主持人面对的是看不见摸不着的事物或人物,如何表现真听、真看、真感受? 著名学者理查德·谢克纳认为:"每当一个事件发生或者还没有发生,权威常常会有一个说法来解释事情的合理性。这个'叙事'和现实是会有一定距离的,试图用叙事的方式来控制现实就是我所谓的表演性。"这正和主持人的职责不谋而合。而在对主持专业的学生进行素质训练的过程中,我们发现,融入表演元素训练不仅能帮助学生解放天性,更能帮助学生迅速适应演播环境、感受语境、建立充盈的信念感,而最终落实到为传播而主持。因此,下文中将借鉴表演学创作素质当中的"四种能力"和"四种感受"来做进一步阐释。

1）四种能力

（1）注意力

对于演员来说,创作中的注意力是一种受意识支配的、有意识的注意,要求演员在创作中把自己的注意力积极地、稳定地集中在创作上,集中在行动的对象上,并随着行动的发展而不断发展下去,在表演创作中,能够做到真听、真看、真感觉,真的有内心活动。[1]

---

① 关瀛.演员创作素质训练.[M].中国戏剧出版社,2005,12(1):61

在全媒体演播室中,因为新闻信息庞杂,再加上直播的原因,主持人要注意空间的调度、与不同对象的互动以及自己的评述,注意力需要比在传统演播室中更加集中。而在虚拟演播室当中,主持人的注意力如果不集中,将直接导致虚拟动画"穿帮"。

（2）想象力和感受力、表现力

主持人的想象力和感受力、表现力,在虚拟演播室中是延伸依存的关系,正像斯坦尼拉夫斯基所讲:"想象是引导演员的先锋"。[①] 当主持人有了想象力之后才会产生对虚拟事物的感受力。没有感受力就不可能准确地把握有机行动,因为感觉的过程是行动的起动点,行动的第一个环节就是感觉。[②]

2013年俄罗斯电视台的一次战事新闻报道中模拟战场战斗机的轰炸以及硝烟四散的现场,主持人完全要靠自己的想象将自己置身战地之中,时而表现恐惧、时而表现被烟雾呛到的咳嗽、时而抖落身上的灰尘,让观众不仅在视觉上有冲击力也能切身感受到新闻现场。在当众状态下感受新闻的内在意义并通过语言、肢体、神情等表现出来,这对习惯了严肃,不在镜头前表现情绪的新闻主持人来说是一个不小的挑战。正如著名表演艺术家于是之所说:"我觉得有三样东西很重要,一个是眼神,一个是手势,一个是步态。这三个方面常常最能反映出人物的外部性格特征。"[③]这看似寻常的举手投足,只有对形体、语言训练有素,才能将新闻资讯的内核、新闻主播的立场准确、鲜明、生动的外化出来,才会具有表现力、感染力、震撼力。

2）四种感受

虽然主持人每天进入的都是一样的演播虚拟空间,面对的是蓝箱布景,但是经过后期合成制作,电视上呈现的却是不同的新闻现场。主持人如何凭借想象力保持新鲜感,面对提前的彩排走位到录制能否保

① 斯坦尼拉夫斯基.演员自我修养（第一部）.［M］.中国电影出版社,1986:85
② 关瀛.演员创作素质训练.［M］.中国戏剧出版社,2005,12（1）:63
③ 王宏韬、杨景辉.演员于是之.［M］.北京十月文艺出版社,1997:220

持兴奋状态,同时不受环境影响保持注意力,自信地把握好虚拟的空间和新闻事实之间的关联,并通过自己的讲述向观众呈现生动的信息,在镜头面前真诚不做作。这是在融媒体时代中一个好的新闻主持人面对新的平台应当具备的特质。

在 2016 年 10 月 17 号的央视新闻中,主播文静探秘"神舟十一号",并借助虚拟技术带着观众坐进了返回舱。主持人在节目中先是在演播室空手召唤穿越屏幕的飞船,接着在镜头的引领下坐进返回舱,在同比例缩小的飞船内部时而手持操作棒完成仪表盘上的各种操作,时而漫步于轨道舱展示航天员的天空餐包,俨然一副"以假当真"的架势。如果不带着彩排走位时的兴奋状态,保持对于虚拟空间的新鲜感,并且最终真诚、自信地展现出来,很难让观众信服这样一场生动别致的"太空之旅"。换句话说,此刻的主持人必须具备相信眼前的假定情境,"每一个瞬间,都应该充满着一种信念……对于创造性的'假使',也就是虚构的、想象的真实,要比相信实在的真实更加着迷。"[1]正是主持人的信念与真实感创造了假定的真实。

四、小结

主持人是整个节目制作合力的作用点。融媒体时代的到来为主持人的个性塑造提供了发展平台,同时也带来了更大的挑战。主持人不仅要关注自身的基本业务能力,还要针对新型演播室主持所呈现出来的这些特征,在意识、观念、能力上进行相应的转变。只有这样,才能更好地适应在融媒体环境下的虚拟演播室中对主持人提出的新的要求。

(作者系中央戏剧学院电影电视系播音与主持艺术专业副教授、硕士生导师)

---

[1] 〔前苏联〕玛·阿·弗烈齐阿诺娃. 斯塔尼拉夫斯基体系精华. 中国电影出版社,1990:293-294

后现代场域下网络直播主持的"巴纳德现象"

包 磊

切斯特·巴纳德（Chester I. Barnard）是美国著名的管理学家,他从人性的角度出发,总结出一整套完全超越职业经理人管理经验总结的管理学理论著作《经理人员的职能》,具有超越时代和学科的普适性。他所提出的"权威接受论"将每一个个体的作用提高到了与组织或上级同等重要的地位。巴纳德认为,个人之所以接受命令（承认命令对他是有权威的）,必须同时具备以下四个条件:理解所传达的命令;认为该命令同组织目标一致;认为该命令与其个人利益相一致;心理及客观实际方面均符合该命令的要求。权威的有无,须以下属是否遵从来判断。只有当人们理解命令的内容,认为命令与组织目标、个人利益相一致,并且认为自身条件能够满足执行命令的要求时,命令才具有权威意义。① 这一理论的适用范畴显然已经超越了一位电话公司经理的预想,以今天大众传媒领域的发展趋势来看,网络直播的兴起表面上是依托于科技的进步,内部的驱动无疑是个体意识的觉醒。在这个电视唱衰的所谓"融媒体"时代,我们不妨引入这种"巴纳德视角"来重新读解当今传媒发展中电视主持与网络直播的博弈。

电视节目主持是电视科技与文化发展到一定阶段的产物,它既不是信息在传播过程中的必需环节,也不是人类公共交流的终极手段。作为信息传输终端的电视接收器（电视机）为千万个家庭提供了大量的谈资和娱乐,却长期难以建立起"屏幕两边"平等对话的系统。在施

---

① 张莉.《巴纳德权威接受论的借鉴价值评析》[J]. 管理观察,2018(27):60

拉姆"枪弹论"式的沟通模式下,受众的自我表达欲望在最大程度上被抑制。直到网络技术的成熟,特别是网络视频技术的普及形成全新的沟通场景。在这个场景里,参与者通过"评论""弹幕"等形式表现出与官方媒体舆论场迥然不同的行为特征。用鲍德里亚(Jean Baudrillard)的"拟像"理论来看,手机屏幕与电脑屏幕、电视屏幕一样起到了替代游弋街头之上的车辆的"挡风玻璃"的作用。在一段街头或一个社区,"挡风玻璃"之后的观察者对于"沿途"看到的流行元素、广告招贴等信息会进行不断地判断取舍,并不断与"玻璃"内外的同行者、路人直接讨论,形成受他们干扰的思想观点和行为特征。在这个赛博空间(cyberspace)中,街区以及身处其间的车辆本身就成为一个能够影响驾驶人(受众)的场域,它与"车辆"的质量、速度、型号关联不大,与场域内的所有人的关注点和思想立场、认知水平、精神需求等方面有着紧密的联系。"车辆"驶过不同的"场",驾驶者感兴趣的事物也就不断改变。

"场"这个概念最初来自于物理学,它是指物体周围传递重力或电磁力的空间,到被引入社会科学,是以库尔特·勒温为代表人物的格式塔心理学派,他赋予了场论以元理论的地位,并将它定义为一种研究结构与关系的方法论。① 法国人布尔迪厄在这个理论的基础上进行了拓展和延伸。他认为个体行为的变化在一定的时空范围内,受到外部和内部心理对环境的交互影响,这种时空领域被定义为"场"。场的概念逐步超出物理学的范畴,向其他学科渗透,出现了"心物场"、"大众传播场"、"新闻场"、"媒介场"等。② 这种观照艺术的研究方法,其实就是要求研究者注意文本研究和文化研究的接榫,将艺术置于更广阔的社会文化语境中进行阐发,不仅关注艺术表达了什么,更要关注这些表达所赖以产生的社会文化基础。从这个角度来看,主持艺术作为一种

---

① 史文利.李华.《大众媒介时代的祛魅话语—布尔迪厄场域理论视角下的大众媒介》[J].山西高等学校社会科学学报,2011(1):103
② 张丽燕.场域理论视角下网络公共意见建构[M].浙江:浙江工商大学出版社,2018:11

"语言和传播的艺术",更需要跳出主持本身,甚至跳出传播学以外,以获得更清晰的视野。"网络主播"们的表演和卖货显然与艺术性的关联不大,但完全可以用同样的方法,将他们置于当前广阔的社会文化环境中进行观察。

一、"网络直播"是一种试图打破隔阂的场域文化

文明肇始,人类的跨时空沟通主要依赖于一种"间接交流",其主要媒介就是文字(其前身为作为符号的图像),即后人可以通过文本阅读前人的思想内容,异国人士可以通过文本翻译了解外邦的文明结晶,进而形成了围绕这种间接沟通而不断衍生的文化形态。甚至,一部分原本需要面对面沟通的内容,也通过一定的仪式或渠道,以书面的形式间接传情达意,譬如古代的"宣圣旨",现代的"写报告"。文本阅读成为获取知识与娱乐,增进沟通,交流信息的必由之路。

从19世纪末到20世纪中期,在保尔·尼普科夫、约翰·贝尔德、布劳恩等人的努力下,电视技术日趋成熟。"看电视"这种受众喜闻乐见的"读图文化"逐渐成为家庭生活不可或缺的部分,它和广播一起凭借让人"喜闻乐见"的形式,分去了原本属于"阅读时间"的大部分注意力份额。借助于广播电视技术的日臻完善以及机构平台的设立,人们不再满足于隔着电视机屏幕单方面获取信息,而是期待带有一定人性化的双向交流,即使它仅仅是一种受限于技术手段的"伪实时交流"。由此,作为广播电视机构直接面向观众"代言"的播音主持岗位兴起。

在我国,播音员的首要任务被界定为当好"党的喉舌",把文字稿通过人的播报进行广泛传播,以降低电子工业产品带来的冰冷感,产生"人际交流"的错觉。主持人的工作更需要增强这种错觉,进一步与收音机、电视机等接收设备前的观众"虚拟交流",营造有"温度"的舆论场。综合来看,还是在人与人之间架起"桥梁"和"纽带",在事实上不方便直接对话的人与人或人与机构之间通过技术手段和传媒平台建立"面对面沟通"的幻觉。美国社会学家查尔斯·库利认为,社会的本质就

是一种交流与互动,即一种交往行为。社会生命起源于与他人的交流,通过触摸、语音、音调、手势和面部表情等,逐渐演变为语言来进行交流,传播与意识互为因果关系。① 为了增进这种"幻觉",节目制作单位先后尝试使用了"热线电话"、"现场观众"、"外景主持连线"等手段,让观众产生尽量多的参与感,消除因技术本身以及它的缺陷带来的隔阂感。所有这些做法无论优劣成败,皆可视为人类对于复归一种"原始"交流状态的渴望和不懈努力。

从上个世纪末开始,基于传输技术的进步,直播技术的成熟带来了"实时沟通"的快感,即便它还是一种多多少少被"延时传输"的"亚直播",并设置了"导播"等形式的"防火墙"以应对节目可能出现的技术失误或者某些突发状况,获得了良好的社会效益和经济效益。然而,人们还是无法拒绝"身临其境"的诱惑。以体育赛事为例,在广播时代,解说员为了让听众产生身临其境的现场感,不厌其烦地用高语速讲解足球在不同球员脚下的传递。电视体育直播兴起后,一些解说员出于惯性保留了"啰嗦"的解说风格。直到今天,虽然转播技术已经可以做到全程、全方位地记录,将每一个细节在电视屏幕前实时回放,比现场看得更清楚,但球迷还是痴迷于买票去现场观看。这种对于"屏幕隔阂"的排斥不仅仅表达了观众对于体育赛事中"戏剧性结局"的实时关注,更表明了他们对于"融入"比赛现场的环境氛围的渴望。然而,"现场的座席"毕竟是有限的,更多的球迷还是不得不隔着屏幕看直播。纵然如此,他们还是会尽量离开孤独的私人空间,去酒吧甚至餐厅、影院观看比赛,在那里,相同球队的拥趸或捶胸顿足或弹冠相庆,情绪得到充分发泄,交流直接而酣畅淋漓。这种"面对面的快感"是依托于科技的各类媒体所难以给予的。相对而言,网络比电视更好地解决了这个问题。在同样的比赛直播中,网络收看群体在能够享受电视所能提

---

① 虞佳慧.网络时代的人际交往:场景、过程与逻辑———一个传播社会学的分析[D].武汉:华中师范大学硕士论文,2018

供的转播服务之外,更便于互相之间进行交流,即使独处家中也能够与球迷们用文字、表情、图示等方式在共同的"虚拟空间"内共情。网络的相对"匿名性"削弱了现实社会规则的束缚,也增强了沟通者的安全感,一些在现实生活中有社交障碍的人在网络上更容易解除心理障碍。美国杜克大学的林南教授在他的"社会补偿效应"观点中提出,互联网提供了一种更为便利的交流与沟通方式,是一种全新的人际交往形式,甚至为现实生活中不善于人际交流的人提供了一种有益的沟通管道。① 这样,我们就不难理解会有那么多在生活中羞于抛头露脸的人,在网络短视频和直播中变得不怵镜头。

从最初的"电竞直播",到后来的"秀场直播",从一开始的事件直播,再到如今的全民生活直播,网络直播的便捷、直观获得了网民和电商的认可。据中国互联网络信息中心(CNMC)发布的第 38 次《中国互联网络发展状况统计报告》显示,截至 2016 年 6 月,我国网民规模达到 7.1 亿,网络直播用户规模达 3.25 亿,占网民总体的 45.8%。② 2020 年,中国直播电商交易规模预计达到 9160 亿元。"直播"在网络平台成为行业标杆,短视频"种草","直播"套现带货成为互联网媒体的新生态。MCN 机构签下了大量愿意在所谓的"主播"岗位上一展身手的"素人"进行数据考核,以"大浪淘沙"式的试错实验培养出自家有消费号召力的意见领袖(KOL)。他们中的佼佼者不乏跻身一线明星话题热度的"红人",这些人的去留往往左右了 MCN 机构的命运。自 2009 年诞生于美国 YouTube 以来,这种被叫做 MCN(Multi-Channel Net-work)的机构在国内逐渐为人所知,它们借助运营商对移动数据增速降费的红利,于 2017 年开始发力,在短短两年里从一千多家发展为四万多家。它们主营业务是直播推销,对我国传统的广播电视产业构成了强大的威胁。广告收入的锐减使传统广播电视行业从"皇帝的女儿不

---

① McKenna,K. Y. Green,A. S. &Gleason,M. E. (2002) Relationship formation on the Internet: What´s the big attraction?. *Journal of social issues*,58(1):9-31

② 续蔚一.《网络直播平台受众的心理特征分析》[J]. 新闻研究,2016(9):10

愁嫁"的垄断地位跌落为靠政府"输血"才得以苟延残喘的"夕阳产业"。与此同时,MCN的"网红"们对于作为"正规军"的播音主持群体造成了极大冲击,大量从未经受过所谓"科班"培训的"网络主播"占据了数以亿计的手机屏幕,牢牢吸引了资本和民众的注意力,即便这些"直播"是如此的简陋。这种放弃大屏转向小屏,摒弃"高端"拥抱"粗糙"的"倒退"引起了业界的恐慌,因为他们不知道自己究竟做错了什么。事实上,根据保罗·莱文森的"补偿性媒介理论",任何一种后继媒介的出现都是一种补救措施,都是对以往的某种先天不足的功能的补救和补偿。[①] 这些网络短视频和直播作为对严肃节目生态的补充和颠覆,极大地满足了尚未踏入精英文化生活圈层人群的娱乐欲望。并且,从商业的角度来看,"把商场搬到家里浏览",而不是出去"逛街",颠覆了传统的购物体验,得到了被物理空间限制的"忙碌的草民"的青睐。何况,那些"网络主播"们几乎就是转移到线上的"服务员",他们想"顾客"所想,痛"粉丝"所痛,以高度负责、放低姿态的作风使一切以自我为中心,秉持数十年不变"我播什么你看啥",有时还不能通过遥控器更换收看内容的传统媒体相形见绌。甚至,在有的网络直播间内出现了主播们"你播你的",粉丝们自己"我聊我的"的奇异景象,究其缘由,此时的直播间已经成为一个小小的公共交流平台,在这个"志同道合"的场域下,看什么已经不重要,重要的是能够在一个"交流闭环"里"共度好时光"。如果追溯一下,类似的情形也曾经在早期的微博留言栏及网络"贴吧"等空间出现过,它呈现的是一种带有后现代色彩的反主体、反逻辑、反权威的全新的"公共能量场"的形成。

当然,互联网的崛起也产生一些负面效应。譬如,原本"面对面"的人际交往被转移到了作为虚拟社区的网络上。以美国哲学家普特南(Hilary Whitehall Putnam)为代表的一种观点认为,互联网的使用挤占

贾文颖. 黄佩.《从快手App看小镇青年的精神文化诉求与扩大的数字鸿沟》[J]. 东南传播,2019(12):39

了人与人面对面交流的时间,将会带来社会资本的下降,从而产生"时间取代效应"。这种场景已经在媒体图片中频频出现:原本应该亲密交流的家族成员们"相对无言",各自用手机上的社交软件与身边人交换着信息,成为"最熟悉的陌生人"。这俨然也是一个康德式的"二律背反"式的问题。

二、"网络直播"是一次针对阅读文化的反叛

无论是短视频崛起,还是网络直播的普及,都仿佛是"视像的狂欢"。这种"视像满足"的情绪在不同的时期有着不同的阈值。

在前工业社会,人类在文字作为语言符号传递信息以外,还经常用文字的书写排版等方式进一步表达性格与情感。就书法来看,讲究"意在笔先"。"草圣"张旭性情狂颠,笔走龙蛇,颜真卿品德端庄,字体敦厚。元朝的陈绎在《翰林要诀》中这样表述:"喜怒哀乐,各有分数。高兴的时候气和而字舒,愤怒的时候气粗而字险,悲哀的时候则气郁而字敛,快乐的时候则气平而字丽,感情的轻重缓急,则字的敛舒险丽也有深浅的变化"。[①] 唐朝的张怀瓘也曾说到书法创作的目的是"有时候高呼驰骋纵横之志向,有时候用来抒发郁结之情"。[②] 可见,文字在书写过程中就已经承载了超出本身涵义以外的信息,而这种信息的读解绝大部分来自于一种视觉体验。

在电子工业时代,人们又创造性地尝试在冷冰冰的手机短信息尾部缀上简单的字符,藉以传情达意。这种字符集的诞生,到如今表情包的发展,大致经历了 ASCII 字符集、静态表情符号、动态表情符号和表情包四种不同阶段。它大概可以算作是图像介入当代人际交流最初、最基本的形式,是一种在文字基础上附加情感视像的努力。传统的话语结构主要是以文字为传播符号,而且内容也比较严肃。但是网络表情符号的出现,逐渐对传统的话语结构体系产生了解构,在虚拟语境中

① 沈金龙.许云.赵常钢.《心理学视角下情绪对书法影响的探索性研究》[J].昭通学院学报,2019(6):100

② 李光德.中华书学大辞典(1月版)[M].上海:团结出版社,2000:12-16

形成了一种特殊的话语框架体系。① 譬如,从 1982 年开始,一个小小的冒号与括号的组合":)"或":("被创造,在相当长时间内点缀了办公族的邮件末尾,给冰冷科技的文字通讯增添了一点人类的情感。有时候,加上这种表情的语句甚至能够表达出与字面意思完全相反的修辞效果。

从语音电话时期开始,从"来电大头贴"等不断升级的"小伎俩"入手,"可视电话"的愿景不断出现在运营商的宣传描绘之中。在纪录片、电视剧、电影等各类体裁的画面上,"大屏幕"或者"多屏幕"成为展示高科技元素的便捷手段。在舞台上或者车辆的中控台,大幅电子屏幕的设计成为"物有所值"的表现之一。甚至,在客厅装修中考虑电视机的尺寸和醒目位置成为许多中国家庭布置的"必修课"。依托于传统媒体的电视节目主持人借力这种二维平面影像的强势地位,奠定了在电子设备和收视人群之间不可或缺的耦合优势。特别是在谈话电视节目的制作过程中,主持人是整个话题的把控者,也是节目组竭力营造的场域的核心。到了视频直播阶段,在技术指标不再成为行业壁垒的前提下,人们不再介意屏幕的大小和清晰度的高低,而转移为对于内容的关注,并努力打破面前"屏幕"的隔阂。罗伯特·考克尔(Robert ·Kolker)指出:"视觉景象使事物直接呈现在我们面前。这种对事物真实性的信服延展到了对事物影像的信服。凭借经验,影像与词语相比能够直接而迅速地被人接受和理解:在那里,完整,真实。"②在各种科幻题材的影视作品里,创作者们也总是对模拟立体影像的通讯方式情有独钟。这种"去屏幕"的冲动似乎是对于科技发展的无尽追逐,但深入来看,这是"读图文化"相对"纸媒文化"的竞争迭代:即使是以图像为传播媒介的电视台长期以来也习惯于将将自身的功能局限于把"稿件"

① 刘洁.郭殷锈.《解构与重构视角下网络表情符号的传播与发展》[J].戏剧之家,2019:210-211
② (英)雷蒙·威廉斯.倪伟译.漫长的革命(1月版)[M].上海:上海人民出版社,2013:18-21;356-358

进行"图解",在纪录片领域甚至衍生出文稿审核通过后"贴图"完成的"专题片",沉湎于文字表述的精准,以至于常常使图像成为对文字的注解,不是"看图说话",而是"读文配图"。这种地位的颠倒不仅仅是一种节目制作流程的"反常规",更剥夺了受众观赏影像时的"读解快感",剥夺了图像文化本身的发散思维和艺术想象带来的乐趣。因此,只要传统媒体不能认识到这一点,仍然习惯于按照"节目上星"的思路,把原本在电视频道中播出的内容换汤不换药地拿到自家所谓的"新媒体"渠道进行播出,以为节目只要"上网"就能够吸引观众的注意从而起死回生,效果必然差强人意,因为观众在乎的是有针对性的内容提供,而不是形式上嘘寒问暖的广而告之。即使对于那些电视台的购物节目而言,谁能够更多地学习那些网络主播们"想粉丝们所想,痛粉丝们所痛"的服务精神,而不只是把产品介绍上的文字以及毫无悬念的价格通过主持人的嘴用哗众取宠的语气再三重复,谁就能够获得更多的生存机会。"直播革命"与广播电视之前数十年所经历的技术革新有所不同,它更是信息接受者对于以"文本阅读"为代表的单向化传播模式的一种抗争和反叛。

当然,去掉"屏幕"只是一种形式上的"除障",随着技术的进步和成本的下降,真正虚拟现实交流应当就在不远的将来。在这种预期之下,它反映的是人们在心理上希冀破除中间环节,恢复"面对面"交流的冲动。在这种冲动下,市场排斥"中间商",文化传承与信息传播通过虚拟现实和增强现实恢复为"口传心授"的原始情景,形成了与以往迥然不同的文化生态。这种生态的发展伴随着技术的进步突飞猛进,削弱了传统媒体的影响力,也让传媒业尝到多年来只在形式上"包装改版"却在内容上"换汤不换药"的苦果。具有先发优势和平台、人才、技术等方面核心资源的广电业却长期逡巡于自己的舒适圈。加拿大传播学者麦克卢汉(Marshall McLuhan)曾经指出,一切技术都是"人的延伸",无论掌握如何高明的技术,都不能忘记人本身内心的深层需求,不能够为了"迭代"而迭代,为了"赶超"而赶超。譬如,对于高清晰度的无限追求已经成为设备生产商和电视媒体"独乐乐"的痼疾,所谓的 8K 高清晰度(还有发展迭代的趋势)影像受到经济条件和实际需求的限制,很难让消费者产生"埋单"的冲动。再清晰的画面如果没有优秀的内容的支撑,也只是冷冰冰的像素集结于平面而已。从这个角度来看,国内的传统电视机构虽然享用到了相当长时期的"读图时代"的红利,却未能进一步从根本上"革自己的命",在与电信运营商的产业竞争中依赖于政府的决策保护,没有抓住移动互联带来的新机遇,结果在"政府的手"无法深入干涉的市场竞争中一败涂地。其实,这种现象在各行各业中已经不断发生,改变世界手机格局的不是传统手机企业诺基亚、爱立信,而是生产电脑产品的苹果公司;改变全球汽车产业的不是传统汽车企业奔驰、宝马、大众,而是能源企业特斯拉;改变我国通讯产业生态的不是中国移动、中国电信、中国联通这"三驾马车",而是程序员马化腾的腾讯;改变国内零售业格局的不是家乐福、百联集团、太平洋百货,而是原英语老师马云旗下的阿里巴巴。这些"外行"的"行业颠覆者"都有一个共同点,就是能够抓住消费者的"痛点",在技术升级的平台上跳出传统思维的边界,"以人为本"地创造新的需求和生活方式。它是一种雷蒙德·威廉斯所言的"感觉结构",即一种始终处于"溶解状态"的社会经验,既有一定形态,而又处于不断重塑的过程,它集中反映了一代人在日常生活中所体验到的意义与价值。① 在这种"重塑现实"的过程中,点赞、发送表情包、赠送虚拟礼物等都是对媒介隔阂的打破和对于鲍德里亚式理想化现实的仿摹。

三、"网络直播"是对媒体权威的一种消解

美国传播学者沃尔特·李普曼(Walter Lippmann)在他的代表作《公众舆论》中指出,表达自我意志是人的无法抑制的欲望,主宰自身命运

---

① Raymond Williams. (1977) *Marxism and Literature*. Londonand New York : Oxford University Press,P:49

的愿望是一种强烈的愿望。① 这一观点无疑与巴纳德应用于管理学的理论有极大的重合度。

在网络媒体诞生之前,报纸、广播、电视作为大众传播媒体对于受众而言天生具备无可替代的权威地位,媒体选择人们可以听到什么或者看到什么,特别是对于这个世界所发生事情的认知,都控制在媒体这个"看门人"的手上。以电视媒体来看,代表电视机构形象的,就是那些抛头露脸的编辑、记者、主持人、评论员,这些大众耳熟能详的媒体人即使没有"主持人"的称谓,也以"嘉宾""评论员"等名义在事实上履行了主持人的职责。根据前哥伦比亚广播公司总裁理查德·沃德(Richard Wald)的观点,"这个主持人其实是那张全知全视的嘴,那个知道一切,并将这一切告诉你的人,但是实际上从来没有那种人……"然而,那种人可以被构建,并将起到保持聚合文化虚构的作用。② 根据美国传播理论学者马克·波斯特(Mark Poster)的论述,电视机构通过主持人控制话语场的手段到了令人难以想象的程度,语言本身的涵义不必赘言,就如摄像机拍摄对象的机位高低、画幅的大小、表达的顺序以及时间长度、采访者的服装与背景色调的协调等等,都以一种隐藏的态度影响着观众。更重要的是,这些人惯于使用无语境的独白式媒体语言具有自我指涉性。这种语言远离稳固文化中的面对面的日常生活语境,常常强迫观众与之建立起某种共同理解,强化叙述的话语力度,在社会结构发生震荡之际容易引起人们的反感,尤其是缺乏主流话语权的年轻人的不满。不同社会阶层和社会群体都需要有话语空间来表达自己的利益、价值观和身份认同。无法迈入主流精英阶层的人群中,最有反叛精神和自我意识的年轻人成为率先挑战传统圈层话语权的族群。他们把面对传统媒体难以表达的个人诉求转向了以全新的人类科

---

① 沃尔特·李普曼.阎克文,江红译.公众舆论(第 1 版)[M].上海:上海人民出版社,2006:223

② 王逢振等编译.电视与权力(10 月版)[M].天津:天津社会科学院出版社,2000:136-189

技协议构建的网络虚拟社区。在这个"去中心化"的虚拟社区里,人们有了更大的自我表达的自由和权利,他们不再是听上去比较严肃的"读者"或者丧失个体标签的"听众",也不是传播学意义上被动接受的"受众"(Audience)而是拥有了一个新称谓的"网民"(Netizens)。这个名词最早是由米切尔·霍本(Michael Hauben)所创造,他认为网络上的人们的行为与传统大众传媒的单方向接受有所不同,他们与传播方拥有平等参与和自主发布的权利,这种权利所带来的意义远非网络使用者(net user)这种名词可以涵盖。

在绝大多数的网络公共空间中,追求娱乐化与自由化的网民占到多数,他们以扎根于"技术民主主义"的平权意识,排斥威权主义,解构威权文化,显示出高度的后现代主义特征。有人把这种现象称作"草根文化"。草根文化是一种从属阶级的文化。"草根"一词源于英文"grass roots",意为像草根一样弱势却又具有顽强生命力的社会底层。战国时《韩非子·说难》中就有"虑事广肆,则曰草野而倨侮"的说法。①可见,它具有"去精英化"和"强生命力"的特征,与主流文化极易形成二元对立。由此,互联网文化,尤其是其中基于贴吧、BBS、论坛、微博、社交网站的草根文化生产,成为非常典型的葛兰西(Gramsci Antonio)意义上的文化争霸的场所,或者说霸权不断被质疑、消解和重构的场域。② 对于传统电视机构形成最大威胁式的网络视频,在国内,以胡戈的短片《一个馒头引发的血案》为代表,出现了大量对主流影视作品嘲讽、解构的网络视频,在互联网上争相转发,在官方媒体的报道中却被当作不良现象加以批驳,形成了针锋相对的两个舆论场。由于长期以来部分官媒"假、大、空、高"的话语方式极易引起人们的普遍不满,加之官方媒体在一些重大突发事件中消声、失语,在一些正面报道中讲故

① 张廉.草根群体在短视频中的自我呈现——以快手用户为例[D].西安:西北大学硕士论文,2018
② 汪凯.《网络草根文化:文本生成特征与文化生产权力之转移》[J].浙江传媒学院学报,2015(5):63

事的能力欠缺,或正面报道出现负面效应,造成群众对主流舆论场的疏离感,致使主流媒体公信力流失,主流舆论引导未能达到主导效果,老百姓成为"老不信"。① 在这种情形下,精英阶层对社会舆论的引控能力降低,垄断化的官方媒介被迫放下强势身段,主动拥抱、使用社会化媒体;而日益增多的网民和日益提升的新媒体运用本领,更让传统媒体时代"舆论一律"被消解,"权威舆论"的主导力大大削弱;而技术增强和放大了个体和群体的行为,让使用社会化媒介的网民拥有既可分裂,又可联合的权力,乌合之众造成了众声喧哗的多元"舆论不律",统一思想难度加大。② 这是对于严肃媒体及传统传播方式的一种反叛和威权消解,从媒体发展的长期视域来看,不失为一次"草根的狂欢"。西方学者杰姆逊在《后现代主义与文化理论》书中揭示了后现代主义的六个特征:多民族、无中心、反权威、叙述化、零散化、无深度概念。后现代主义是反对权威主义跟思想权利话语的,提倡开放的民主氛围跟文化共享。③ 与传统电商相比,直播电商的比较优势主要在其高度的直观性和交互性上。在广告投放总量基本为固定值的市场份额中,原本占尽资源优势的电台、电视台等传统媒体的投放比例被进一步压缩,企业营收陷入低谷。

　　为了改变这种状况,出于占领网络舆论场的考虑,2019 年 11 月 20 日,中央广播电视总台的"央视频"正式上线,这标志着以央视为代表的国家队也放下矜持,加入网络视频领域的角逐。然而,无论从场域活力还是市场嗅觉来看,要成为真正"网络媒体"的"国家队"还显得水土不服。在国有电视台,有的主持人已经在当地耕耘多年,享有一定的知名度,转身为电商代言也有相当良好的广告效应,自己做直播销售却显

① 周廷勇.《从"威权舆论"到"权威舆论"—"微时代"主流舆论的解构与重振》[J].重庆工商大学学报(社会科学版),2012(12):116
② 周廷勇.《从"威权舆论"到"权威舆论"—"微时代"主流舆论的解构与重振》[J].重庆工商大学学报(社会科学版),2012(12):116
③ 杜晓杰.《场域理论与布尔迪厄艺术社会学的建构》[J].民族艺林,2020(1),18

得力不从心,究其缘由,还是没有养成跟随不同场域变换姿态的习惯。如果说电商只不过是传统商业模式在网络上的延续,"直播卖货"却是一种颠覆式的"商场购物体验"的线上复归,习惯于强势话语权的传统电视主持人必须对"草根"们"察言观色"躬身服务,这对于这个群体中的大多数人来说很难做到。2020年,新冠病毒疫情成为网上经济的推手,"直播卖货"成为国内各级政府勠力倡导的"蓝海"。经过数年摸索逐渐稳定的"短视频+直播卖货"的"草根组合模式"迎来行业巅峰。在这种"布尔迪厄式"的场域文化里,所谓的直播主持已经跳出了商品推介本身的范畴,为提高"身价"而争相虚报数据,从而造成了网络直销业绩火爆的虚假狂欢。在这一年里,原本完全以"凭票观摩"为经营模式的电影也以徐峥的《囧妈》为代表从院线排片转为了线上放映。从表面上看,这是线下消费转向"网上经济"的权宜之计,院线电影随着疫情的缓解终将回归影院,但这种尝试将从心理上改变观众对于线上视频产品的蔑视态度,继而对整个产业的长视频发展模式产生重大影响。随着5G等更先进技术的不断成熟和普及,以影视创作为代表的的长视频产业势必跨过"网络产品"的标签,迎来又一次的产业颠覆。在影像已经不受时长与空间甚至载体限制的未来,"网络直播"不再仅仅是一个传播学的命题,而是涉及到社会学、应用心理学、伦理学、艺术学、人类学甚至宗教学等各方面学科。因为这种影像的日趋"逼真"将在各个方面对人类的发展产生影响,就如《第十三层》(The Thirteenth Floor)、《感官游戏》(eXistenZ)等科幻电影中所描述的那样,视频技术的发展如果超出时空感知的极限就会混淆现实与虚拟的边界,直至产生对所谓"现实"的疑惑与颠覆。从这个角度来看,"网络直播"或许只是一个开始。

当然,不管是"线下"还是"线上",无论是在广电媒体还是网络空间,随着平等对话、独立思考在技术支持、法律保障以及信息对称等方面的环境完善,电视主持作为一种岗位势必逐步淡化。尽管如此,无论现实或者虚拟社区,场域内信息的离散性总还是需要一定的"聚合力",它的社会角色或许在社会生活中作为意见领袖还将长期存在,只不过此时的"主持"已经不是裹挟"自上而下的威权",而是以一种美国管理学家切斯特·巴纳德(Chester Irving Barnard)提出的"从下而上的权威"的面目出现,它与现实社会中的其他元素交错融合,此消彼长,达到社会媒体生态的新平衡。

（作者系上海戏剧学院电影学院研究生管理办公室主任、副教授、博士、硕士生导师）

参考文献：

[1] 张莉.《巴纳德权威接受论的借鉴价值评析》[J].管理观察,2018(27):60.

[2] 史文利,李华.《大众媒介时代的祛魅话语—布尔迪厄场域理论视角下的大众媒介》[J].山西高等学校社会科学学报,2011(1):103.

[3] 张丽燕.场域理论视角下网络公共意见建构[M].浙江:浙江工商大学出版社,2018:11.

[4] 虞佳慧.网络时代的人际交往:场景、过程与逻辑——一个传播社会学的分析[D].武汉:华中师范大学硕士论文,2018.

[5] McKenna,K. Y. Green,A. S. &Gleason,M. E. (2002)Relationship formation on the Internet：What's the big attraction?. *Journal of social issues*,58(1):9-31.

[6] 续蔚一.《网络直播平台受众的心理特征分析》[J].新闻研究,2016(9):10.

[7] 贾文颖,黄佩.《从快手App看小镇青年的精神文化诉求与扩大的数字鸿沟》[J].东南传播,2019(12):39.

[8] 沈金龙,许云,赵常钢.《心理学视角下情绪对书法影响的探索性研究》[J].昭通学院学报,2019(6):100.

[9] 李光德.中华书学大辞典(1月版)[M].上海:团结出版社,2000:12-16.

[10] 刘洁,郭殷锈.《解构与重构视角下网络表情符号的传播与发展》[J].戏剧之家,2019:210-211.

[11] (英)雷蒙·威廉斯,倪伟译.漫长的革命(1月版)[M].上海:上海人民出版社,2013:18-21;356-358.

[12] Raymond Williams. (1977)Marxism and Literature. Londonand New York：Oxford University Press,P:49.

[13] 沃尔特·李普曼,阎克文,江红译.公众舆论(第1版)[M].上海:上海人民出版社,2006:223.

[14] 王逢振等编译.电视与权力(10月版)[M].天津:天津社会科学院出版社,2000:136-189.

[15] 张廉.草根群体在短视频中的自我呈现——以快手用户为例[D].西安:西北大学硕士论文,2018.

[16] 汪凯.《网络草根文化:文本生成特征与文化生产权力之转移》[J].浙江传媒

学院学报,2015(5):63.

[17] 周廷勇.《从"威权舆论"到"权威舆论"—"微时代"主流舆论的解构与重振》[J].重庆工商大学学报(社会科学版),2012(12):116.

[18] 杜晓杰.《场域理论与布尔迪厄艺术社会学的建构》[J].民族艺林,2020(1),18.

上海近代私营电台广告研究（1923-1953）①

许静波

上海近代私营广播诞生于 1923 年,落幕于 1953 年的社会主义改造中,历经北洋政府、国民政府、新中国等几个不同的时代。三十年中,上海的政治格局由"一市三治"走向多种形式的政令统一,对于私营广播的发展产生了巨大的影响。广告作为上海近代私营广播维系经营的主要收入来源,对于政治格局的变化相当敏感,是业界发展的晴雨表。

学界以往多关注于近代报刊媒介上的广告,对电台广告的研究则相对较少。

②最为直接的原因是报刊广告保存较好,可以进行深入的文本分析。而民国广播基本采用直播形式,广告的文本,特别是播讲方式在电波传出的同时就已经成为过去式,难以被记录下来。

不过,在近代上海报刊和档案中,依然保存了大量私营电台经营、社会监管和读者反馈的史料,这些史料虽然不涉及具体电台广告文本

---

① 本文系国家社会科学基金项目"中国播音史研究"（项目编号:17BXW039）的研究成果。电话:18915520437;邮箱:081014007@ fudan. edu. cn

② 如来生《中国广告事业史》（民国新文化社 1948 年版）主要记录平面广告的发展,对电台广告则篇幅寥寥;杜艳艳、陈培爱的《中国近代广告史研究》（厦门大学出版社 2013 年版）也是以报刊广告为主演研究对象,涉及无线电广告的部分很少,只是列项而已,且对三十年代繁荣的电台广告付之阙如;孙顺华《中国广告史》（山东大学出版社 2007 年版）虽然讨论了民国电台广告,但是谈电台多,而论广告少。这几本中国广告史著作都是以报刊广告作为主要的研究对象,而历史学者张仲民在《近代中国"东亚病夫"形象的商业建构与再现政治——以医药广告为中心》（《史林》2015 年第 4 期）、《当糖精变为燕窝——孙镜湖与近代上海的医药广告文化》（《社会科学研究》2017 年第 1 期）中也是以报刊广告作为研究中国近代身体与健康观念的切入点。

内容,但是依然可以为其发展描绘出清晰的剪影。本研究利用以上史料,梳理上海近代私营电台广告业态发展和广告营销模式的兴衰,分析动荡中的政治格局给相对稳定的媒介形态以怎样的影响,为政治与媒介关系的研究提供新的视角。

一、走向繁荣:上海近代私营电台广告的兴起

上海近代商业大众媒介自诞生起,就与广告有着密不可分的联系。1872 年《申报》创刊之际,即有专门的广告版。而上海近代私营电台的诞生先于广告,其广告营销模式以 1927 年国民政府成立为界限,分为滥觞和成型两个阶段。

(一) 滥觞阶段:广播作为收音机广告(1923-1926)

1923 年 1 月 23 日,美国人奥斯邦联合美资《大陆报》在上海开办中国无线电公司,内容以文娱节目为主,间杂商业信息,如 23 日晚一个小时的播音时间中,播放了节目预告、小提琴独奏、四重唱、萨克斯独奏和舞曲等内容。表面上看,该台节目并无广告内容,但实际上,播音行为本身就是一种广告,这与其盈利模式密切相关。

上海近代早期广播的开办者主要为经营电器的外资洋行,如中国无线电公司、新孚洋行、开洛公司等。其盈利主要来自于销售各类收音机,如 1925 年开洛公司在《申报》频繁刊登广告,所售收音机分为四个档次,分别为矿石收音机五元、一灯收音机三十五元、二灯收音机一百二十五元、三灯收音机一百四十元,①并附上其广播台节目时间表,以招揽顾客。

这种模式的形成有两方面的原因:一则,广播台的听众群和广告客户群尚未培养起来,没有用电波投送广告的切实需求。这不像《申报》在创刊时,上海已经有了近三十年近代报刊发展的历史,墨海书馆、

---

① 灯数为收音机所装真空管数,多者收音范围大且信号清晰。

《北华捷报》《上海新报》等都对广告客户的培养起到了一定的作用，所以《申报》甫一创刊，就能有那么多的广告客户。

其二，北洋政府限制广播电台发展。1921年华盛顿会议讨论限制军备问题，其中第十八决议案规定，各种无线电机非经中国政府（即北洋政府）允许，不得在中国境内经营，而按照中国政府法律，无线电机为军事用品，非经陆军部同意，不得进口。西屋公司、新孚洋行、开洛公司等机构分别向陆军部和农商部申请执照，故而能从上海江海关进口无线电机，但一开始功率不超过五瓦特，仅作为私人爱好或科研用途。而奥斯邦电台之后逐渐开办的各商业电台功率远远超过了私人无线电机，引起了北洋政府交通部的警惕，极力禁止，不但取缔永安公司广播台的播音，拆卸发射天线，而且通知江海关查禁无线电机走私，新孚洋行曾三次被没收货物，金额达万金之多，开洛洋行亦有数千。在这样雷厉风行的行政手段限制之下，上海广播业无从发展，自然也就没有了投放广告的空间了。

当然，现代传媒的力量无法阻挡，且美国当时已经出现了商业广播，在华西人亦有收听广播的强烈意愿。所以，北洋政府交通部试图有限度放开管控，在1924年8月颁布了《装用广播无线电接收机暂行规则》，对购买安装收音机进行了具保资质、内容要求和执照缴费等较为严格的规定。此后，开洛公司、新昌洋行、新新公司等广播台逐步开播，而经销收音机的商号也增加到七家，北洋政府交通部亦有筹建官营广播台的意图，但是因为北伐战争最后没有落实。

（二）成型阶段：广播作为广告投放平台（1927—1953）

国民政府成立后，在北洋政府的基础上进一步放开广播电台的设立，并在1928年8月1日开播了中央广播电台，成为国民政府三大官营宣传机构之一（其他两个为中央通讯社和《中央日报》）。上海广播业蓬勃发展，抗战前夕广播台数量已经达到29家，[①]1927年上海收音

---

① 《上海各广播电台一览表》，《中国无线电》1937年第5卷，第13期。

机保有量已经达到一万架,①到了 1936 年已经涨到了十万架。② 传播平台和消费用户的激增,让在电台上投放商业广告成为可能。到 1953 年,上海私营广播全部完成公有化改革的二十多年间,广播成为上海重要的广告平台,并形成了三种投放模式:

1. 电台经营模式

国民政府时期,私营广播从洋行兼办电台转为专业电台,售卖收音设备不是必备的任务,③成为较为纯粹的媒体平台,除了部分非营利性宗教电台外,主要依靠广告来获取利润。除了专门的广告板块:商情、商品介绍、商业介绍,④播音员在其他栏目中亦常常插入广告,以至于"每档栏目的前后甚至中间,广告却愈来愈多,做节目不夹广告,然没有的事"。⑤

客户如想在电台投放广告,需要缴纳两笔费用,其一为电费,就是实际上的广告费;其二为演奏费。民营广播节目主要有三类形式:(1)新闻、教育或名人演讲等语言类节目;(2)唱片类音乐播放节目;(3)平剧(即京剧)、越剧、四明滩簧等戏曲节目,这是最受普通观众欢迎的节目类型,客户须向电台另缴演奏费,才能在其表演时播放广告。

2. 广告公司中介模式

1926 年《广播无线电话之费用》谈到两种广告的办法,其一为"播送节目之时,插入商店广告之报告";其二为"由商店自行组织或延请

① 《上海无线电收音机之发展》,《中华全国电政同人公益会会报》,1927 年,第 30 期,第 27 页。

② "补白",《磐石杂志》1936 年第 4 卷第 6 期,第 431 页。

③ 虽然售卖收音机的洋行不再开设广播电台,但是华资电信设备公司加入到了这一领域,如亚美无线电公司、大中华电器行、友联电气公司、永生无线电公司、国华电器行、富星电料行、明远电料行、麟记蓄电池厂都有自办的无线电台,以广播节目促其收音设备的销量,但是一则这些电信设备公司开设的无线电台在上海私营电台中只占一小部分,二则这些电台的运营也不是仅靠出售收音机来维持,也要招揽客户广告的。

④ 《上海各广播电台一览表》,《中国无线电》1934 年第 2 卷第 3 期。

⑤ 钱云:《漫话电台广告》,《上海无线电》1938 年第 38 期。

音乐家借电台播送"。① 然而在实操上,无论由电台经营广告和商店组织节目都不是自己的本色当行,所以需要专业的广告经理商从中联络沟通,一方面从客户那里赚取佣金,一方面从电台那里拿到折扣,两方面的收益即构成自己的利润。此外,广告公司也可以自办电台,如元昌广告公司在1932年创办了元昌广播电台,在1934年11月举办了盛大的公司创立八周年,电台创立两周年纪念活动,邀请沪上歌咏、戏曲、话剧明星连续播送了三天的特别节目,时任上海市长的吴铁城在《大都会画报》杂志上为其纪念特刊题词。②

除了综合广告公司兼营电台广告,也出现了专营电台广告的广告公司。金康侯在北苏州路成立了上海播音广告公司,他和游艺界以及电台主持人的关系很好,所以招揽了不少工商广告。③

3. 播音员包节目模式

播音员和电台也并非固定隶属关系,如上文所述的曲艺家被称为游艺员,他们是构成播音员群体的重要部分,不上节目的时候跑街招揽广告,联络电台交电费,购买播音时间,在节目中口播广告,广告费和电费两者之差就是他的收入所得,"大部分的播音广告,都是电台或包定节目之游艺界中人,和广告登户直接接洽的。"④电台会给名气大的播音员减免电费,即所谓"捧响档"。这些人在各台会有八九档节目,一月收入三四百银元,比洋行买办和公司经理还要好。可绝大多数收入了了,惨淡度日。⑤

三种模式相互补充,灵活运用,构成了民国上海电台广告投放体系的主流。广告利润促成了上海私营电台的快速发展,使其成为上海近代媒体体系中的重要一环。

① 芳美:《广播无线电话之费用》,《申报》1926年9月16日。
② 《大都会画报》1935年第2期,第23页。。
③ 如来生:《中国广告事业史》,民国新文化社1948年版,第16页。
④ 同上。
⑤ 汤笔花:《播音生活》,《申报》1939年2月5日,第18版。

1. 人民广播增设广告

共产党政权对于人民广播的定位非常明确,早在 1941 年《中共中央宣传部关于电台广播的指示》中开篇明义"电台广播是各抗日根据地目前对外宣传最有力的武器"[1],到 1946 年,新华社又详细描述任务为:

> 建设全国性的语言广播机关,宣传党的政策和主张,报道国内外时局的动向,有计划与有系统地宣扬我党我军与解放区地事业和功绩,揭发国民党地腐败黑暗统治并宣传与鼓励其统治区广大人民的民主运动。[2]

由此可知,宣传工作一直是人民广播的中心任务,但是这并不说是共产党政权排斥商业和广告。战争年代,为了防止敌人的破坏,各人民广播台处于随时流动之中,行踪甚为保密,自然不可能开展广告业务,而关于解放区"城市工矿铁路交通"等内容也不能做详细报道,以"避免暴露轰炸目标"。[3]

而当占领一些较大城市,有了稳定根据地后,该地人民广播则开始播送广

元昌廣告公司八

廣播電台八周化念特刊

吳鐵城

---

① 《中共中央宣传部关于电台广播的指示》,中央人民广播电台研究室、北京广播学院新闻系编:《解放区广播历史资料选编(1940-1949)》,中国广播电视出版社 1985 年版,第 9 页。

② 《新华社语言广播部暂行工作细则》,《解放区广播历史资料选编(1940-1949)》,第 117 页。

③ 《新华总社语言广播业务通报(第一号)》(1948 年 8 月 4 日),《解放区广播历史资料选编(1940-1949)》,第 161 页。

告节目,如 1946 年 5 月 1 日开始播音的西满新华广播电台,以及安东新华广播电台都有广告业务,①而东北新华广播电台从 1949 年 1 月 10 日开始,在每天下午一点到两点半对沈阳广播的一个半小时时间内开播广告,内容"以工商业和文化娱乐为主",并有详细的广告费标准。②

接收上海之后,中共中央宣传部对于上海人民广播电台能否以及如何开展广告节目也有了明确的规定:"上海人民台可增设广告节目,按照发展国民经济的利益,同时照顾电台的财政收入,有选择地有计划地播送工商业广告。"③

2. 私营广播维持广告

对于新解放城市原有广播电台的管理,共产党政权也早有规划,具体说来就是没收国民党国营、公营电台,限制私营电台的政策,并最终实现广播业的社会主义改造。

早在 1948 年底,中共中央明确规定"所有敌方政府军队及党部管理之电台,必须全部接收",广播及编辑人员一般不用,而技术人员则甄别后录用,国民党国营、官营电台都不存在了,广告自然也就无所依存。私营电台中,与国民党派系有牵扯及反革命历史的一同没收,而纯粹私营,仅靠"商业广告及音乐娱乐以维持者"则在严格管理的基础上准许继续营业。④

在具体执行层面,各地关于私营广播台播送广告有自己的规定,如天津市委就规定"不得有任何其他性质的广告(如寻人、函件等)",⑤

① 《解放区广播电台介绍(一)》(1948 年 3 月),《解放区广播历史资料选编(1940—1949)》,第 87、89 页。
② 《东北新华广播电台广告条例》,《解放区广播历史资料选编(1940—1949)》,第 310 页。
③ 《中共中央宣传部及中央广播事业管理处关于成立华东广播事业管理处的指示》(1948 年 8 月 10 日),《解放区广播历史资料选编(1940—1949)》,第 53 页。
④ 《中共中央对新解放城市的原广播电台及其人员政策的决定》(1948 年 11 月 20 日),《解放区广播历史资料选编(1940—1949)》,第 334 页。
⑤ 《中共中央关于对私营广播电台的处理办法给天津市委的指示》(1949 年 2 月 28 日),《解放区广播历史资料选编(1940—1949)》,第 340 页。

上海文管会在和广播界的座谈中提出了四项原则,专门规定广告"正当的可以广播,凡为帝国主义、国民党反动派作宣传的,欺骗的不能采用",而各私营电台也主动请求人民政府对播音员及广播的广告予以检查。①

3. 社会广播允许广告

在既不属于人民广播,也不属于私营广播,而是由社会各团体开办的社会广播也开展广告业务,如海员工人在江华轮上建立了轮船广播台,转播上海人民广播台节目,播放娱乐唱片和旅行安全指导节目,为解决经费问题,还招揽广告收取广告费。② 当然这些广播基本都属于有线广播,使用高音喇叭来播音,传播的范围比较狭小,往往局限在一厂一校一单位中。

(二) 新政权对私营广播电台的政策

从宏观上讲,虽然新政权允许私营电台继续播送广告,但是这并不代表其鼓励私营电台继续发展。作为资本主义工商业的组成部分,私营电台必然要被改造和取消的。

早在进入上海之前,《人民日报》就指出私营广播的未来必然是被改造:"新的社会秩序正在一步一步建立……私营广播电台进行必要的改革,靡靡之音应该停止,而代之以人民大众的雄壮声音,人民的城市只能发出人民的呼声。"③而在接收之后,新政权不再审批开办新的私营广播电台,并加大管理力度,让已有的私营电台在恢复播音秩序的同时,逐渐纳入到新中国政治认同的宣传体系中。④

在 1952 年底,在毛泽东的提议下,中共中央提出过渡时期总路线,农业、手工业、资本主义工商业逐步开始社会主义改造,经过私私合营、

---

① 《上海文管会招待播音界》,《解放区广播历史资料选编(1940—1949)》,第 362 页。

② 上档:《上海人民广播电台关于送上"本台试办工厂广播台的报告"的函》,档案号:A22-2-9-28。

③ 《改造私营广播电台》,《解放区广播历史资料选编(1940—1949)》,第 357 页。

④ 许静波:《新中国政治认同的构建:上海人民广播电台(1949—1953)研究》,《现代传播》2019 年第 8 期。

公私合营以及公有赎买等阶段,到 1956 年改造基本完成,正式跨越到社会主义建设时期。上海广播业的动作很快,1952 年 10 月 1 日,上海人民广播电台、沪声、大沪以及各私营广播电台联合组建上海联合广播电台,私营电台消亡已势不可挡。1953 年 10 月,上海联合广播电台中的资方申请转让产权,上海人民广播电台以旧币 9 亿元购买。上海私营广播业的历史至此终结。皮之不存,毛将焉附?私营电台广告自然也随之走进了岁月往事之中。

而在微观上说,从上海解放到 1953 年的四年间,私营电台广告确实也遭遇到了一些问题。

1. 播音时间不足,限制了广告招商。

这种不足,一方面是暂时性的困难,如蒋介石政权对上海进行空袭和轰炸,特别是 1950 年的"二·六大轰炸",让上海电力系统损失惨重,上海市政府推出节电政策,这导致以电力驱动的私营电台广播时间卖不出去,营业上受到很大影响。不过,局势安定后,自然可以扭转。另一方面则是政策上的限制。早在 1949 年 12 月,文管会就要求私营广播合并周率,最终由二十二家电台分享十二个周率。如此一来,播音时间必然减少,广告收入也会流失很多。

2. 新政权决定逐步消灭广告公司。

如上揭所述,民国时期上海私营广播电台广播营销模式中,广告公司占有很重要的地位,联系广告客户,购买电台广告时间,对于节目内容也有很大的发言权。需要承认,某些广告公司自然有吃上卡下,为售卖广告时间而降低节目品位的行为,称其为"黄牛",并没有冤枉了他们。虽然,在今天看来,作为促进市场和商业流通的催化剂,广告公司有着重要的经济与文化价值,然而在那个时候,新政权还是将其作为影响社会治理的不安定因素,要"消灭黄牛,消灭中间剥削分子"。① 这种

---

① 《上海市军事管制委员会文化教育管理委员会新闻出版处广播室关于广播电台管制工作的报告》(1950 年 3 月 10 日),《旧中国的上海广播事业》,第 804 页。

政策取向,极大地影响了私营广播电台广告的业界生态。

要之,上海解放后,新政权对于私营广播电台的管理是有序而统一的,各项政策虽然不是没有争议,但基本上都是稳步推行。私营广播电台广告在安定的社会环境下获得了一个新的发展机遇,再次迎来了一定程度上的繁荣。然而,在新政权的发展图景上,并没有私营电台的位置,所以广告业务的一度兴盛,不过是私营电台的回光返照而已。

结　论

作为西学东渐舶来的新媒介,广播从少数科技发烧友和高端人士的私人爱好成为了全民的时尚,商业广告使其纳入到上海经济发展的体系中,私营电台亦享受到了国民政府"黄金十年"的时代红利。广告营销模式的成型、专业广告公司的参与,与商界、艺术界、教育界等不同领域的互动,推动上海私营电台广告在摸索中发展。

和新闻出版这样更具精英文化气质的传媒形态相比,广播更加俚俗,更有娱乐性,与百姓贴得更近。虽然拥有收音机的主要是中产以上人士,但是广播的听众既可以是教育程度不高的家庭妇女,也可能是一条里弄的街坊邻居。所以广播的听众面更广,虽然没有实证数据,但在市民日常用品方面的广告效果应该胜于报刊。

然而,上海近代广播三十年的发展不仅仅遵循着商业逻辑,还被政治逻辑所左右。租界的"缝隙效应"让私营广播获得喘息和发展的空间,在一定程度上避免了国家政权对于工商经济的过度侵袭,甚至也能保护抗战初孤岛时期爱国私营电台的民族气节。抗战胜利后,国民政府终于可以全面掌控上海的政权,强势管理城市各行各业,却无法限制林立的党政军非法私设机构(不仅仅是电台),侵害私营经济的合法运行。私营电台广告的困顿和公营电台广告的兴旺构成畸形的行业局面。新中国建立后,有序统一的政治环境让备受打击的私营电台得以恢复元气,然而社会主义改造的国家政治大势则让其最终走向落幕。

近年来,与相对稳定的政治格局相比,媒介形态则不断更新,百花齐放。新媒体、自媒体不断分享,并扩展报刊、电视这样的传统大众媒体在受众中的影响力,与国家权力产生新的互动,所以关于政治与媒介关系的研究往往把政治抽象出来进行分析。^① 然而,在媒介史个案研究中,短期内政治格局的变革也可能非常剧烈。上海近代私营广播在三十年的发展历程中,自身形态几无变化,但所面对的不仅仅是朝令夕改的具体政策,更是剧烈变动中的政治格局对产业发展命运的制约。

(作者系苏州大学传媒学院副教授)

---

① 即便是探讨变化中的政体与媒介的关系,也是着眼于一个相当长的历史时期,如唐海江从资产阶级革命时期延展到当下以数百年的跨度来考察西方媒介和政治之间的关系。参见唐海江:《政治媒介化:当代西方媒体与政治关系的形态分析》,《求索》2003年第1期。

成为内容生产者和传播多面手

——融媒体时代主持人自我提升的方法

马　聪

《世界是平的:一部二十一世纪简史》是一本由托马斯·弗里德曼所撰写的畅销书。作者在书中分析了 21 世纪初期全球化的过程。书中主要的论题是——"世界正被抹平"。在作者看来,这是一段个人与公司行号透过全球化过程中得到权力的过程。作者分析这种快速的改变是如何透过科技进步与社会协定的交合。主要是通过诸如手机、网络、开放原码程式等科技的进步而完成的。[①]

在媒体领域也是如此。出版时代,发表观点和信息是少数人或少数阶层的特权,甚至阅读和接受信息也是少数人才能有的能力。广播电视媒体的发展减弱了这一现象,而互联网时代的来临,让每个人都有了发布信息的权利,世界变得更"平"了。

一、人人都是主持人的时代已经来临

（一）新技术手段赋予每个人发言权

互联网刚刚成为主要的媒体平台时,受众和传统媒体都认为发生改变的仅仅是传播的媒介。传统媒体所做出的改变,也仅仅是把原来在报纸杂志和广播电视上发布的信息同步更新在网络上而已,人们接收的信息,大部分还是来自于少数媒体。随着 web2.0 时代,尤其是移动互联网时代的来临,传统媒体或者说权威媒体再不是传媒中的绝对主角了。

---

① 托马斯·弗里德曼.《世界是平的》[J].国企管理,2017,No.113(Z2):16

移动互联网真正让每个人都成为了信息的发布者、传播者、评论者。权威媒体发布重要信息,自媒体发布观点内容,新媒体服务特定受众,已经成了新的传播内容生产方式。在这一环境下,融媒体的概念应运而生。多屏融合、网台联动等等,也成为了传统媒体的求生之道。而新媒体从业者为了更好的生产内容合适自己的产品内容变现,也需要传统媒体的认可和背书。

融媒体时代,人人都可以拥有发布信息的技术手段,人人都可以发布信息。当每个人用手中的手机都成为新闻发布者的时候,就打响了一场信息的人民战争。利用现代移动互联网发布信息的便利性和多媒体特点,人人也都是主持人。而作为传统的传播主力军的主持人,在这一时代又面临着怎样的危机与挑战,又该何去何从呢?

（二）新传播平台降低主持人话语权

根据以往的传播理论,主持人应该是真正意义上的意见领袖,是广播电视时代最主要的信息发布者。但如今,这样一个人人都是主持人的时代,当大众的发言权同样被关注到的时候,即使不是每个拥有发言权的人都有话语权,但是主持人的话语权被大大降低了。

首先是人们关注点的转移。以短视频为代表的媒体,以更加短平快的方式更容易占有人们碎片化的时间。而传统意义上的主持人的关注度则被拉平。传统主持人即使试图做出很多适合新媒体平台的转变,也很难拉回受众的关注。其次,人人都是主持人的时代,能够让专业主持人失业的,不是其他专业主持人或其他非专业主持人,而是有传播意愿的所有人,能够影响主持人话语权的,也变成了所有人。

（三）主持人必须掌握新技能、新方法

面对这样的挑战,传统媒体主持人、主持专业学者和教育工作者、新媒体主持人等所有相关人员,都应该重新调整思路,面对新环境、新形势、新平台,找到新方法、掌握新能力、创作新作品,不断提升、不断更新。

学界必须走在业界前方,不能满足于对现有现象的分析和为现有现象找到学术支撑,更应该通过分析现象,预见未来发展,给主持人、主持专业学生,指出新的自我更新的方向。

二、主持人必须转变内容生产的基础思维

不同的传媒时代,有不同的传播介质,而不同的传播介质决定了传播者拥有怎样的传播思维、采用怎样的语言样态、生产何种传播产品。通过梳理从纸媒时代到互联网时代传播者的创作思维,我们应该设计出一种融媒体时代传播者,尤其是主持人所必须具备的新的创作思维。

(一) 传统媒体内容生产的基础思维

在纸媒时代,内容生产者的基础思维叫做"发行量思维"。发行量思维的逻辑非常清晰。简单来说就是传播产品作为印刷品,生产一份卖一份,有实物、难做假,为了销量少多接广告保利润。在这样的思路下,版面越来越多,有效信息和广告甚至到了各占一半的程度。这一时期内容生产者的基本思维,就是想尽办法多卖印刷品,想尽办法多接广告,在销量和广告中间找平衡。

在电视时代,内容生产者的基本思维是"收视率思维"。电视媒体的内容生产者最在意的是同一个时间有多少人在同时看你的节目。观众在不断换台的时候,停留在这个节目的短短几秒钟时间如何被吸引,是电视创作者最主要的课题。和纸媒时代一样,收视率决定广告投放的多少,而过多的广告投放又有可能影响收视率。在这样的矛盾下,创作好的内容,把合适的内容放在合适的时间,在某一个时间内到底能吸引多少受众,就形成了电视内容生产者的"收视率思维"。

互联网时代,"点击量思维"诞生了。和电视媒体最大的区别在于,好的内容更容易被受众"点播"。生产者不用担心同一时间收看内容的受众的人数多少,而在意的是内容能累计吸引多少点击量。脱离了"时刻"的束缚,也给了生产者更大的自由。

后来,有了一种独特的现象,叫做"流量思维"。内容生产者不用太在意作品的质量,甚至可以没有生产具体作品,只要有足够的元素能够引起关注就可以了。比如以偶像、"小鲜肉"、"小仙女"为代表的演员,比如足够的"戏外"话题性等等。有流量就有关注,有流量就能变现。"流量思维"很大程度上拉低了内容生产的质量。

(二)融媒体时代主持人应有的内容生产基础思维

全球最大的个人电脑游戏平台 Steam 在 2022 年 1 月发布了《2021年全球游戏玩家回顾报告》。这份报告中有数据显示,2021 年全年,全球的游戏玩家在电子游戏上花费的时间,累计起来超过 430 万年。[①]

有不少玩家甚至是专家学者都认为这个数据有堆砌大数字之嫌,哗众取宠。其实,这个数据值得传媒研究者从另一个角度进行分析。

仅仅 Steam 这一个平台上,就有 1.32 亿游戏玩家,这些玩家全年在游戏上花费的时间相加起来是 380 亿小时。如果平均到全世界所有人身上,则意味着全球 80 亿人,平均每天玩游戏 4.71 小时。不管你是不是一个游戏玩家,平均下来的结果就是这样。这还意味着全球人民每天只剩 20 小时干别的事情。从这个数据中我们可以看到,游戏用它的特性很大程度上占有了全世界人的时间。进一步,我们可以得到这个结论,在融媒体时代,和主持人竞争的不是其他主持人,而是所有人;和主持人创作的节目竞争的,不是其他人创造的节目,而是其他所有文化娱乐产品。

融媒体时代我们应该有怎样的内容生产基础思维,一句话概括,应该是——"时间占有思维"。英国著名作家阿道司·赫胥黎说:"时间最不偏私,给任何人都是 24 小时。时间也最偏私,给任何人都不是 24个小时"。每个人都有 24 小时,这可能是世界上最公平的一件事。关键就在于人们用这 24 小时来做什么。[②] 大部分情况下,受众在做一件事的时候,就不能同时做另一件事。我们应该意识到,融媒体时代主持人作为内容生产者,必须要抓住受众的时间,先吸引受众,再尽可能占有受众的时间,最高效率的抓住碎片化信息传播特点和碎片化时间利

① 易禹开. 中国游戏产业海外发行运营策略调研报告[D]. 广西大学,2022

② 刘瑞复. 马克思主义法学原理读书笔记[M]. 中国政法大学出版社:,201810.810

用的特点。比如说现在的电子游戏、短视频、直播、知识付费等等文化娱乐产品,似乎都在抢走我们的时间。而且我们也比较清楚的认识到,这些文化娱乐产品的有趣程度和吸引人眼球的能力以及所带来的参与感,应该比主持人所能带来的有趣程度和参与感要多得多。那么主持人如何在这样的不利情况下吸引受众呢?笔者认为,主持人在融媒体时代应该向互联网学习,向各种文化娱乐产品学习,吸取他们的优点并为我所用。

三、主持人必须成为内容生产者和传播多面手

主持人在融媒体时代要做的第一件事,就是在有限时间内,让受众关注到你。

著名的脱口秀演员李诞曾经说过一句话——每个人都能说五分钟的脱口秀。李诞有这样的观点,因为通过观察他发现,每个人都有自己的故事,每个人都希望讲出自己的故事,而他们的工作是通过教授大家方法,让每个人都能用有趣的、吸引人的方式讲好自己的故事。

和脱口秀类似,短视频平台在这一点上体现得更加明显。短视频平台的火爆,让谁都能吸引至少百万人的目光,只要你发布内容。但是有一个条件,那就是只能吸引 5 秒。抖音有一个重要的评价视频好坏的标准,叫做 5 秒完播率,它会考验你的内容究竟有多少人看满了 5 秒。这是一个非常短的时间。

传统媒体时代,生产的内容受到关注就够了,专业主持人可以继续自己的传播。但现在,每个普通人都能被百万级别的受众关注 5 秒。可能这对于一个只是分享自己生活点滴的普通人来说就够了,但是专业主持人绝对不够。主持人必须思考 5 秒以后要干的事情——通过吸引别人的关注,继续占有别人的时间,不断传播、不断沟通。而主持人的自我提升和自我更新,就是要永远学习如何占有别人的时间,向网络学习,成为一个融媒体时代的内容生产者和传播多面手。

(一) 主持人应向短视频学会极限时间表达

短视频如今已经成为了最重要的网络平台之一,以抖音平台为例,

2023年的日活用户已经超过6亿人,横跨所有年龄段,也几乎吸引了从一线城市到乡村的各阶层用户。

前文提到过,抖音有一个考核上传内容的重要指标叫做"5秒完播率",指的是用户刷到一个视频是否能坚持看完5秒。这对于内容创作者来说是一个巨大的挑战。相声术语中有一个词叫做"入活",意思是进入到相声正式的情节中,一般情况下,相声演员为了让现场观众静声,并且吸引观众注意、带动观众的心理节奏,并且和观众建立默契,都会在"入活"前,聊大量的"闲白儿"。"闲白儿"是和相声作品本身无关的家常话、小笑话,也包括了定场诗。在过去,我们的主持人做节目时,开场也会有很多"闲白儿"式的语言,包括节目口号、引言、起兴等等。

短视频时代,闲白儿变得无用甚至是有碍于吸引受众的。5秒还没有"入活",一定会流失受众。甚至很多短视频作者会在开头5秒先播放一段片子最重要、最劲爆、最有话题性的"预告片"。这虽有文字媒体"标题党"之嫌,但确实很有助于吸引受众。

以抖音为代表的短视频碎片化内容,要求我们必须在内容开头就把最重要、最有趣的信息先给到受众。上海戏剧学院吴洪林教授曾经多次强调主持人的语言特点应该是在有限时间有效表达。那现在的短视频时代对主持人提出了更高的要求——极限时间,高效表达。[1]

同时,短视频平台还告诉主持人要打造自己的声音名片,让人听到你的声音一下就能记住你,让人听到这个声音就想起你。短视频教给我们的未必高雅,但是它很管用。比如说"奥利给",比如说"哦买嘎"和"买他!"。

短视频平台的另一个启示是好的作品提升视觉品质。很多人觉得看罗永浩的直播间不累,那是因为他的音画质量做得太好了,是电影级的机器输出的信号,还有一个原因,他选择的主播颜值也非常高。

---

[1] 郭骏焘. 融媒体背景下主持传播人格化研究[D]. 南京艺术学院,2020

（二）主持人应向长视频学会信息收集整理再传播

主持人能从长视频上学到什么呢？首先要学的，就是持续创作的能力。在给主持专业学生授课的过程中，笔者经常会要求他们要读书。近几年，教师会放低要求，让学生如果不读书的话，至少要做到"读网"。也就是要坚持在网上看新闻、看纪录片和看长内容。但目前发现，让学生读网，也就是坚持在网上看一些严肃的、长的、连贯的、需要思考的内容，都变成了一种奢望。

短视频可以带给大家的视觉刺激和愉悦感、兴奋度非常高，这让很多人失去了阅读长内容的能力。但是作为主持人，不仅必须要有接收长内容的能力，还要有创作长内容的能力。创作长内容，要求主持人有持续学习的能力，信息收集和整理的能力，信息再加工的能力，信息二次传播的能力。

在青年人聚集的长视频网站 B 站上，虽然"时政"和"国际新闻"不是大区，但好的节目依然能大量吸引青年人的点击量。比如 up 主马督工的《睡前消息》，他们一周三次的更新，已经成为了众多年轻人收看深度新闻和新闻评论的固定平台。平均每期节目 70 万的播放量，热点节目超过 500 万的播放量，也证明了好的长内容还是能够吸引足够的观众。再比如 up 主小约翰可汗的国家和历史故事节目，在年轻的受众群体中是会反复多次观看直到记住大部分信息的节目。这些优秀的长视频，还被上海市原教委主任路竞老师推荐给参加青教赛的大学教师，可见其成功程度。

最后，主持人必须有"把有用信息变得有趣"的能力。以现今很火的"知识付费"栏目为例，它从传统的需要打开电脑正襟危坐看视频，变成了现在的音频课程为主。形式上的改变就是为了占领人们的碎片时间。而内容上，从原本的学术性很强的、枯燥的大学学术课程直接放到线上，变成了更通俗易懂、故事性更强的内容。知识付费栏目的火热给主持人的启示，就在于不是真正让受众学会什么，而是让受众以为自己学会了什么。这种"以为"，增加的是受众的"谈资"，这是当今时代人们社交生活中非常重要的部分。

所以,信息重新表述的能力非常重要,把信息收集整理之后,再以一种非常有趣的,能够吸引人超过 5 秒钟的方式再传播出去的能力,就变得非常可贵。

(三) 主持人应向直播学习分享互动的积极心态

主持人能从直播电商主播身上学到什么? 90 年代初,我们经历过电视购物的阶段。开始时可以称为"叫卖式"阶段,或者因为主播的嘶吼式售卖也被称为"喊卖式"营销。后来,电视上带货的方式变成了更温柔的"说卖式"。直播电商的出现改变了这两种方式。

直播电商出现后,主播不是以一个销售人员的身份在和你沟通、向你售卖,而是以一个分享者的身份,告诉你"姐妹们,我自己用过这个很好用",告诉你"家人们,我是来给你们带福利的"。这样的方式让受众对电商主播自然产生了一种亲切感。现在,甚至出现了一个行业内新的名词,叫"暗卖式"。方法是只要主播跟大家聊的东西足够有趣,观众会自己买东西,甚至不用主播多讲关于商品的信息,比如东方甄选直播间的前英文教师董宇辉。

李佳琦在谈到主播需要什么的时候,给了新主播三句话。第一,想要做好主播要有强到不怕死的好奇心;第二,想要做好主播要有强到让人烦的分享欲;第三,想要做好主播还有强到惹人爱的共情力。笔者认为作为一个新时期的、生活在融媒体时代的主持人,这三点也非常重要。

四、专业主持人必须打赢互联网的反面

当然互联网也有它的反面,从主持人的角度来讲,还是要用自身的意识、专业来打赢对方互联网的反面的。尤其是在审美和舆论这两个层面。

毛泽东同志曾经反复强调,文化思想阵地我们不去占领,敌人就会占领。到了现在,我们可以从各种互联网事件、文化事件中看到,"占领"思想文化阵地的现在不光有敌人,还有普通人。普通人在如今有了更多获取内容的方式,随时随地掌握新的信息。在西方的语境中,这被称为"内容生产平民化"。

在传统传播学理论中,舆论的导向和审美的引领,一直是有所谓的"精英"和意见领袖完成的。但是在融媒体时代,人人都可能成为意见领袖,那么专业主持人更应给承担起"引领"的责任,在内容生产平民化的同时,保证内容和审美不庸俗、不低俗、不媚俗,使生产的传播内容属于人民、被人民接受、被人民喜欢,同时又有引人向善、引人向上、引人向美的作用,这样才能战胜互联网的背面。

（一） 主持人有引领审美的义务

从这几年的艺术院校招生考试中我们发现一个现象:报名参加考试的考生越来越多,有机会接触过一点文艺的考生也越来越多。但是相比过去,考生无论是基本功、形象、艺术审美、艺术表现力等各个方面,都有所下降。

时代的进步使得信息的传递更加普及,更加到位,这让很多年轻人了解到了艺术考试的渠道,培养了对文艺的兴趣,产生了对艺术院校的向往,这绝对是信息时代的红利。但是,年轻人接触文艺作品的渠道反而越来越单一,接触到的娱乐作品的档次也有下降的趋势。长此以往,很难培养出好的艺术审美。在招生考试中,在各高校的晚会或艺术节中,在网络热传的军训文艺表演中,我们都能看到,年轻人越来越有表达的欲望,越来越有表达的自信,但是表达的水平、审美的水平,是亟待提高的。

而引领审美的责任,就落在了专业主持人甚至是主持专业的学生身上。我们必须创作出受众喜闻乐见的的内容,同时这样的内容不能过于庸俗,而是在审美上有引领的效果。用年轻人喜欢的方式,告诉年轻人真善美的意义,这是融媒体主持人需要战胜互联网反面的第一个重要任务。

（二） 主持人必须坚守融媒体舆论阵地讲好中国故事

2013 年,习近平总书记在全国宣传思想工作会议上的讲话中指出："要精心做好对外宣传工作,创新对外宣传方式,着力打造融通中外的新概念新范畴新表述,讲好中国故事,传播好中国声音。"①

"讲好中国故事"这一思想的提出,是中国发展的时代所需,也为各行各业的中国人提出了新的要求,在当下的发展格局中,中国特色社会主义进入新时代、岁月轮转、风华正茂,一项项改革开放成果呈现出来,中国在国际舞台上的地位日益提升,在国际事务中的影响力持续增强,外媒对中国的关注度更是不可同日而语。专业主持人的工作,除了生产内容以外,还要坚持舆论的导向,在融媒体时代,利用各种先进手段,讲好中国故事。

当下的融媒体时代,"讲好中国故事"成为一项时代任务,不仅需要在学术上有所成就,在讲好中国故事的基础上持续强化理论研究,更要在实践中充分践行,让中国故事的影响力传播得更广、更远、更有力。主持人、主持专业的学生更应该成为讲好中国故事的主力军。

当今中国,各种社会思潮相互激荡,各种观念相互碰撞,我们要始终坚持以马克思主义为指导,强化马克思主义在思想引领和价值导向方面的作用。马克思主义是中国共产党的理论基础和行动指南,中国共产党在带领中国人民进行革命建设改革的过程中形成了马克思主义中国化的两大理论成果——毛泽东思想和中国特色社会主义理论体系,这些理论和实践成果是我们对外讲好中国故事的底气。而马克思主义的立场、观点、方法也为我们讲好中国故事提供了科学的世界观和方法论指导。

习近平总书记在全国党校工作会议上的讲话中指出,落后就要挨打,贫穷就要挨饿,失语就要挨骂。形象地讲,长期以来,我们党带领人民就是要不断解决"挨打"、"挨饿"、"挨骂"这三大问题②。经过几代

① 习近平. 习近平总书记指引新时代我国网络国际传播纪实[EB/OL]. 人民网,http://politics. people. com. cn/n1/2022/0901/c1001-32516857. html
② 习近平. 在全国党校工作会议上的讲话[EB/OL]. 中共中央党校,https://www. ccps. gov. cn/xxsxk/zyls/201812/t20181216_125658_3. shtml

人的不懈奋斗，前两个问题基本得到解决，但"挨骂"问题还没有得到根本解决。争取国际话语权是我们必须解决好的一个重大问题。

2015年，习近平总书记在省部级领导干部会议上指出："党的领导干部，要珍惜自己每一次讲话的机会，努力让自己的讲话让别人听得进、记得住、用得上、传得开。"这为我们讲好中国故事指明了具体的方向，也让主持人的工作目标更明确，工作方法更有效。主持人在融媒体时代，要继承传统媒体播音员主持人的站位意识、引领意识和喉舌意识，始终坚持传媒为人民服务的意识。这在这个时代显得尤为重要。

被誉为20世纪60年代美国广告"创意革命"三大旗手之一的DDB广告公司的创始人比尔·威廉·伯恩巴克，是广告文学派的代表，倡导广告创意的先锋。他的广告作品极富文学性，并且深入人心。他曾说过这样一段话，"大家相信的真相才算真相。如果人们听不懂你在说什么，就不可能相信。如果他们根本就不听你说，他们就不可能听懂。如果你不够有趣，那他们就根本不听你说话。什么东西是有趣的呢？是有想象力的，新鲜的，原创的方式。①

如今已全面开花的融媒体时代，主持人、主持专业的学生必须转变心态，不断提升自我、更新自我，为每一次的演播活动创造有想象力的、新鲜的、原创的方式。这样，才能占有受众时间，保住职业地位、保持职业活力，并且不畏惧新的变化，甚至能引领下一个传播时代的来临。

（作者系上海戏剧学院工会干事）

---

① 皇甫晓涛. 二十世纪美国广告创意观念的流变与价值研究［D］.上海大学,2017

参考文献:

[1] 托马斯·弗里德曼.《世界是平的》[J].国企管理,2017,No.113(Z2):16.

[2] 易禹开.中国游戏产业海外发行运营策略调研报告[D].广西大学,2022.

[3] 刘瑞复.马克思主义法学原理读书笔记[M].中国政法大学出版社:201810.810.

[4] 郭骏焘.融媒体背景下主持传播人格化研究[D].南京艺术学院,2020.

[5] 习近平.习近平总书记指引新时代我国网络国际传播纪实[EB/OL].人民网,http://politics.people.com.cn/n1/2022/0901/c1001-32516857.html

[6] 习近平.在全国党校工作会议上的讲话[EB/OL].中共中央党校,https://www.ccps.gov.cn/xxsxk/zyls/201812/t20181216_125658_3.shtml

[7] 皇甫晓涛.二十世纪美国广告创意观念的流变与价值研究[D].上海大学,2017.

媒介节目创新路径分析与
媒介用户创新感知度构建

——以主持人选拔节目《主播有新人》为例

引言：主体规训、本体叙事与客体感知

在媒介融合的大势驱动下短视频传播、跨屏幕延伸、多平台互动改写着新闻传播的路径模式与话语风格,消解着主持传播的定势审美与行业边界,同时也重塑了主持人的角色定位和业务需求。应时而生的主持人选拔节目则是广电集团在快速嬗变的主持传播业态中进行适应性变革的"试验田"之一。

2018 年 3 月,中央电视台、中央人民广播电台、中国国际广播电台三台合并实现了中央层广播、电视机构"1+1+1>3"的高效整合,为国家层面的媒介融合与广电机构改革提供了现实案例。2019 年中央广播电视总台的《主持人大赛》聚焦"新时代到底需要什么样的主持人"这一核心议题,顺应媒介融合的大势反思新时代主持人的价值呈现,遴选最善讲好中国故事、传响时代新声的主持"精兵",成为融媒体主持人的守正创新的导引。而后,省级媒体纷纷响应,以 2020 年黑龙江广电《主持人大赛》、2021 年东方卫视《主播有新人》、2021 年湖南卫视《天天小兄弟 2 班》、2021 年吉林广电《主持人大赛》,以及 2022 内蒙古广电《你好主持人》和江苏广电《未来金话筒》等为代表的主持人选拔节目,均依托传统广电集团的本体优势,旨在挖掘主持人角色的"融合性"、主持人身份的"跨界性"、主持人风格的"兼容性"与主持人平台的"多元性"。

其中,2021 年东方卫视举办的《主播有新人》重新探讨融媒体时代"主持人"的新定义,呈现了主持话语中的新艺术,并丰富了主持人梯队的新形象。节目通过前期海选保证选手风格的多元类型、节目赛制体现行业规范、市场审视与用户偏好的三重审美逻辑,并在节目叙事中借鉴了真人秀节目的创作元素实现了主持人选拔节目的模式创新。本研究尝试以融媒体时代为传播语境,在主体规训、本体叙事与客体感知的三向维度之间架构对话空间,厘清融贯在选手选拔、编导设计以及用户创新感知之间的节目创新逻辑。

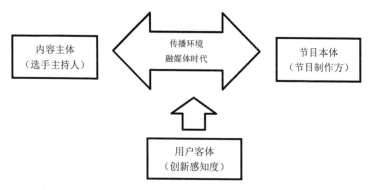

一、内容主体的规训:《主播有新人》与主持人的能力重塑

根据播音主持艺术实践和理论的研究,播音主持艺术的发展经历了人文主义源流、语言学源流和社会学(传播学)源流。在当前媒体深度融合的制度环境与传播语境中,主持人作为媒体业务链条中的重要一环正在发生角色转化与价值调适。《主播有新人》是媒体深度融合发展中挖掘新型主持人的一方"试验田",杨澜在节目伊始就对融媒型主持人提出更高的能力素养要求,"在媒体变革的年代,应当对主播有更高的要求。我并不期待看到这一次的选手呈现出圆融、成熟、完美的状态,更希望看到选手们有独树一帜的风格,有突破关系的锐度。"

(一)构成变换:从"科班出身"到"泛化招募"

随着媒介融合的纵深化,"泛主持人化"现象逐步显现,用户对主持人的理解不再局限于"字正腔圆、科班出身"的制度化概念。《主播有新人》借鉴了当下综艺节目的选角模式,设立选角导演组来进行全国范围的选拔,在选拔过程中将已经在垂直领域有一定粉丝基础的"新意见领袖"、在传统媒体或网络平台具有一定工作经验的记者、主播与主持人、在全国高校主修不同专业的学生,纳入节目海选范围,为《主播有新人》内容主体的年轻化、多元化、"标签化"奠定了角色基础。

其一是年轻化,2019年中央广播电视总台《主持人大赛》以中青年选手为主体构成部分,与之相比,东方卫视《主播有新人》的选手构成呈现年轻化特征。在《主播有新人》导演组面试的101位选手中,18-25岁占比74.26%,26-31岁占比21.78%,32-37岁仅占比3.96%。(本数据采用导演组提供的第一轮面试数据)。

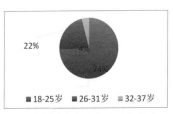

图1　《主播有新人》选手年龄占比

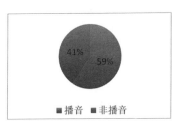

图2　东方卫视《主播有新人》选手专业/职业情况

其二是多元化,《主播有新人》更加淡化选手的专业身份,其选手类型不仅涵盖了播音主持、新闻传播相关专业的主持人选手,还将《新京报》的资深记者、文化传媒公司老板、影视表演人员、脱口秀演员、高校在职老师、汉服模特、国外留学生等具有异质化身份的选手纳入节目的内容主体当中,《主播有新人》101位面试选手中非播音专业/职业的选手比例高达41%。

其三是"标签化",尽管李普曼早在大众传播时代就指出了"标签"带来了"刻板印象"的片面认知,但融媒体时代也是"人格消费"的时代,《主播有新人》通过让选手自设了"超级学长"、"时间管理大师"、"电视失踪人口"等恰到好处的"标签",既有利于主持人的个人印象管理,便于选手主持人的形象展演和"人设"输出,也有利于加强选手对于主持人这一职业身份与自身社会身份的双重自我认同。

(二)身份切换:从"新意见领袖"到"新型主持人"

媒体深度融合之"融"表现为"新""旧"媒体的进一步整合、传播边界的进一步消解和传受主体的进一步融合,体现在播音主持领域即主持人身份边界的重塑和主持人能力素养的革新。一方面,媒体融合的传播环境向主持人提出超越传统播音业务的诉求,舆论导向的把控能力、移动直播的互动能力、跨屏传播的驾驭能力以及人格化 IP 的打造能力等都被纳入了新型主持人的能力范畴,主持人身份不再仅局限于信息传播末端的"播报机",还是建构新型主流媒体形象的"代言人"、提升用户与媒体互动效果的"交界面"、吸引广告精准投放的"磁铁石"。因此,在融媒体时代职业泛化、行业深化和专业细化的背景下,部分主持人将内容生产者作为其职业重构的目标,将主持人这一传媒媒体时代的"意见领袖"价值在融媒体时代得以扩展延伸,与网络大 V 博主等共同成为了"新意见领袖"。

另一方面,随着主持人身份边界的消解,以往新闻记者、网络博主、影视演员等"新意见领袖"们也正向着"主持人"的阵列进军。《主播有新人》的创新赛制体现了融媒体时代主持人身份切换的双向逻辑,既有传统型主持人向着"新意见领袖"的转型逻辑,又有"新意见领袖"向着"新型主持人"靠拢的规训逻辑。如在综艺赛道的跨界选手余有矿,在初赛中借助脱口秀的形式进行传播内容的思路创新,在复赛中则以更为专业的播音主持样貌进行语态调整,完成了从"新意见领袖"到"新主持人"的身份切换;但新闻记者跨界的选手马骏在自备节目中表现专业,而在论述"如何看待生育率下降"时,因其评论视角过多的主观叙述,削弱了评论说理的客观性,导致其在从"新意见领袖"到"新型主持人"身份切换的过程中完成度欠缺。

（三）思维转换：从"主持人思维"到"制片人思维"

融媒体时代主持人身份切换的本质是主持人思维的转换。当前媒体融合的发展进入"深水期"，以往线性的业务传播链条向着网状的业务传播结构转变，业界环境与传播语境共同要求播音主持从业者在思想意识层面进行观念调适，超越传统播音业务的"终点环节论"，以内嵌式的角色定位参与到线索收集、内容把关、资源调度、用户互动、反馈接收等环节，以融媒体时代的网络传播规律为"指挥棒"，实现从"主持人思维"到"制片人思维"的转换升级。

在从"主持人思维"向"制片人思维"转换的过程中，主持人既要兼顾其身份角色的延伸，又要立足信息传播中"主持人"的本位角色，实现本位角色与延伸角色之间的相互服务、共同造势。东方卫视的《主播有新人》中既有以执行思维为核心的"主持人思维"呈现，也有以统筹思维为关键的"制片人思维"培养，在初赛中综艺组、新闻组都需要以自拟议题的方式完成特定叙事。选手孙庆坤以游离在互联网之外老年人与新兴事物之间的数字鸿沟为切口，探讨中国社会的适老化改造，选手田尹男以融媒体"流量"为关键词，呼吁在"信息裸奔"时代警惕技术隐患为"流量"负责，而选手李泽鹏因缺乏对平台内容播出限制的考量，选择了颇具争议的"上海妇联呼吁强制男人休产假"的女权主义话题，导致大量内容被删减。

在复赛阶段，对于选手的考察还加入了节目道具穿插、互动版块设计、拍摄机位安排等内容，综艺赛道需要呼应东方卫视的经典节目完成一档综艺节目的策划，如选手冯禧联动东方卫视经典节目《今夜百乐门》，不仅将影视片段、方言配音、表演模仿等融入主持设计，还在将节目嘉宾邀请、观众互动设计等纳入节目策划，通过把控主持节奏调整节目进度，突破了主持人思维的"传播内循环"，体现出了选手从"主持人思维"向"制片人思维"升级的调适逻辑。其他选手也在节目中回应了嘉宾选择、主持节奏、现场音响、节目彩排等"制片型主持人"面临的多种问题；新闻赛道则需要自主完成社会新闻的采访、剪辑与播发，并从新闻库中选择新闻自行串联,此外还需对节目组设置的突发状况进行应对,从而体现新闻节目中的"制片人思维"与统筹策划能力。

二、节目本体的创新:《主播有新人》与节目的叙事逻辑

英国技术学派代表哈罗德·英尼斯曾指出,一种媒介的长处将导致一种新的文明的诞生。在媒介融合的驱动下,媒介发展中出现的平台化趋势与传播主体的多元共生将以往"点—面"的主控式传播关系变成了"点—点"的合作性传播关系,"事实流"、"观点流"与"情感流"相互交汇共同改写了主持传播格局。东方卫视的《主播有新人》顺应媒体深度融合发展的态势,在节目叙事上以行业逻辑追问主持人的业务能力创新、以市场逻辑叩问主持人的未来发展走向、以用户逻辑拷问主持人的传播效果升维,实现了主持人选拔类节目的本体创新。

(一) 行业逻辑:业界标准的取向

东方卫视《主播有新人》中主持人选手与三位导师共同搭建起了节目的叙事空间与话语空间,其中对融媒体时代新闻节目编播有系统认知的刘建宏、对主持人综艺潜能具有敏锐察觉力的杨澜、对主持人文化素养进行全面考察的郦波三位导师分别在节目中代表了播音主持行业不同面向的审美逻辑。节目在行业逻辑的审视下,或在直播设计的"提词器障碍"、"临时加急稿件"、"主持时长变化"等突发性状况,来考察主持人选手在创作境遇中的动态适应能力、临场应变能力,或通过设置同一社会议题选择不同类型的主持人选手进行对战,考察选手作为内容主体在议题呈现、叙事效果等方面的备稿能力与传播能力。此外,《主播有新人》也契合了媒介融合的传播语境,在综艺赛道的考核中将主持人的跨屏传播表现纳入节目的考核指标,挖掘主持人"小屏延展大屏,大屏带动小屏"的融合传播能力。

融媒体时代主持传播的行业标准取向是一个不断重塑的过程,也是一个动态适应的过程,媒介融合的传播语境正不断追问播音主持的价值诉求、市场供求与角色需求。《主播有新人》也在致力于探索主持行业的新式发展逻辑,回应着如何"让主持更有价值"这一节目核心议

题。大部分主持人选手尝试在业界标准的审视下寻找自我叙事的发力点与升级点,姚安妮从南开大学的女足球场队说起,与导师刘建宏共同探讨中国足球的美好未来;选手石笑歌以童年爷爷泡的茶为切口讲述中国传统茶文化的多样内蕴、选手傅冬暖温情讲述中国汉服承载的精神气质,以主持传播的人文逻辑与导师郦波实现了叙事共情。《主播有新人》中也不乏尝试突破业界审视标准的选手,如综艺组选手小哈以脱口秀形式完成自备议题环节,但在业界标准的审视下未能体现从"脱口秀"演员向着"主持人"转型的专业素养和主持功底,因此未能成功晋级。

（二）市场逻辑:市场审美的面向

随着移动用户内容需求的转变,综艺节目与新闻节目均作出更加符合传媒市场需求的调整。"高概念"综艺时代的到来使得节目嘉宾成为综艺内容的核心要素,部分承担起环节介绍、版块串联、广告插播等大众传播时代的主持人工作,以往"主持人"在综艺节目中的核心位置退居到了边缘地带。新闻节目同样因融媒体时代的信息接收终端的转变、观看新闻节目用户的结构性流失,加之 AI 主播在新闻内容生产中的应用,以往的新闻节目主持人的生存空间也受到缩窄。东方卫视的《主播有新人》针对市场对主持人才的需求变化,既注重巩固大众传播时代作为主持人的专业素养,将市场节目类型细分为问答类节目、辩论类节目、访谈类节目、晚会类节目等,综合考察融媒体时代主持人的价值创新和业务坚守。面对网络主播相对成熟的市场态势,《主播有新人》也将直播带货类节目纳入选手的考核体系当中,旨在借助选手沉浸式的传播体验引导主持传播破除主持人程式化的"播音腔",回归传播交流的"人本位"。

此外,市场化的逻辑导向驱动了主持传播的语体调适和风格调整。大众传播时代播音主持的语体特征主要取决于主持节目类型,新闻节目与综艺节目的语体界限泾渭分明,进入融媒体时代播音主持的表达方式更加多样化,语体特征也逐渐出现了"语体融合"的倾向。《主播有新人》节目中新闻赛道与综艺赛道体现了融媒体时代主持传播的

"语体融合"特征,如选手李泽鹏针对"夫妻共用育儿假"这则新闻时采用了"上海妇联,你真的很甜"这样更为轻松的评论语态,综艺赛道的选手李明洋则在绘声绘色讲述四川的方言故事时,激发了社会对于加强方言保护工作的深层思考,呈现出的"语体融合"使得新闻主持也可以有"烟火气",综艺主持也可以有"责任感"的全新观感。

(三)用户逻辑:吸引用户的偏向

播音主持的创作主体、文本主体与接受主体共同构成了播音主持的创作系统,因此在播音主持的创作主体既要在实践中致力于实现主持文本的创造性转化,又要兼顾播音主持接受主体的心理接收过程和用户在主持文本有声转化中的接受偏好。随着融媒体时代传播权力从媒体向着用户让渡,一方面,以往播音主持的接受主体一跃成为内容"产消者",从某种意义上成为了播音主持的业务"后备军"。另一方面,播音主持的接受主体对更为专业化的播音主持创作主体,产生了比大众传播时代更为更为多元的角色期待和更为精湛的业务期待。东方卫视的《主播有新人》也将用户逻辑融贯在节目叙事当中,在节目本体与宣发方式上均有所体现。

在主持人的选拔类节目中,《主播有新人》率先在对采访能力考核时引入了"明星"元素吸引用户对节目的关注,要求新人主播在后台与"转音歌姬"黄龄、"脱口秀演员"庞博等嘉宾进行简单交流后制定采访提纲,通过限时十分钟的访谈对决来表现融媒传播时代的"人际传播"艺术,并在节目主持人选拔过程中与东方卫视影视剧中心主办的"2021电视剧品质盛典"相联动,以"节目选手实战+明星红毯采访"的竞赛模式旨在实现明星"粉丝"向节目"观众"的引流。在宣发模式上,《主播有新人》也通过立体多元的传播渠道扩散节目效应,以"大小屏联动"的方式让主持人选手们参与百视TV的直播带货,每周为两位选手借助带货积累经验和人气的同时,完成与移动用户的沟通反馈。此外,节目还通过主动释放"主播的职业反射"、"优秀主播如何花式营业"等节目录制花絮片段、人气选手"后台"形象的反差呈现来提升用户对节目的关注度。

三、用户客体的感知:《主播有新人》观众的创新评价感知

心理学家霍尔顿和沃尔曾借助"准社会交往"的概念,阐明了受众对媒介人物产生了近似社会交往的依恋关系与互动关系。电视节目中受众作为"准社会交往"的客体,不仅被伯明翰学派指出在进行文本意义解读时具有主动性地位,还被罗兰·巴特等结构主义符号学相关学者证实,受众甚至可以深入到文本生成环节,与内容生产者一起打造"可写性文本"。随着媒介融合的纵深发展,电视受众升级成为移动"用户",主动性地位进一步增强,因而要考证《主播有新人》这档节目在"准社会交往"中的认可程度与创新因素,对节目用户进行调查是必然路径。

(一)研究方法与问卷设计:用户客体的创新评价感知

本研究通过实证研究中的用户调查法,并结合半结构访谈对《主播有新人》的节目用户进行创新评价和满意度的描述性与相关性分析研究。尝试回应以下问题:(1)节目用户对不同创新点进行的创新评价;(2)节目用户对《主播有新人》的节目满意度;(3)节目用户的"创新感知度",即:通过对用户创新评价和满意度的相关性分析,得出用户在主观认知上的创新因素。

在调查问卷设计中,首先,对选手、导演们进行半结构式访谈,了解他们对节目创新的主观设计,通过对访谈语料文本的登陆,范畴化为前文论及的"内容主体"、"平台本体"部分的创新概念,暨"构成变换"、"身份切换"、"思维转换"、"行业逻辑"、"市场逻辑"、"用户逻辑",并将每个创新概念作为变量进行分析。其次,把创新概念下的创新点设为题项,进而形成问卷陈述。如,"在主持人选拔类的节目中,《主播有新人》设置了'提词器障碍'、'临时加急稿件'、'主持时长变化'等实战突发性状况,问您认为这种设计是否创新。"再次,借助 Homburg & Stock 在 2005 发表的顾客满意度量表形成用户满意度量表,并加入用户年龄、性别、受教育年限、专业或职业四项人口统计学变量作为控制变量。最后,为了保障调查的准确性,研究变量均采用李克特(Likert)

5 点量表予以测量,并邀请新闻传播学、人力资源管理专业和中央广播电视总台总编室受众研究分析专家等,对问卷进行问卷试测和修改反馈,以确保最终问卷具有良好的信度与效度。所有问卷发放秉承自愿原则,通过手机和网络发放同时进行。

(二) 数据处理与效度检验:用户客体对《主播有新人》的创新评价感知

本研究以全国媒体从业者、大学在校生以及普通观众为随机抽样对象,回收问卷 752 份,其中有效问卷为 730 份,问卷有效回收率超过 70%。经检验,本次问卷调查数据的信度、效度均为有效值以上。其中,"构成变换"变量包含"年轻化"、"多元化"、"标签化"三个题项(创新点 1-3),Cronbach alpha 系数为 0.7770;"身份切换"变量包含"跨界"、"博主"两个题项(创新点 4-5),可靠性系数为 0.7754;"思维转换"变量包含"议题"、"采访"、"台本"三个题项(创新点 6-8),Cronbach alpha 系数为 0.8626;"行业逻辑"变量包含"导师"、"突发"两个题项(创新点 9-10),可靠性系数为 0.7321;"市场逻辑"变量包含"赛道"、"类型"两个题项(创新点 11-12),可靠性系数为 0.8500;"用户逻辑"变量包含"明星"、"联动"、"热搜"、"带货"四个题项(创新点 13-16),Cronbach alpha 系数为 0.8411;"用户满意度"变量借鉴先行研究包含五个题项,Cronbach alpha 系数为 0.9446。

根据调查数据显示,六个变量的用户创新评价均超过了 65%,表明大部分用户对《主播有新人》中内容主体、平台本体所进行的创新有较高评价,其中"思维转换"的创新评价最高为 73.6%,其次是"行业逻辑"71.77%、"市场逻辑"71.41%、"构成变换"68.67%、"用户逻辑"67.96%、"身份转换"65.73%。而创新评价高低取决于用户对 16 个节目创新点认可度的强弱(如图一)。数据显示,节目用户主观认为《主播有新人》的 16 项节目创新点在主持人选拔类节目中创新性较强,超过 60%的受测对象选择了"同意"或"非常同意"。创新评价最高的是创新点 10,即"《主播有新人》设置了提词器障碍、临时加急稿件、主持时长变化等实战突发性状况";数据最低的是创新点4,即用户对"跨界主持和主持跨界"的创新感知度最低。创新评价由高到低分别为:创新点10、7、12、2、14、8、6、15、5、11、1、16、3、13、9、4。

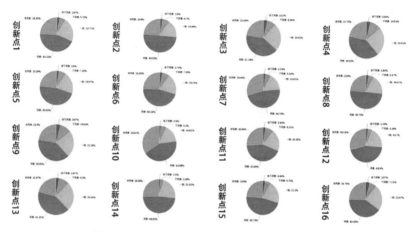

图1　16个节目创新点的用户认同情况饼状图

在用户满意度调查中,70%受测者对《主播有新人》选择了"满意"和"非常满意",表明用户对该档节目满意度非常高,选择"一般"的为25%,仅有5%的受测者对节目不满意。

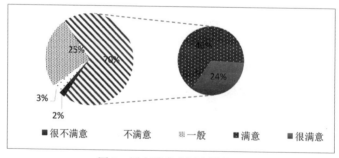

图2　用户满意度调查饼状图

综合用户创新评价变量和用户满意度变量以及相关的人口统计学变量,进行相关性分析,得到表1如下:

表 1 变量的描述性统计分析和相关系数

	Mean	Std. Dev.	1	2	3	4	5	6	7	8	9	10
用户满意度	3.850411	0.8010837	—									
构成变量	3.792694	0.8100919	0.6921**	—								
身份切换	3.732192	0.9060031	0.6917**	0.7338**	—							
思维转换	3.885845	0.83499	0.6863**	0.6380**	0.6477**	—						
行业逻辑	3.84863	0.8490482	0.6725**	0.6161**	0.5937**	0.6509**	—					
市场逻辑	3.880137	0.894858	0.6437**	0.5375**	0.5001**	0.6643**	0.6626**	—				
用户逻辑	3.799658	0.7890605	0.7293**	0.6531**	0.6828**	0.6566**	0.6306**	0.6022**	—			
年龄	29.83425	10.87987	0.1403*	0.1305**	0.1759**	0.1097**	0.1070*	0.1125**	0.1066**	—		
性别	0.3547945	0.4787791	-0.0345	-0.0388	-0.0036	-0.0244	-0.0550	-0.0399	-0.0167	0.0039	—	
受教育年限	16.16027	3.842269	-0.1265**	-0.1111**	-0.1348**	-0.1484**	-0.1328**	-0.1326**	-0.1419**	-0.1217**	0.0473	—
专业或职业	5.045205	2.037208	0.0605	0.0223	0.0382	0.0807	0.0127	0.0692	0.0741*	0.1491**	0.0145	-0.1353**

注：* p <.05; ** p <.01;

根据上述描述性统计表格可以初步得出,用户满意度与"构成变换"、"身份切换"、"思维转换"、"行业逻辑"、"市场逻辑"、"用户逻辑"呈现非常显著的正相关关系;但是用户满意度和用户的性别、专业职业无显著相关性;同时,用户满意度还与年龄呈现非常显著的正相关关系,年龄越大的用户对节目的满意度越高;与此印证的是,用户满意度和受教育年限呈现非常显著的负相关,即受教育年限越短,用户满意度越高。符合年轻人受教育年限长,用户满意度低,而老辈人受教育年限短,用户满意度高的现实假设。此外,数据表明用户对《主播有新人》这档节目的创新评价和满意度呈现强烈正相关关系,因此用户对《主播有新人》节目的创新感知度非常高。

小　结

融媒体时代,媒体优势的核心是人才优势,媒体竞争的关键是人才竞争。主持人作为全媒体传播体系中的重要环节和媒体人才竞争战略的重要维度,逐渐突破大众传播时代主持传播的"内循环"体系,以体制机制的创新引导主持人实现价值调适与角色升级。本研究通过在传播主体、用户客体、节目本体与融媒体的传播语境之间架构对话桥梁,以实证主义的用户调查法考证了提升主持人选拔节目创新性的发力方向,为主持人选拔节目的未来发展提供了创新指引。

然而,《主播有新人》也在一定程度上体现出了主持人选拔节目当前存在的创作窠臼,在媒介平台多元化与主持人培养目标体制化、导师审美差异化与选手构成多样化、节目设想"团综化"与制作实践模式化之间寻求平衡支点,才能在媒体深度融合之中进一步发现主持人选拔节目的创新拐点,进而推动媒体的融合时代成为话筒的黄金时代。

(作者李泽鹏系上海戏剧学院电影学院教师、博士,丁韬文系中国传媒大学媒体融合与传播国家重点实验室博士生)

参考文献:

[1] 宋立.播音主持理论的源流及其发展[J].中国广播电视学刊,2021(05):80

[2] 石凤玲.互联网对主持人职业的伪解构与真重构[J].中国广播电视学刊,2020
(01):54

[3] 高贵武,王彪.技术驱动与人文精神:新媒体时代主持传播发展的两种逻辑
[J].中国主持传播研究,2020(01):7

[4] 李亚虹,邵玉潇.困境与突围:从主持人大赛看主持人专业能力再培养[J].中
国主持传播研究,2020(01):43-52.

[5] Homburg, C., & Stock, R. M. (2005). Exploring the conditions under which
salesperson work satisfaction can lead to customer satisfaction. Psychology & Mar-
keting, 22(5), 393-420.

[6] 李树文,罗瑾琏,郭利敏,王靖宇.科创企业能力型、动机型与机会型战略人力
资源管理对产品创新影响的周期演进[J/OL].南开管理评论,2021(04):1-19

后　记

　　本书的顺利完成与出版,得益于学校领导的大力支持!感谢上海戏剧学院原副院长张仲年教授、华东师范大学王群教授特别为本书写的序言以及他们常年对我们论坛的大力支持!感谢电影学院领导常年以来的扶持!感谢编委会老师们的大力支持以及杨剑明教授、顾振辉老师、周爱军老师为本书文稿校对付出的心血!在这里,尤其要感谢上海文艺出版社徐如麒先生对本书付出的心血。同时,我们要对参加2021年《新百年　新征程——播音与主持艺术人才培养模式探索》与2022年《守正创新——全媒体播音主持人才培养:新路径　新模式》学术研讨会的每一位专家、学者及同仁的赐稿表示由衷的谢意。最后,特别感谢上海戏剧学院科研处对本书的大力支持和资助出版。

图书在版编目（CIP）数据

新文科视野下全媒体播音与主持教育研究／上海戏剧学院电影学院播音与主持艺术系编. —上海：上海文艺出版社，2024

ISBN 978 - 7 - 5321 - 8919 - 9

Ⅰ．①新… Ⅱ．①上… Ⅲ．①播音–语言艺术–教育研究②主持人–语言艺术–教育研究 Ⅳ．①G222.2

中国国家版本馆 CIP 数据核字（2023）第 243134 号

本书受上海高水平地方大学建设项目资助

责任编辑 徐如麒 毛静彦
封面设计 钱 祯

书　　名 新文科视野下全媒体播音与主持教育研究
编　　者 上海戏剧学院电影学院播音与主持艺术系编
出　　版 上海世纪出版集团 上海文艺出版社
地　　址 上海市闵行区号景路 159 弄 A 座 2 楼 201101
发　　行 上海文艺出版社发行中心
　　　　　上海市闵行区号景路 159 弄 A 座 2 楼 206 室 201101 www.ewen.co
印　　刷 上海文艺大一印刷有限公司
开　　本 890 毫米×1240 毫米 1/32
印　　张 10.75
字　　数 288,000
版　　次 2024 年 1 月第 1 版 2024 年 1 月第 1 次印刷
书　　号 ISBN 978 - 7 - 5321 - 8919 - 9/J · 0619
定　　价 68.00 元

（敬启读者,如发现本书有印装质量问题,请与印刷厂联系 021-57780459）